Research on Risks and Avoidance Strategies in Emerging Economies in the Post-Crisis Era

后危机时代新兴经济体

风险及其规避研究

李天国 著

中国社会科学出版社

图书在版编目（CIP）数据

后危机时代新兴经济体风险及其规避研究／李天国著．—北京：中国社会科学出版社，2024.2

ISBN 978－7－5227－1087－7

Ⅰ．①后…　Ⅱ．①李…　Ⅲ．①世界经济－经济发展－风险管理－研究　Ⅳ．①F113.4

中国版本图书馆 CIP 数据核字(2022)第 235116 号

出 版 人　赵剑英
责任编辑　范晨星
责任校对　王　龙
责任印制　李寡寡

出　　版　中国社会科学出版社
社　　址　北京鼓楼西大街甲 158 号
邮　　编　100720
网　　址　http://www.csspw.cn
发 行 部　010－84083685
门 市 部　010－84029450
经　　销　新华书店及其他书店

印　　刷　北京明恒达印务有限公司
装　　订　廊坊市广阳区广增装订厂
版　　次　2024 年 2 月第 1 版
印　　次　2024 年 2 月第 1 次印刷

开　　本　710×1000　1/16
印　　张　14.25
字　　数　228 千字
定　　价　78.00 元

凡购买中国社会科学出版社图书，如有质量问题请与本社营销中心联系调换
电话：010－84083683

前　言

对于整个世界经济，2008 年的国际金融危机是极为一个重要的历史事件。在国际金融危机期间，美国的金融机构和实体经济部门大受冲击，美国不少具有全球影响力的跨国公司受到负面影响，美国政府不得不动用财政资金实施救助计划。经历国际金融危机后，全球产业分工和布局出现了较大的调整。以美国为代表的西方发达国家开始反思“去工业化”政策。因为供给侧的科技创新与产业发展协同趋于弱化，而需求侧高工资制造业的就业岗位减少，导致国内消费需求萎靡。2009 年，时任美国总统奥巴马意识到这一点后，就紧急提出了“制造业复兴计划”，重申制造业对美国的重要性。复兴制造业成为美国政府重振美国科技和产业国际竞争力的基本基调。随后，总统执行办公室、白宫科技政策办公室等美国核心决策部门与美国制造业协会和跨国公司一同研究后，向奥巴马提交提升美国制造业复兴计划的方案。2014 年，《美国振兴制造业和创新法案》就这样诞生。后来的美国特朗普政府提出的减税政策和制造业复兴计划实际上是沿用了奥巴马政府的政策思路。特朗普执政以后，废除了多项奥巴马政府时期的政策方案，但在制造业复兴问题上却与奥巴马政府别无二致。这是后国际金融危机时期，新兴经济体面对的外部环境。

自 2008 年国际金融危机爆发以来，新兴经济体作为一个整体，以快速的工业化进程和经济增长引起全世界的注意。国际金融危机期间，全球经济出现罕见的负增长，全球很多国家陷入严重的经济衰退之中。与金融市场动荡的美国经济与陷入债务危机的欧洲相比，新兴经济体的经济增长表现极为突出。新兴经济体的经济增长速度明显超过了发达国家和世界平均经济增长速度，出现了群体性崛起的现象。学界开始把目光从特定国家转向新兴经济体这一整体，以研究这一群体性崛起对世界经济、政治格局的可能影响等。新兴经济体通过经济全球化进程，推动了资金、技术与人才的引进，调整和优化了产业结构及出口商品结构，加速工业化进程。

自2008年以来，主要新兴经济体国家人均收入与美国的差距每年缩小1.3%。中国、俄罗斯、巴西、印度和南非等国家为主要的新兴经济体，经济增长速度较高，在全球GDP中所占的比重也从1990年的8.07%提高到2018年的23.69%。随着经济的快速增长，新兴经济体的国际影响力逐渐增强。全球新旧力量（美欧日与新兴经济体）、七国集团与金砖国家、三大经济板块（北美、西欧、亚洲）之间激烈碰撞，加速重组，深刻影响未来世界经济发展，加速国际经济关系调整，促进国际经济秩序的重塑。新兴经济体的高速经济增长一方面得益于新兴起的区域主义的浪潮，另一方面也与长期积极参与国际分工，加强工业发展的政策有关。为了快速积累资本，大部分新兴经济体都采取了出口导向型的贸易政策，向世界市场出口原材料和劳动密集型产品。通过数十年的快速发展，新兴经济体的发展正在经历一个由量变到质变的过程，其表现已不仅仅是经济增长率这一指标的提高，其经济结构也在不断完善。

新兴经济体虽然经济增长速度非常快，但仍然具有各自不同的结构性问题，而这些问题可能成为阻碍新兴经济体继续高速发展的重要因素。同时可以看到，很多新兴经济体在经济转型过程中出现的问题是具有共性的。新兴经济体的生产效率较低，普遍采用了粗放型经济增长方式，通过消耗大量的资源和劳动来弥补资金和技术方面的不足，这对后发新兴经济体的进一步发展提出了严峻的挑战。新兴经济体通常以生产劳动密集型产品作为主要出口产品，而随着长期经济增长，制造业受到劳动力成本上涨压力。新兴经济体面临的不仅是上涨的劳动力的工资水平，社会保障水平、人口红利等方面都面临重大挑战。劳动力不再是新兴经济体国家具有显著优势的生产要素，反而随着劳动力人口的下降会出现人口红利的消失，未富先老的现象将威胁到新兴经济体的长期可持续健康发展。新兴经济体的经济增长带来国家土地和能源等原材料价格的上升，自然资源不再变得低廉，反而越来越成为稀缺的资源。随着高投入经济增长模式的终结，经济发展更要注重对环境的保护和治理。来自原材料、劳动力、自然资源等成本的上涨使得企业生产成本不断上升，企业的国际竞争力受到严重影响。

过去，新兴经济体主要依靠大量的技术引进与模仿，因为这种方法会在短时间内获得技术的提升。然而随着人均收入的提高，可模仿的技术空间不断缩小，技术的引进变得更加困难。新兴经济体不得不需要投入大量资金来自主研发技术。而自主研发技术的过程是一种风险较高、回报周期长、成本较高的技术进步方式。由于自主研发技术的能力并不容易提升，因此新兴经济体的经济转型变得困难重重。国内产业面临增长困境，投资需求变得非常疲软，宏观经济无法实现有效畅通的循环。人们收入水平的提高，要求制度公平合理地去分配，而新兴经济体在这一阶段极易容易出现收入差距扩大、社会矛盾加剧的局面。这种经济环境造成社会总体消费需求不足，社会保障制度无法给人们带来有效保障的情况下，人们将降低消费，把大量资金用于预防性储蓄，从而造成社会资金无法形成有效循环。

例如，俄罗斯方面，尽管随着国内加工的发展和国内生产的增值趋势而发生了结构性变化，但公共部门仍然是国内生产总值的主要生产部门，石油出口仍然是经济增长的主要驱动力。全球石油需求低迷的状况会给俄罗斯石油出口带来巨大考验。俄罗斯国内需求疲软，资产大幅缩水，国内经济不断受到各种挑战。巴西也正遭受着前所未有的严峻考验。巴西“去工业化”进程造成工业经济陷入低谷，制造业生产率低下。在新冠疫情暴发之前，巴西经济虽然出现微弱正增长，但受家庭消费及私人投资放缓的影响，增幅较低。目前情况还并不能抵消 2015—2016 年的经济衰退效应。南非则遇到矿业产出下降、商业信心低迷以及政策不确定性等诸多挑战。新冠疫情发生前的 2019 年，南非经济仅增长 0.2%，大企业纷纷裁员，同时，南非的高失业率和家庭信贷支出下降也抑制了国内需求增长。可见，曾经以高速增长率著称的不少新兴经济体仍然在发展过程中遇到不少国内外风险。加强新兴经济体的经济风险研究和提升新兴经济体发展动能成为摆在中国学界面前的重要研究课题。

尽管学界对新兴经济体当前和未来一段时期可能面对的风险已经有所认识，但大多数研究只是对特定领域的专题研究，对于新兴经济体的整体风险和潜在风险点还缺乏比较全面的梳理和系统性评价。鉴于新兴经济体风险评价的现实需求和研究现状之间的差距，本书构建了一个风险评价的矩阵模型，并通过这个矩阵模型对新兴经济体的各种风险进行评价。本书建立一个范围较广的风险类别清单，并通过专家讨论进行筛选，最终确定五大类的风险。新兴经济体的五大类风险包括：中等收入陷阱风险、国际资本流动风险、人口老龄化风险、逆全球化风险和疫情风险。在此基础上，本书分别对每个风险进行整合或案例分析。

在风险评价方法上，本书借鉴前人研究，将投入产出原理和风险计算公式相结合，建立了风险综合评价矩阵和分析框架。这一风险评价矩阵考虑了不同风险之间的相互直接和间接影响，可以较好地反映不同风险的影响机理。需要说明的是，第一，尽管本书对新兴经济体的各类风险建立了评价矩阵和分析框架，但对风险发生概率的评价还只是初步的，未来还需要在现实和理论上进一步研究并不断进行动态改进和完善。第二，国际经济局势瞬息万变，新兴经济体面临的风险也在动态演变之中。本书从收集数据、分析和完成花费多年时间，新兴经济体的主要风险出现了较大的变化。第一个变化是，从 2015 年的国际金融风险逐步趋向逆全球化等国际经贸风险转移。美国特朗普政府执政以后，逆全球化风潮席卷全球，不仅是中国，俄罗斯、印度等其他主要新兴经济体都受到了逆全球化的严重威胁。第二个变化是，2019 年 12 月，新冠疫情暴发，成为第二次世界大战结束以来，全球经济体系面临的最大整体威胁。由于新兴经济体面对的风险不断在变化，本书也随着最新的国际形势不断进行调整。尤其是在第七章安排了新冠疫情对新兴经济体国家产生的风险以及应对。

本书的研究对象是新兴经济体，但学界还没有对新兴经济体有非常统一的标准和认识。如果按照国际货币基金组织的划分，26 个国家被纳入新兴经济体，而按照法国社会展望和国际信息研究中心的标准，23 个国家属于新兴经济体。此外，也有其他各种分类①，将新兴经济体视为少至 4 个国家、多至 27 个国家的群体。韩国虽然属于高收入国家，但在联合国贸易和发展会议（UNCTAD），摩根士丹利国际资本公司的 MSCI 指数、二十国集团（G20）、BRICS 国家、新钻 11 国（N－11）等分类中，

① 张宇燕、田丰：《新兴经济体的界定及其在世界经济格局中的地位》，《国际经济评论》2010 年第 4 期。

韩国均被列为新兴经济体。也就是说，在划分新兴经济体的时候，不仅要把经济增长速度或人均收入水平考虑在内，还要把社会经济制度、出口增长速度，国际金融市场发展程度、信息化发展水平、国际政治影响力等因素纳入划分标准。

本书借鉴金砖国家、二十国集团以及博鳌亚洲论坛等的划分方法，主要把新兴经济体分成三种梯队：第一梯队是中国、俄罗斯、印度、巴西、南非等金砖国家，第二梯队是阿根廷、印尼、韩国、墨西哥、沙特阿拉伯、土耳其，第三梯队是联合国贸易和发展会议中所提到的新兴市场国家。考虑到数据收集与研究的可操作性，本书主要以第一梯队新兴经济体为主要讨论对象，但根据研究主题、数据的可获得性、模型样本量的需要，也会将第二梯队和第三梯队的新兴经济体也纳入分析中。

本书主要内容包括八章内容。第一章为新兴经济体国家主要风险。这一章先对新兴经济体整体风险的类别进行阐述，剖析了当前不同风险对新兴经济体的影响和机制，厘清了不同经济风险的理论和现实区别，研究了这些风险对新兴经济体的不同传导原理。

第二章为风险评估框架与新兴经济体风险综合评价。这一章在前一章划分的几大风险类别的基础上，构建风险评价框架，根据这些风险之间的相互交叉影响原理，甄别未来影响新兴经济体的主要风险，并将其纳入整体评价矩阵模型，计算综合风险分值。

第三章为新兴经济体经济下行风险与中等收入陷阱。这一章通过阐述中等收入陷阱的理论原理以及文献回顾，分析新兴经济体陷入中等收入陷阱的原因。同时比较不同新兴经济体（韩国与拉美新兴经济体）在应对中等收入陷阱时的经验与教训，提出中国跨过中等收入陷阱的政策建议。

第四章讨论逆全球化风险对新兴经济体的影响及应对。这一章分析后国际金融危机时期新兴经济体面对的外部环境，同时结合新兴经济体宏观经济增长的表现，剖析逆全球化背景下新兴经济体的经济风险，提出新兴经济体的应对策略。

第五章讨论美国货币政策不确定性对新兴经济体的影响及应对。这一章将新兴经济体国家面临的风险划分成实体经济风险和金融风险，其中采用经济增长率变化指标、出口额等指标评价实体经济风险，采用汇率指标、股票交易额等指标来评价金融风险。之后，通过建立面板向量自回归模型（PVAR）分析美国货币政策不确定性对新兴经济体的实体经济和金融渠道产生的影响，并根据前面的金融政策传播路径与风险评估结果，研究新兴经济体国家可以采取的各种方案与对策，探寻未来新兴经济体国家合作机制。

第六章是人口老龄化风险下的新兴经济体改革。这一章主要阐述新兴经济体人口老龄化趋势，总结新兴经济体人口老龄化的总体特征，并通过韩国的人口老龄化应对经验，为中国社会保障制度等改革提出相应政策建议。

第七章是新冠疫情对东亚新兴经济体的影响及其对策。这一章中先分析新冠疫情的暴发对国际经济和国际秩序带来的挑战，之后解析新冠疫情对东亚区域经济与秩序的冲击，探究后疫情时代新兴经济体合作的方式。

第八章是新兴经济体风险形成机制分析。这一章中，总结归纳和提炼了新兴经济体各类风险的形成机制以及防范风险的建议。

本书的创新之处体现在以下三个方面。

第一，对新兴经济体的经济风险进行全面梳理和系统性评估。这些风险不限于金融市场风险、人口老龄化风险、逆全球化风险、中等收入陷阱风险、疫情风险等。

第二，本书结合了新兴经济体整体共性分析法和案例分析法，根据不同研究主题，进行灵活安排，避免过度强调模糊理论和原理，而忽略新兴经济体实际特征的做法。例如，在研究中等收入陷阱风险时，除了对整体新兴经济体共同的贸易发展战略进行讨论以外，还用案例方式比较成功跨越中等收入陷阱的韩国经济发展模式和陷入中等收入陷阱的拉美国家经济发展模式。

第三，借鉴现有文献的研究方法，为新兴经济体的各种风险构建风险评价矩阵模型。本书建立了一个相对全面的风险清单，然后通过讨论筛选这些风险，并对这些风险的相互影响与交叉作用进行梳理，形成统一分析框架。

本书在写作过程中，受到中国社会科学院亚太与全球战略研究院院长李向阳研究员、副院长沈铭辉研究员、科研处处长朴光姬研究员以及中国社会科学院亚太与全球战略研究院其他同事们的关心和支持，在此表示衷心的感谢。同时，也要感谢中国社会科学出版社智库成果出版中心喻苗副主任与范晨星编辑认真细致的审阅和热情帮助。

本书在撰写过程中尽可能针对国际形势重要变化相应地调整内容。即便如此，有些内容因研究时间较早，反映了当时国际形势内容，而无法及时反映最新状况。由于研究水平有限，加上时间仓促，书中难免存在不当和错漏之处，敬请批评指正。

2022 年 3 月于北京

目　　录

第 一 章

新兴经济体国家主要风险

近些年，新兴经济体以较快的增长速度为地区和世界经济增长做出重要贡献。但是新兴经济体在经济增长过程中遇到来自多方面的挑战。本书筛选了新兴经济体共同面临的风险进行分析和探讨。实际上，每个新兴经济体面临的风险都各不相同，某些风险对特定新兴经济体比较重要，但对其他新兴经济体而言，并不是重要的风险。例如，对于中国而言，房地产泡沫风险或者产能过剩风险是较为值得讨论的风险，但对于其他经济体而言，其重要性小很多。而石油风险是俄罗斯最重要的风险之一，但对于其他经济体并不是首要的风险。综合考虑新兴经济体的经济增长态势和国际经济环境，本书将金融风险、人口老龄化风险、中等收入陷阱风险、逆全球化风险和疫情风险等作为主要研究风险。

一 国际金融风险

长远来看，深化金融业发展、更多地融入全球金融体系有助于新兴经济体的发展，如有助于引导储蓄流入实体经济，通过改善风险配置降低资本成本，提高利用境外资本的便利度。虽然金融自由化有利于新兴经济体国家，但同时这意味着本地市场将更易受到全球金融市场变化引发短期宏观经济波动。

面对国际金融市场上形成的冲击，世界各国中央银行会采取各种货币政策工具来稳定国内经济。例如，2008 年国际金融危机背景下，美国和欧洲等发达国家更是采取了史无前例的非常规量化宽松政策。当美国和欧洲国家采取量化宽松货币政策的时候，全球范围内美元的流动性泛滥，美元出现较大幅度贬值，新兴经济体会面临本币升值和资本泡沫压力。而一旦美联储加息、缩减资产负债表回收流动性，美元出现较大幅度升值，又将导致新兴经济体国家的货币贬值，严重时甚至可能诱发货币危机。

发达国家中央银行的货币政策继续对全球金融状况产生重大影响。新兴市场的中央银行往往被动地调整货币政策，以应对境外决策的影响。例如，在2018年，美国的宽松财政政策及美联储收紧货币政策导致美元升值。新兴市场资产的需求随之下降，从而对新兴市场的货币和利率产生重大影响。新兴市场央行不得不收紧政策，以避免消费价格受到次生影响，使经济承压。

国际资本市场上蔓延激发的恐慌性情绪很容易通过金融市场传导至不同国家。新冠疫情暴发后，曾在2020年3月引起美股暴跌，数次触发熔断机制，在全球资本市场特别是新兴经济体引发剧烈的连锁反应。若国际疫情形势长期化、经济增长动能和信心不足、政策空间受限，不排除全球资本市场再次发生动荡并影响新兴经济体资本市场稳定的可能性。

跨境资本流动通常具有规模大、逐利性和顺周期性强的特点，当一国经济增长势头减缓时，跨境资本流向逆转和突停的风险将增大。1997年亚洲金融危机后，泰国、马来西亚、印度尼西亚等国就曾发生大规模资本外逃，货币价值出现崩溃，经济陷入萧条。新冠疫情蔓延使新兴经济体增长承压，若未来经济恢复不及预期，资本有大幅流出的风险。

梳理新兴经济体通过国际金融市场遇到的风险相关文献，第一类是关于产生国家间资本急剧流动的原因及特征的文献。国际金融危机爆发后，国际金融市场价格变量的变动幅度降低。在美国货币政策的正常回归过程中，全球的金融系统可能会受到重要影响。Choi 和 Lee（2010）认为在当前的国际货币体系下，不管其他国家处在何种经济周期都会受到美国货币政策的影响。根据 Adrian、Tobias 和 Nina Boyarchenko（2012）的研究，过去在金融市场价格变量变动性低的情形下会导致过度杠杆，系统风险发生可能性加大。2015年国际货币基金组织的经济展望报告也指出“曾被低估的变动性”可能会出现逆转，成为未来全球主要风险。

美联储连续加息之后，俄罗斯、巴西、阿根廷等新兴经济体的货币贬值、经济出现动荡，国际金融市场变动性增强。新兴经济体需要警惕“变动性的悖论”，即在变动性低的期间里，必然会增加金融风险（Bookstaber，2011）。Borio（2014）指出风险溢价和变动性在风险最高时出现最低水平。

Forbes 和 Warnock（2012）以及 Ghosh 等（2014）具体分析国际资本流动，并对其引发原因进行研究。Forbes 和 Warnock（2012）把资本的流进流出分成四种情形，分别研究发达国家的货币政策产生的影响。Ghosh 等（2014）则将 55 个新兴经济体作为研究对象，分析导致资本迅速流入新兴经济体的原因。分析结果表明，美国实际利率和全球风险对新兴经济体的资本净流入产生显著影响。而新兴经济体的特定因素，如经常项目收支、资本管制制度、汇率制度等并不会直接导致资本净流入，只有满足既定假设时，才会影响资本净流入。

第二类是关于金融政策的传导作用。关于金融政策传导作用的研究很多集中于美国大萧条，其中非常典型的是货币主义者的观点。Friedan 和 Schwarlz（1963）曾通过经验证据证明美联储的紧缩性货币政策是引起美国银行破产的原因之一。Romer（1992、2003），Bernanke（1995、1999）也将美国大萧条的原因指向错误的紧缩性货币政策。一些货币主义学者（Brunner 和 Meltzer，1963；Laider，1966）通过货币函数稳定来论证货币政策对经济的影响。

货币政策的传导机制的研究中，另外一个经典案例是日本的大衰退。对日本经济衰退的研究认为货币政策通过央行、企业和居民的资产负债表（Krugman，1998；Goodfriend，2000；Hamada，2000；Shilakawa，2002；Bernanke，2002）来影响汇率，并对经济产生刺激作用。之后，Vasco 和 Woodford（2009）用新凯恩斯模型的方法进一步论证央行资产负债表规模和结构变化对经济增长的作用。低利率政策冲击金融稳定的效应是通过两种因素来实现的。一种是通过刺激金融机构的收益率，使金融机构过度承担风险（Rajan，2005）。还有一种是通过收入效应和估值效应增加银行的风险负担（Adrian 和 Shin，2010）。

近几年，也有不少研究分析了发达国家的量化宽松政策的作用。Okina 和 Shiratsuka（2004）认为日本央行的利率政策稳定了市场对短期利率走势的预期，降低金融资产的长期收益率。Bernanke 等（2004）通过无套利向量自回归模型也证实了这一点。McAndrews 等（2008）和 Wu（2008）的研究表明美联储的定期拍卖工具对于缩小美元 Libor 与隔夜指数掉期利率差异的作用显著。Fleming 等（2010）以及 Hrung 和 Seligman（2011）则研究了美联储的定期证券贷款工具的影响，结果该工具同样也与定期拍卖工具的作用类似。

关于货币政策的全球经济影响，Chen 等（2011）采用全球向量误差修正模型分析了美国货币政策对全球经济的影响。结果表明，短期内美国的货币政策会提高全球资产价格，而在长期内，对其他国家的影响更为显著。Haberis 和 Lipinska（2012）认为货币政策会通过两国之间的商品结构影响对方经济。

国内关于金融政策传导效应的研究有张志波和齐中英（2005）、叶五一和缪柏其（2009）、韦艳华和齐树天（2008）、宋海燕（2003）、安辉（2004）、李成和王建军（2009）、刘澜飚和文艺（2014）、李天国（2014）、高小红（2015）、刘湘云（2015）、安辉等（2016）、马理和余慧娟（2016）、张金亮（2017）、余升国（2018）、王晓笛（2019）。其中，韦艳华和齐树天（2008）基于 Copula 理论检验了亚洲新兴经济体国家之间金融危机传染问题，研究结果表明越南金融市场相对独立，越南与亚洲其他主要国家或地区金融市场之间的相关性依然很弱，不存在对其他金融市场的危机传染。安辉等（2011）通过向量回归模型，分析美国通过外商直接投资渠道对中国实体经济所产生的影响。马君潞等（2012）通过 Logit 离散选择模型分析美国金融危机对亚洲国家传染过程中的多米诺骨牌效应，认为中国香港和日本市场是多米诺骨牌效应的重要媒介，推动亚洲国家危机的发生。李自磊和张云（2013）构建 SVAR 模型对美联储量化宽松货币政策、国际大宗商品价格、人民币汇率与我国通货膨胀之间的动态关系进行了实证检验。他们认为，量化宽松政策推动了国际大宗商品价格的上涨，而国际大宗商品价格的上涨助长了国内通胀，同时，该政策推动了人民币的升值，而人民币升值对国内的通胀造成了先正后负的冲击。马理和余慧娟（2015）以美联储的基础货币与购债规模为自变量，以金砖五国的经济产出、物价水平、进出口贸易、汇率、资本市场波动、货币供应量为因变量，研究了以美国为代表的发达国家的量化宽松货币政策对金砖五国的溢出效应。结论显示，在短期内会导致金砖国家的实体经济产出上升、促使金砖国家的货币升值，并推动金砖国家的虚拟经济繁荣。

二　人口老龄化风险

人口老龄化正在成为不少新兴经济体面临的严峻问题。生育率下降和预期寿命上升正导致劳动力市场人口减少和抚养率上升。长期以来，人们认为劳动力人口老龄化只是发达国家的问题，但当前的人口预测表明，新兴经济体国家的老龄化即将加速。一些主要新兴市场的人口变化预计将比发达市场更加迅猛。例如，未来几十年，中国和泰国的人口老龄化速度将比欧洲和北美过去老龄化速度要快得多。这两个新兴经济体国家都在发展中变得更加富裕，但面临人口红利枯竭的风险。相应的公共政策调整将起到关键作用。鉴于中国已制定了长期规划，因此中国可能比欧洲国家更易延长退休年龄。虽然中国已经取消了独生子女政策，但仍难以扭转当前人口老龄化态势的继续发展。到2055年，中国的老龄抚养率预期将达到50%，使社会面临重大挑战。

人口老龄化会影响劳动力的供给状况。新兴经济体的产出基本取决于劳动力投入（15—64岁人口）和劳动生产力水平。劳动力人口减少将导致产出下降。老龄化还会严重影响个人的储蓄和消费行为以及投资水平。个人的大部分储蓄来自其工作期间的收入。这些储蓄为经济提供了稳定的可供投资的资本。工作者的储蓄和养老金缴费投资于资本市场，从而刺激实体经济，产生收益。因此，如果较大比例的人口处于工作年龄且进行储蓄，这不仅会产生更多产出，而且丰富的劳动力和资本供应也有助于遏制通胀率和利率等上升。

人口老龄化会产生结构性宏观经济影响，仅凭货币和财政政策难以解决人口结构性问题。政府的医疗和养老金开支持续增加，将给公共财政造成压力，并挤压原本可用于其他项目，如基础设施和教育的支出。政府可能不得不采取措施对冲对经济的影响，而这些措施可能会涉及退休年龄、长期医疗、生育率、移民和储蓄动机等方面。

三 逆全球化风险

第二次世界大战后，全球化进程共经历了三个阶段：20 世纪 50 年代至国际金融危机爆发的 2008 年，全球化经历了两波增长高峰，增长力量从发达经济体扩展至新兴市场经济体，全球生产活动从传统贸易生产逐渐发展为全球价值链生产。对于新兴经济体而言，摒弃进口替代的工业化模式后，全球化成为结构性经济增长的主要驱动因素之一。商品和服务贸易增长产生技术和知识溢出，并导致外商直接投资增加及更激烈的竞争。所有这些因素都有助于新兴市场实现更高的就业和收入水平，加速发展。然而，开放度提升也会造成某些市场过于依赖贸易，使其更易受外部变化引发的大宗商品价格波动的影响。

2008 年国际金融危机后，全球化开始进入稳定期，全球贸易开放度不再有显著的提高，甚至出现轻微下滑，各国全球价值链参与度也开始下行，全球价值链开始面临一定的挑战。从全球价值链的形成原因上看，比较优势是根本原因，成本降低是必要条件，跨国企业是推动力量。全球价值链极大地提高了全球经济效率，使得全球开启了高增长、低通胀、低波动的大稳定时代。发达经济体“去工业化”行动下，制造业空心化现象较为严重，结构性失业显著提高，由此推动了政府颁布促进制造业回流的政策激励。同时，贸易保护主义下经贸摩擦的不稳定因素不断反复，多个双边或多边贸易协定相继问世，全球贸易格局和全球价值链面临重构压力。

民族主义经济政策的兴起对全球化状况构成严重威胁。2009 年后，“全球贸易预警组织”一直在记录上述趋势。Cooper（2016）指出国际金融目前正处于全球债务激增的严峻形势中，而全球利益分配不均匀是本轮“逆全球化”出现的根本原因。Kristin J. Forbes（2014）指出金融的“逆全球化”会降低不同市场的流动性，增强波动性，还会使得货币价格剧烈无序摇摆的风险增加，从而减少国际投资。李天国（2015）认为反全球化浪潮不断挤压金砖国家发展空间，全球资本大规模流动依然对金砖国家金融市场构成威胁，而且金砖国家日益扩大的收入差距成为社会不稳定因素。刘志礼和魏晓文（2017）说明“逆全球化”的表现是在国际市场上增加一些显性或隐形的阻碍因素，使得市场中的劳动力和资本无法按照市场的规律进行流动。

由于许多新兴经济体国家依然是大宗商品出口国或中间商品生产国，逆全球化的出现将会对新兴经济体国家产生负面影响。逆全球化与贸易保护主义思潮的出现形成商品供求关系的冲击，通常体现为大宗商品的价格波动，反映出贸易的周期性特征。例如，美国向全球贸易伙伴国实施“美国优先”政策，不仅提高了对一些产品的进口关税，还发起了所谓“301 调查”，导致相关产品出口国的贸易受到严重干扰。贸易状况的这种周期性恶化影响到收入、就业、公共财政、金融市场稳定性、外商直接投资和总产出。

四　中等收入陷阱的风险

新兴经济体的经济发展达到一定程度以后，会遇到很多挑战，如果处理不当经济增长就会放缓，甚至出现衰退局面。过去的经验表明，世界上很多国家曾经从低收入国家变为中等收入国家，但只有极少数国家成功越过中等收入陷阱，成为高收入国家。很多拉丁美洲国家曾经的增长速度非常高，但经过一段高速增长期之后，经济陷入低增长期，甚至出现严重的倒退。21 世纪 50 年代中期，委内瑞拉的人均收入水平按照 1990 年价格计算已经接近 10000 美元，相当于美国人均收入水平的 80% 左右。但是之后委内瑞拉的经济赶超并没有持续下去，反而该国经济增长水平非常低迷。当前，委内瑞拉的人均收入水平只有美国的 30% 左右。另外，菲律宾、马来西亚等东南亚国家和阿根廷、巴西、墨西哥、哥伦比亚、智利、乌拉圭等拉美国家也都是经历了数十年的经济增长缓慢阶段。尤其是，阿根廷、智利、乌拉圭等国家早在 1950 年之前的人均收入水平已经达到 3000 美元以上，但经济增长陷入长期停滞，直到近些年这些国家才接近或超过 10000 美元。

关于中等收入陷阱的成因有多种解释。收入分配的不公平是中等收入陷阱的原因之一。Brahmbhatt（2007）认为，过大的不平等可能会成为经济增长的巨大阻碍，低收入阶层无法得到资金的融通，失去投资的机会，这些都会成为政治和社会的不稳定因素，不利于经济活动循环和增长。Kharas（2009）认为印度要想摆脱中等收入陷阱，很大程度上取决于能否正确处理收入分配不公的问题。因为他看到印度区域收入差距明显，尤其城市和农村之间的收入相差巨大。同时，很多低收入人群无法获得平等的教育机会，这些都影响印度经济健康持续地高速增长。

产业结构的升级问题是另外一个导致掉入中等收入陷阱的原因。大野健一（2009）认为一个国家的经济发展阶段分成四个阶段。在每个阶段，国家经济发展会遇到不同阻力，因各种原因无法顺利地进入下一阶段。中等收入陷阱实际上就是无法从技术的引进转到技术的创新阶段，导致一直停留在原来的发展阶段。

对外贸易的不平衡也被认为是阻碍长期经济增长的重要原因。比较优势理论认为，两国资源禀赋差异越大，贸易获利的程度越多。但是如果仅仅依靠廉价劳动力和自然资源，而不去进行技术创新，很难从中等收入陷阱中脱离出来。Yusuf 和 Nabeshima（2008）以马来西亚为例指出，产能深化和技术创新不足导致马来西亚在跨越中等收入陷阱方面遇到挑战。

五　疫情风险

新冠疫情是21世纪最严重的全球卫生和社会经济危机，它改变了我们的生活、工作、旅行和社交方式。为防控新冠疫情，各国纷纷采取“封城”措施，加大对人口流动的限制，使服务业遭受重创，特别是零售、休闲、酒店、娱乐以及交通运输等需要实体互动的行业。由于这些行业在总体就业岗位中所占的比重超过四分之一，随着企业营收减少，失业率可能大幅增长，从而使经济供给侧的冲击进一步转变为更大范围的需求侧冲击。同时，工人返城、工厂复工延迟，企业停工减产，制造业、房地产、基建投资短期基本停滞。

2020年年初暴发的新冠疫情仍呈现传播趋势，对全球经济产生深远影响。截至2023年1月1日，新冠疫情已影响215个国家和地区，全球累计确诊超6亿6000万例，累计死亡669万例。2020年全球GDP增速为-3.0%，为20世纪30年代大萧条以来最严重的经济衰退，严重程度显著高于2008—2009年的国际金融危机。

相较发达经济体，众多新兴经济体经济基础较弱，外债水平较高，货币贬值压力大，面对新冠疫情冲击时更显脆弱。疫情持续蔓延，不仅冲击这些国家的医疗体系、工业发展、消费和出口，而且会加剧其资本外流和货币贬值压力。应该说，国内外双重压力影响着新兴经济体的经济金融发展前景。

第二章

风险评价框架与新兴经济体风险综合评价

一　风险评价框架的构建

为了考察新兴经济体面对的风险全貌以及各领域风险的相互交叉影响，本研究借鉴魏加宁、朱太辉、赵伟欣等（2016）的经济风险评估方法建立了一个系统性的风险评价矩阵。该风险评价矩阵列出了新兴经济体主要领域风险的相互影响和传递形式。该风险评价矩阵如表2－1所示，每个方格右上角数字代表风险实际发生的概率，左下角的数字代表该领域风险发生对其他领域风险的影响。

表2－1　新兴经济体风险评价矩阵：概率与影响

	国际金融风险	人口老龄化	逆全球化	中等收入陷阱	疫情	被影响程度
国际金融风险	P_1 Q_{11}	P_2 Q_{12}	P_3 Q_{13}	P_4 Q_{14}	P_5 Q_{15}	
人口老龄化	P_1 Q_{21}	P_2 Q_{22}	P_3 Q_{23}	P_4 Q_{24}	P_5 Q_{25}	
逆全球化	P_1 Q_{31}	P_2 Q_{32}	P_3 Q_{33}	P_4 Q_{34}	P_5 Q_{35}	
中等收入陷阱	P_1 Q_{41}	P_2 Q_{42}	P_3 Q_{43}	P_4 Q_{44}	P_5 Q_{45}	

续表

	国际金融风险	人口老龄化	逆全球化	中等收入陷阱	疫情	被影响程度
疫情	P_1 Q_{51}	P_2 Q_{52}	P_3 Q_{53}	P_4 Q_{54}	P_5 Q_{55}	
影响力						总风险

本研究按照如下步骤评价各领域风险。

第一，评价判断风险发生的概率及其对其他领域风险的影响。风险实际发生的概率 P_i 可以分成三个等级，其中 i 代表要考察的风险种类。P_i 的值可以取三个不同值，如 $P_i=1$ 时，代表该风险实际发生的概率比较低，如果 $P_i=2$，则代表该风险实际发生的概率为中等，而 $P_i=3$ 时，表明该风险实际发生的概率比较大。同时，某一特定风险对其他风险的影响 Q_{ij} 也可以分成三个等级，其中 i 代表要考察的风险种类，j 代表受影响的风险种类。$Q_{ij}=1$ 时，代表风险 i 对风险 j 的影响比较小，$Q_{ij}=2$ 时，则代表风险 i 对风险 j 的影响为中等，$Q_{ij}=3$ 时，则代表该风险 i 对风险 j 的影响比较大。

例如，新兴经济体风险评价矩阵中的 $p_2=2$ 代表新兴经济体的人口老龄化风险发生的概率为中等。$Q_{12}=2$ 代表新兴经济体的人口老龄化风险发生对国际金融市场风险的影响为中等。由于每种风险都可以产生自我增强效应，这个风险评价矩阵也表示了各类风险的自我增强效应。新兴经济体风险评价矩阵中，右下方倾斜的对角线就是代表每种风险的自我增强效应。

第二，根据风险实际发生的概率以及带来的影响，计算各种风险之间的影响。计算风险分数的公式借鉴了马文·拉桑德（2013）和魏加宁等（2016）的计算方式。计算公式：风险分数 = 风险发生的概率 × 风险发生后的影响。例如，第 3 行第 6 列方格 P_5Q_{25} 代表疫情风险对人口老龄化的影响。

表2-2　　新兴经济体风险评价矩阵-相互影响

	国际金融风险	人口老龄化	逆全球化	中等收入陷阱	疫情	被影响程度
国际金融风险	P_1Q_{11}	P_2Q_{12}	P_3Q_{13}	P_4Q_{14}	P_5Q_{15}	$\sum P_i Q_{1j}$
人口老龄化	P_1Q_{21}	P_2Q_{22}	P_3Q_{23}	P_4Q_{24}	P_5Q_{25}	$\sum P_i Q_{2j}$
逆全球化	P_1Q_{31}	P_2Q_{32}	P_3Q_{33}	P_4Q_{34}	P_5Q_{35}	$\sum P_i Q_{3j}$
中等收入陷阱	P_1Q_{41}	P_2Q_{42}	P_3Q_{43}	P_4Q_{44}	P_5Q_{45}	$\sum P_i Q_{4j}$
疫情	P_1Q_{51}	P_2Q_{52}	P_3Q_{53}	P_4Q_{54}	P_5Q_{55}	$\sum P_i Q_{5j}$
影响力	$\sum P_1 Q_{i1}$	$\sum P_2 Q_{i2}$	$\sum P_3 Q_{i3}$	$\sum P_4 Q_{i4}$	$\sum P_5 Q_{i5}$	$\sum P_i Q_{ij}$

第三，计算各种风险对其他风险的影响，以及每种风险受到其他风险的总影响。在表2-2中计算出的每种风险对其他风险的影响基础上，进行每列加总，可以得出每种风险对其他风险产生的总影响，能够得到该风险的“影响力”。如果对每行进行加总，那么得到各类风险对某风险产生的影响，得出“被影响程度”。例如，第7行5列$\sum P_4Q_{i4}$代表中等收入陷阱风险对其他风险的总影响力，第3行7列$\sum P_iQ_{2j}$代表其他风险对人口老龄化的总影响力。

第四，把每类“影响力”和“被影响程度”分别加总，就能得出新兴经济体的总体风险分数。$\sum P_jQ_{ij}$就是每类“影响力”的加总，这也相当于每类“被影响程度”的综合，代表新兴经济体面临的风险大小。

第五，为各领域风险制定标准，对新兴经济体的总体风险做标准化。由于每个领域的风险发生概率分成三种，而每种领域风险的影响也被划分成三种，因此每个方格中的分数最低值为1，最大值为9。那么，各类风险的相互影响类别达到5×5=25种，新兴经济体的风险最小值为1×25=25，最大值为9×25=225。那么，新兴经济体的实际风险得分就可以与风险最大值进行比较，并进行评价。如果将总风险大小评分分为三个等级区间，第一个区间为25—91分，第二个区间为92—158分，第三个区间为159—225分。第一个区间代表风险较小，第二个区间代表风险中等，第三个区间代表风险较高。

表 2－3 新兴经济体最大潜在风险矩阵

	国际金融风险	人口老龄化	逆全球化	中等收入陷阱	疫情	被影响程度
国际金融风险	9	9	9	9	9	45
人口老龄化	9	9	9	9	9	45
逆全球化	9	9	9	9	9	45
中等收入陷阱	9	9	9	9	9	45
疫情	9	9	9	9	9	45
影响力	45	45	45	45	45	225

第六，根据各领域风险的相互影响，分析风险传导的机制。从风险实际发生的概率和影响这两种角度来评价各类风险。通过以上的总量评估和结构分析，综合评价新兴经济体国家遇到的主要风险情况，并且分析对其他风险的传播影响和传播路径。同时，为每个新兴经济体提出风险防控的思路与对策。

二 主要新兴经济体风险综合评价

根据前面的新兴经济体风险评价框架，对未来三年新兴经济体面临的风险进行评价。本研究向经济和金融领域专家学者发放问卷调查后，经讨论确定了风险评价分值。尽管参与调研和讨论的专家学者包含了学界和产业界，但由于调查问卷样本有限，低于100份，评分具有一定的局限性。尤其是，国际经济局势复杂多变，新兴经济体面临的风险也在不断发生变化，给评价风险带来一定的难度。本研究尝试建立评价新兴经济体风险的框架和方法，评分结果需要根据国际经济环境做适当动态调整。

（一）中国

首先，根据问卷和讨论，向中国面临的风险进行赋值，评估各类风险实际发生的概率以及这些风险对其他风险的影响。如表 2－4 所示，新冠疫情作为2020年突发事件，被评价为影响高的风险类别。

表 2-4　　　　中国风险评价矩阵：可能性与影响

	国际金融风险	人口老龄化	逆全球化	中等收入陷阱	疫情	被影响程度
国际金融风险	2 3	2 2	3 3	2 2	3 3	
人口老龄化	2 1	2 1	3 1	2 1	3 1	
逆全球化	2 3	2 1	3 3	2 1	3 3	
中等收入陷阱	2 3	2 3	3 3	2 3	3 3	
疫情	2 1	2 1	3 1	2 1	3 1	
影响力						总风险

其次，按照这个风险评价矩阵，计算了各类风险的相互影响，计算各类风险对其他风险的影响力和受到其他风险的总影响。表 2-5 的右下角显示了中国面对的风险的总分，达到 120 分。如表 2-3 所示，新兴经济体面临的最大风险分值为 225 分。第一个区间为 25—91 分，第二个区间为 92—158 分，第三个区间为 159—225 分。第一个区间代表风险较小，第二个区间代表风险中等，第三个区间代表风险较高。中国的分数在第二个区间，属于风险中等水平。

表 2-5　　　　中国风险评价矩阵：相互影响

	国际金融风险	人口老龄化	逆全球化	中等收入陷阱	疫情	被影响程度
国际金融风险	6	4	9	4	9	32
人口老龄化	2	2	3	2	3	12
逆全球化	6	2	9	2	9	28
中等收入陷阱	6	6	9	6	9	36
疫情	2	2	3	2	3	12
影响力	22	16	33	16	33	120

从风险的“影响力”看，可从风险实际发生的概率和影响两个角度，得出各类风险评价结果。由于风险可能性和对其他风险的影响相对较小，人口老龄化和中等收入陷阱风险的“影响力”同为16，风险相对较小。逆全球化、疫情以及国际金融市场风险则分别为33、33和22，属于中等水平。

从风险的“被影响程度”来看，中等收入陷阱风险、国际金融市场风险以及逆全球化风险相对高，达到36、32和28。不过，这些风险都处于中等风险区间。

从风险的传导路径来看，逆全球化风险和疫情风险是未来三年新兴经济体遇到的最主要的两大风险。根据风险传播的机理，新冠疫情风险和逆全球化风险会触发其他风险的产生，如引起国际金融市场的动荡等。由此初步判断，未来三年新兴经济体的风险传导路径为：新冠疫情风险蔓延、逆全球化风险加大，国际金融市场风险加剧，经济出现减速，中等收入陷阱风险加大。

（二）俄罗斯

按照前面的框架和方法思路，对俄罗斯、印度、巴西和南非等主要新兴经济体的风险进行评价。这里列出主要新兴经济体的风险相互影响矩阵。

表2－6　俄罗斯风险评价矩阵：相互影响

	国际金融风险	人口老龄化	逆全球化	中等收入陷阱	疫情	被影响程度
国际金融风险	9	6	9	4	9	37
人口老龄化	3	3	3	2	3	14
逆全球化	9	3	9	2	9	32
中等收入陷阱	6	9	9	4	9	37
疫情	3	3	3	2	9	20
影响力	30	24	33	14	39	140

对于俄罗斯而言，主要的风险是疫情风险、逆全球化风险。未来三

年俄罗斯面对的风险总分达到140分，属于中等水平。

从风险的“影响力”角度来看，疫情风险的影响力最高，达到39，而逆全球化风险的影响力也达到33。从风险的“被影响程度”角度而言，国际金融风险和中等收入陷阱风险的分数相同，均为37。该分数虽然处在中等水平区间，但已经与高水平风险非常接近，值得注意。

从风险的传导路径来看，新冠疫情风险和逆全球化风险会触发其他风险的产生，尤其俄罗斯的国际金融市场风险也并不低。由此初步判断，未来三年新兴经济体的风险传染路径为：新冠疫情风险蔓延、逆全球化风险加大，国际金融市场风险加剧，人口老龄化现象也可能产生不良影响，经济出现减速，中等收入陷阱风险加大。

（三）印度

对于印度而言，主要是逆全球化风险、疫情风险和中等收入陷阱风险。未来三年印度面对的风险总分达到131分，属于中等水平。

从风险的“影响力”角度来看，疫情的影响力最高，达到39，而逆全球化风险达到33。从风险的“被影响程度”而言，中等收入陷阱风险最高，达到35，其后依次为国际金融风险和逆全球化，分别为34和31。

从风险的传导路径来看，新冠疫情风险和逆全球化风险会触发其他风险的爆发。由此初步判断，未来三年新兴经济体的风险传染路径为：新冠疫情风险蔓延、逆全球化风险加大，国际金融市场风险加剧，经济出现减速，中等收入陷阱风险加大。

表2-7　　　　印度风险评价矩阵：相互影响

	国际金融风险	人口老龄化	逆全球化	中等收入陷阱	疫情	被影响程度
国际金融风险	6	1	9	9	9	34
人口老龄化	2	2	3	3	3	13
逆全球化	6	1	9	6	9	31
中等收入陷阱	6	2	9	9	9	35

续表

	国际金融风险	人口老龄化	逆全球化	中等收入陷阱	疫情	被影响程度
疫情	2	1	3	3	9	18
影响力	22	7	33	30	39	131

（四）巴西

对于巴西而言，主要的风险是逆全球化风险、疫情风险和中等收入陷阱风险。未来三年巴西面对的风险总分达到 138 分，属于中等水平。

从风险的“影响力”角度来看，疫情的影响力最高，达到 39，而逆全球化风险达到 33。从风险的“被影响程度”角度而言，中等收入陷阱风险最高，达到 39，其后依次为国际金融风险和逆全球化风险，分别为 35 和 32。

从风险的传导路径来看，新冠疫情风险和逆全球化风险会触发其他风险的爆发。由此初步判断，未来三年新兴经济体的风险传导路径为：新冠疫情风险蔓延、逆全球化风险加大，国际金融风险加剧，经济出现减速，中等收入陷阱风险加大。

表 2 –8　　巴西风险评价矩阵：相互影响

	国际金融风险	人口老龄化	逆全球化	中等收入陷阱	疫情	被影响程度
国际金融风险	6	2	9	9	9	35
人口老龄化	2	2	3	3	3	13
逆全球化	6	2	9	6	9	32
中等收入陷阱	6	6	9	9	9	39
疫情	2	2	3	3	9	19
影响力	22	14	33	30	39	138

（五）南非

对于南非而言，主要的风险是疫情风险，之后是逆全球化风险、中等收入陷阱风险和国际金融风险。未来三年南非面对的风险总分达到 143

分，属于中等水平。

从风险的“影响力”角度来看，疫情的影响力最高，达到39，而逆全球化风险、中等收入陷阱风险和国际金融市场风险均为33。从风险的“被影响程度”而言，逆全球化风险、中等收入陷阱风险和国际金融风险均为37。

从风险的传导路径来看，新冠疫情风险和逆全球化风险会触发其他风险的爆发。由此初步判断，未来三年新兴经济体的风险传染路径为：新冠疫情风险蔓延、逆全球化风险加大，国际金融市场风险加剧，经济出现减速，中等收入陷阱风险加大。

表2－9　　南非风险评价矩阵：相互影响

	国际金融风险	人口老龄化	逆全球化	中等收入陷阱	疫情	被影响程度
国际金融风险	9	1	9	9	9	37
人口老龄化	3	1	3	3	3	13
逆全球化	9	1	9	9	9	37
中等收入陷阱	9	1	9	9	9	37
疫情	3	1	3	3	9	19
影响力	33	5	33	33	39	143

综合这五个代表性的新兴经济体的风险，除了中国以外，多数经济体受到新冠疫情影响较大，因此新冠疫情风险成为当前影响这些国家风险的最重要因素。除此之外，逆全球化风险和中等收入陷阱风险也不能低估。由于新冠疫情也可能导致产业链的断裂以及贸易保护主义政策抬头，逆全球化风险也有可能上升为后疫情时代的最重要风险。逆全球化风险也可能随时影响国际资本流动，导致新兴经济体金融市场发生动荡，引发经济衰退。人口老龄化对于中国和俄罗斯而言，是一个需要长期面对的重要风险，而对印度、南非和巴西等国家而言，短期内尚未形成重要风险因素。

三　风险防控化解思路

（一）总体思路

新兴经济体各领域风险相互交织、彼此相互影响，其中国际金融风险、逆全球化风险和新冠疫情属于外部风险，这些风险直接影响对外经济部门。人口老龄化风险直接关系到经济可持续增长，与中等收入陷阱风险有着密切关联，而中等收入陷阱风险既有内生风险，也有外生风险因素。这些风险通过各种传导路径，最终都会反映在新兴经济体的长期经济增长上，影响经济运行效率与成果。

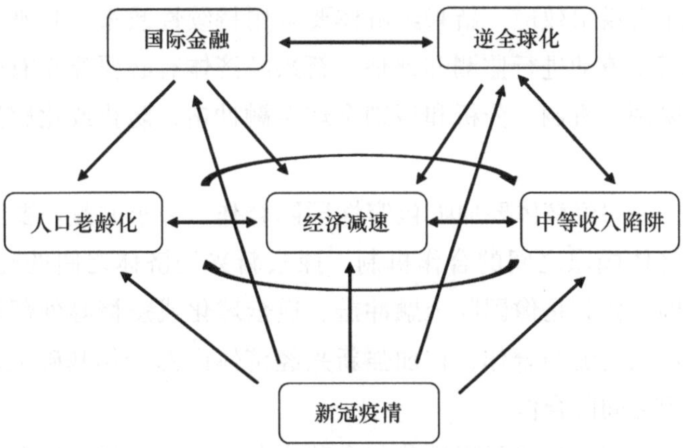

图2－1　新兴经济体主要风险的关联关系

新兴经济体面临的各种风险之间具有极大的关联性和传染性，风险防控与化解需要多种政策与措施相互配合，提高风险防控能力。一方面，为了新兴经济体经济的长期健康可持续增长，需要注重风险导向，要做好风险评估，根据评估结果针对不同风险制定相应的主要任务和目标；另一方面，也要继续推动相关领域经济和制度改革，从根本上避免各类风险不断发酵，要实现逐步降低风险的目标。

第一，新兴经济体要加快推动经济结构性改革，从根本上增强抵御风险的能力。各类风险不断积累从本质上讲是经济结构性改革未做好的结果。中国的供给侧结构性改革、俄罗斯的经济增长模式、印度的二元经济模式、巴西的国家治理、南非的资源出口依赖型发展模式等是主要新兴经济体未来需要进行的重要改革任务。

第二，新兴经济体有必要建立国家风险评估机构，提高风险防控能力。由专门的风险评估机构来对国家的风险进行全面评估、预警与管理，建立长期的动态风险评估机制。全面风险管理意味着机构风险管理不能只考虑单个风险，而必须贯穿整个国家的各领域，并以整合的角度来看待风险。风险评估机构对风险演变进行跟踪分析，前瞻性地评估各领域风险，并对风险的防控提出相关政策建议。

第三，加强国际金融监管合作，共同防范全球金融市场冲击。新兴经济体要进一步加强对全球资本流动的监测，防范发达国家的货币政策向外产生重大溢出效应。新兴经济体要采用持续性政策工具来对国际资本和跨境资本流动进行监测和评估。新兴经济体有必要建立有效的全球性金融风险预警机制，分析和识别全球金融冲击，防止或化解这些风险的跨境传递。

第四，新兴经济体要加强包容性国际合作，寻求共赢。要进一步完善新兴经济体国家之间的合作机制，探索新兴经济体之间的经贸合作，对各类风险，尤其是像国际金融冲击、逆全球化或疫情等外部风险相关议题进行深入交流与合作，在加强新兴经济体内部合作基础上，也加强与其他国家之间的合作。

第五，新兴经济体要积极参与全球产业分工，参与制定全球经济新规则。多数新兴经济体在全球产业分工的地位相似，都处于全球价值链的中低端。通过新兴经济体的产能合作与创新合作，加快金砖国家产业结构转型升级，逐步提升在全球价值链中的位置，向高端进发。新兴经济体要加强战略性新兴产业合作，发挥各自产业比较优势，推动差异化发展战略。

（二）各新兴经济体风险及防控思路

1. 中国

当前，全球经济形势严峻，新冠疫情风险与其他各类风险交织在一起衍生出的风险值得关注。在新冠疫情与逆全球化的影响下，中国的对外贸易可能在未来受到全球需求放缓的影响。从国际金融风险角度，全球的宽松货币政策基调和高财政赤字政策将推动人民币汇率上涨，人民币汇率的波动将加剧。另外，国际金融风险可能传导至中国，引发资产泡沫、通货膨胀增速加快等问题，从而影响中国经济的正常运行。中美贸易摩擦正在从贸易向投资和技术等方面扩散，中美第二阶段贸易谈判还有很多不确定性，中美之间的分歧对中国经济产生一定变数。中国要继续控制好输入性病例，防止新冠疫情影响经济正常运行。中国要在扩大本国消费市场的同时，加强与其他贸易伙伴之间的联系，积极参与区域贸易组织，加强全球经济治理中的话语权。同时，合理推进人民币汇率制度改革，严防汇率过度浮动影响贸易和金融市场。继续推动老龄产业的发展，鼓励民间机构投入养老相关产业，进一步完善养老等相关社会保障制度。

2. 俄罗斯

2020 年新冠疫情对俄罗斯经济造成重大冲击。俄罗斯疫情将压制消费和生产，加重俄罗斯政府的财政压力。疫情导致的俄罗斯财政压力持续加大，形成重要的风险点。从国际金融风险角度，俄罗斯金融体系经历多年的外部冲击后已经逐渐适应市场波动。俄罗斯金融机构对国际金融冲击的敏感度有所降低。2016 年以来，俄罗斯尚未出现资本大规模外逃情况。但由于多国新冠疫情出现二轮暴发，封锁市场，导致对石油需求下降，卢布汇率和俄罗斯股市出现波动。美国拜登政府执政之后，美国对俄罗斯的制裁加深，这对俄罗斯经济增长带来较大挑战。俄罗斯要加快疫苗接种进程，控制好疫情在国内的蔓延态势。同时，加强同贸易伙伴之间的合作，稳定进出口贸易，改善对外经济环境。

3. 印度

印度是全世界受到疫情影响最严重的国家之一。受疫情影响最大的是印度中小企业。印度的 1.1 亿家中小企业是仅次于农业的第二大就业部门，占 GDP 的 30% 和出口的 40% 。由于疫情的封锁，约有 1 亿印度人失去了工作，由此造成的生产与经营损失重大。在疫情之下，印度的医药产业、纺织业、服务外包业、国际航运业受到较大冲击。逆全球化背景下，印度的传统贸易也面临萎缩的局面。印度为了提升对外贸易水平，正推动“东向”政策来加强与南亚国家之间的经贸合作。当前，印度有必要进一步落实对失业人口的社会福利保障，积极参与区域及全球性贸易组织，降低外部冲击对国内经济的影响。

4. 巴西

巴西是第二波新冠疫情暴发的重灾区，确诊病例高居全球前列，市场避险和恐慌情绪急剧上升，对巴西的整体国民经济和资本市场造成了重大影响。巴西的国际资本迅速外逃，经济出现大幅度萎缩，威胁着经济和金融系统的稳定。巴西的经济增长前景仍然悲观，失业率大幅上升，对外贸易也严重受挫。新冠疫情与国际金融冲击相互交织，巴西的金融业利润急剧下降，巴西货币雷亚尔汇率持续贬值。受到新冠疫情的影响，政府财政支出飙升，财政赤字严重，巴西的主权债务信用评级不断下滑。对于巴西而言，巴西应完善国际资本监管机制，防止国际资本逃离对本国经济产生更大冲击。

5. 南非

新冠疫情对南非经济的影响较大。南非的疫苗接种工作进展较为缓慢，新冠变异病毒在南非肆虐。新冠疫情导致南非不少企业的生产被中断，失业人口剧增，很多居民背负高额家庭债务，甚至陷入债务泥潭。在疫情期间，南非发生社会动荡，骚乱、游行、打砸哄抢等群体暴力行为破坏了南非的社会和经济稳定。这些骚乱的本质是南非长期存在的分配不均衡、腐败盛行、种族冲突等南非的经济社会顽疾。经济长期停滞，通货膨胀又严重，扩大了贫困人口，加大了社会矛盾。在南非，疫情风险、中等收入陷阱风险、逆全球化风险等叠加对南非经济增长产生不利影响。对于南非而言，要保障社会秩序的稳定，维护金融市场秩序，通过财政政策向中小企业以及失业人口采取倾斜政策，避免收入差距进一步扩大。

第三章

新兴经济体经济下行风险与中等收入陷阱

一 中等收入陷阱与新兴经济体

自2006年世界银行在《东亚经济发展报告》中明确提出中等收入陷阱定义以来，越来越多的发展中国家在经济发展过程中不断地审视自身增长模式，试图成功地避开中等收入陷阱。按照世界银行的界定，中等收入陷阱发生于低收入经济体迈向高收入经济体的过渡时期，因经济体的发展战略问题导致人均收入水平难以突破10000美元，从而进入经济增长的停滞期。然而，不同国家采取的发展战略不尽相同，而且发展战略所涵盖内容广泛，既可以包括产业政策、对外经贸战略，也可以包括经济社会制度以及收入分配体制等。这些不同发展战略使得原本经济发展水平相似的经济体走向不同的发展道路，甚至初始发展条件更差的经济体的发展速度后来居上，短时期实现赶超战略，一跃成为高收入经济体。其中，韩国就是成功跨过中等收入陷阱，实现赶超战略的典型国家。第二次世界大战后初期，韩国的人均收入水平曾属于世界最不发达国家水平，低于世界上很多发展中国家。然而，韩国经济在第二次世界大战后的60多年的时间里，通过发展战略的调整，不仅实现了经济的高速增长，而且跻身发达国家行列。韩国的经济起飞模式对不少新兴经济体有较大的启示和借鉴意义。

事实上，不少拉丁美洲国家的初始发展条件比韩国更加优越，如图3-1所示，从20世纪50年代至70年代中期，韩国与加纳、乌拉圭、菲律宾等发展中国家以购买力平价（PPP）计算的人均国内生产总值水平相差无几，甚至比墨西哥、阿根廷、乌拉圭等国家的人均水平还要低。然而经过了60多年的发展后，曾经与韩国人均国内生产总值相似或更高的国家，即使在人均国内生产总值方面有所提高，但发展水平已远不如韩国，墨西哥、乌拉圭、秘鲁等拉美国家与韩国的发展差距正在逐步拉大。

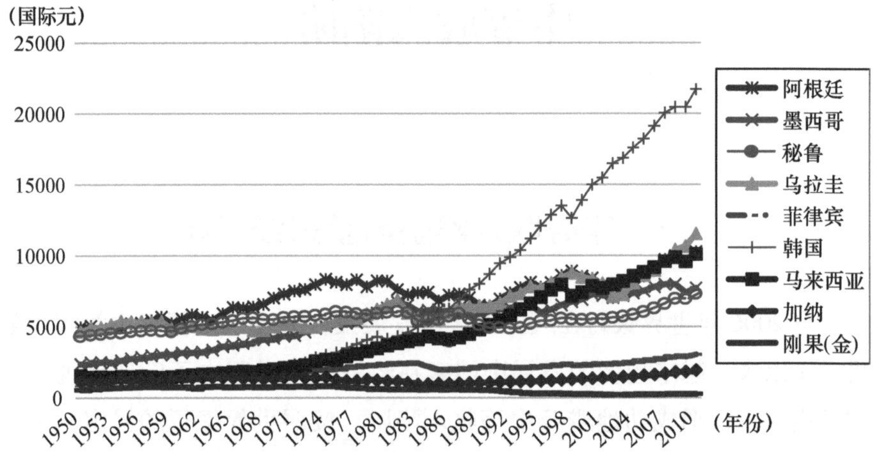

图3－1　韩国与部分新兴经济体人均国内生产总值比较

资料来源：Bolt，J. and J. L. van Zanden，“The Maddison Project：collaborative research on historical national accounts”，*The Economic History Review*，2014，67（3），pp. 627－651.

根据世界银行发布的2014年最新定义，人均国民总收入（GNI）在1045美元以下属于低收入国家；人均GNI在1046—4125美元属于中等偏下收入国家；人均GNI在4126—12745美元属于中等偏上收入国家；人均GNI在12745美元以上属于高收入国家。表3－1列出了世界银行划分收入水平标准的变化以及拉美主要新兴经济体的收入水平，如表3－1所示，在2007—2014年，阿根廷、玻利维亚、巴西、哥伦比亚、墨西哥、秘鲁和委内瑞拉等国家仍然徘徊在中等收入阶段。至于韩国，从世界银行的标准来看，到1992年为止仍然属于中等收入国家，而从1993年开始，人均收入开始超越世界银行的中等收入国家标准，而且两者的差距逐年拉大。20世纪90年代以来，韩国的人均收入大都高于世界银行的中等收入国家标准，只有在经历亚洲金融危机的1998年低于世界银行的标准。

经历亚洲金融危机后，韩国通过五年左右时间反思了过去的经济发展模式和体系，进行国有企业改革，对金融体系和财阀制度等都做了全面的调整。韩国的人均收入在亚洲金融危机后的第三年不仅迅速恢复到金融危机前的水平，而且重新进入高速增长的模式。2000 年时可以说已经完全跨越中等收入陷阱，到了 2006 年韩国的人均收入已经接近世界银行中等收入国家标准 2 倍的水平。

韩国与拉美国家虽都从发展中国家起步，经历中等收入阶段，但其发展路径明显不同。本章的研究目的就是通过韩国与拉美国家经济结构与发展战略的比较，分析拉美国家掉入中等收入陷阱的原因，并探讨脱离中等收入陷阱的路径。

表 3－1　　世界银行按照人均收入划分发达程度的标准　（单位：美元）

国家地区＼年份	2007 年	2008 年	2009 年	2010 年	2011 年	2012 年	2013 年	2014 年
低收入	≤905	≤935	≤975	≤995	≤1005	≤1025	≤1035	≤1045
中等偏下	906—3595	936—3705	976—3855	996—3945	1006—3975	1026—4035	1036—4085	1046—4125
中等偏上	3596—11115	3706—11455	3856—11905	3946—12195	3976—12275	4036—12475	4086—12615	4126—12745
高收入	>11115	>11455	>11905	>12195	>12275	>12475	>12615	>12745
韩国	高收入	高收入	高收入	高收入	高收入	高收入	高收入	高收入
阿根廷	中等偏上	中等偏上	中等偏上	中等偏上	中等偏上	中等偏上	中等偏上	中等偏上
玻利维亚	中等偏下	中等偏下	中等偏下	中等偏下	中等偏下	中等偏下	中等偏下	中等偏下
巴西	中等偏上	中等偏上	中等偏上	中等偏上	中等偏上	中等偏上	中等偏上	中等偏上
哥伦比亚	中等偏下	中等偏下	中等偏上	中等偏上	中等偏上	中等偏上	中等偏上	中等偏上
智利	中等偏上	中等偏上	中等偏上	中等偏上	中等偏上	中等偏上	高收入	高收入
中国	中等偏下	中等偏下	中等偏下	中等偏下	中等偏上	中等偏上	中等偏上	中等偏上
古巴	中等偏下	中等偏上	中等偏上	中等偏上	中等偏上	中等偏上	中等偏上	中等偏上
墨西哥	中等偏上	中等偏上	中等偏上	中等偏上	中等偏上	中等偏上	中等偏上	中等偏上
秘鲁	中等偏下	中等偏下	中等偏上	中等偏上	中等偏上	中等偏上	中等偏上	中等偏上
乌拉圭	中等偏上	中等偏上	中等偏上	中等偏上	中等偏上	中等偏上	高收入	高收入
委内瑞拉	中等偏上	中等偏上	中等偏上	中等偏上	中等偏上	中等偏上	中等偏上	中等偏上

资料来源：The World Bank，“World DevelopmentIndicators”，http：//data. worldbank. org/data－catalog/world－development－indicators，2017 年 2 月 13 日。

二 关于“中等收入陷阱”的文献回顾

如前所述，“中等收入陷阱”指发展中国家经济长期处于低增长或停滞状态，而无法进一步进入高收入阶段的现象。虽然东亚、中东等地区也有掉入“中等收入陷阱”的国家，但拉美是中等收入国家最为集中的地区，因此拉美国家成为“中等收入陷阱”的主要案例国家。其实，与其说“中等收入陷阱”是获得广泛认同的经济学理论概念，还不如说是基于对中等收入国家长期研究后所进行的归纳与描述。

因此，在研究“中等收入陷阱”时，可以从不同的经济学理论找出不同的解释。“中等收入陷阱”从其含义而言，是一种稳定均衡的经济状态①；从经济增长阶段角度，“中等收入陷阱”被认为是一种“库兹涅茨—刘易斯阶段”转向“后人口红利阶段”过渡前的阶段②。

关于如何跨越这一阶段，不同研究的着眼点有所不同。从经济增长理论角度，在跨越“中等收入陷阱”实现长期持续经济增长过程中，技术进步与创新的作用备受学界关注。关于技术与知识在经济增长阶段的重要性，罗默（Romer）就曾通过索罗模型的技术内生化处理来表明技术进步率过低导致一个国家长期陷入低增长状态。之后，以加洛尔和韦尔（Galor and Weil）为代表的研究进一步强调了技术变革在跨越经济阶段中所起到的关键作用③。他们把经济增长分为马尔萨斯阶段、后马尔萨斯阶段以及现代化增长阶段三个阶段，而一国在发展过程中，人口因素在马尔萨斯阶段对经济增长的正面影响高于技术进步，但到了后马尔萨斯阶段与现代化增长阶段，人口增长对经济增长的影响变成中性甚至为负，而技术进步却明显能够起到积极推动作用。莱特纳和罗伯逊（Lait-

---

① 蔡昉：《“中等收入陷阱”的理论、经验与针对性》，《经济学动态》2011 年第 12 期。

② Masahiko Aoki, “The Five-Phases of Economic Development and Institutional Evolution in China and Japan”, ADBI Working papers, No. 340, 2011; John Landon-Lane, Peter E. Robertson, “Reassessingthe Impact of Barriers to Capital Accumulation on International Income Differences”, *International Economic Review*, Vol. 48, No. 1, 2007.

③ Oded Galor, David N Weil, “Population, Technology, and Growth: From Malthusian Stagnation to the Demographic Transition and Beyond”, *The American Economic Review*, Vol. 90, No. 4, 2000.

ner and Robertson）则通过两部门经济增长模型，量化了第二次世界大战后 78 个国家的面板数据后，通过实证的方法验证了劳动力配置与技术进步对于一国经济结构转型的重要作用①。国内学者也指出中国在跨越中等收入阶段过程中技术创新驱动型增长方式的重要性。胡鞍钢等人②对 1960 年处于中等收入水平国家进行实证研究后，发现只有跨越中等收入阶段的国家才出现全要素生产率的显著提升现象，由此得出要想摆脱中等收入陷阱，需将经济增长方式转变为创新驱动型增长方式的结论。

根据琼斯、斯温纳、万德普拉斯、梅尔坦斯、高卡塔里等学者的研究，制度也被认为是另外一种导致国家无法摆脱“中等收入陷阱”的重要因素。琼斯认为，政府的政策与制度通过对创新活动的激励对国家经济转型起到无法替代的关键性作用③。斯温纳、万德普拉斯和梅尔坦斯则通过比较非洲、亚洲和欧洲的低收入与中等收入国家的经济发展历程，强调市场化改革与制度因素对这些国家长期经济增长的重要影响④。高卡塔里认为，很多中等收入陷阱的研究只集中于发展中国家的生产性机制等环节，却忽略了制度环境对这些国家经济增长至关重要的作用。该研究在采用多种指标度量中等收入国家的制度环境后，认为如果中等收入国家不去完善制度问题，经济增长无法长久持续下去，并终将无法跨越中等收入陷阱⑤。关于制度的作用，清华大学社会学系社会发展研究课题组认为“转型陷阱”的主要表现在于经济与社会发展的畸形化，提出以政治体制改革再造社会活力，在民众参与的基础上进行改革的顶层

---

① John Landon-Lane and Peter Robertson, “Accumulation and Productivity Growth in Industrializing Economies”, in Departmental Working Papers 200305 from Rutgers University, Department of Economics, 2003.

② 胡鞍钢、任皓、鲁钰锋、周绍杰：《中国跨越中等收入陷阱：基于五大发展理念视角》，《清华大学学报》（哲学社会科学版）2016 年第 5 期。

③ Charles I Jones, “Was an Industrial Revolution Inevitable? Economic Growth Over the Very Long Run”, *Advances in Macroeconomics*, Vol. 1, No. 2, 2001.

④ Semih Gökatalay, “Political Economy of Middle-Income Trap Concept,” The EY International Congress on Economics Ⅱ, Ankara, Turkey, November 5 -6, 2015.

⑤ Johan F. M. Swinnen, AnneleenVandeplas and MietMaertens, “Liberalization, Endogenous Institutions, and Growth: A Comparative Analysis of Agricultural Reforms in Africa, Asia, and Europe”, *The World Bank Economic Review*, Vol. 24, No. 3, 2001.

设计的建议①。郑秉文也在比较陷入“中等收入陷阱”的拉美国家和东亚“四小龙”之后，认为中国要想实现要素驱动向效率驱动的转型，就需要制定一套由“制度”“政策”和“基础设施”构成的动力组合②。田国强和陈旭东也认为，尽管“中等收入陷阱”主要是以经济增长和经济发展的量化指标来衡量的，但其内在本质还是制度转型困境，如果不处理好发展与治理的内在逻辑关系，则容易使政府失效与市场扭曲、社会失范相互牵绊，无法实现持续增长③。

另外，在分析世界典型“中等收入转型”国家的经验教训过程中，资源配置与收入分配也被认为是一种影响中等收入国家跨越陷阱的因素。刘伟认为，中等收入国家在转变发展方式过程中需要注意微观与宏观两种层面的转变，该研究认为微观上发展方式转变的重点在于经济主体资源配置方式，需从产业组织和市场结构的改进中寻求提升创新能力。在宏观层面，则要注重经济调控方式的转变，要强调需求管理与供给管理的统一④。蔡昉和王美艳认为，国际经验表明经济发展停滞与收入分配恶化之间具有互为因果和互相强化的关系，因此中国需要高度重视收入差距扩大的问题。他们建议要深化国民收入初次分配和再分配领域的改革，以便缩小收入差距，降低掉入中等收入陷阱的风险⑤。李天国也认为，一个成熟健全的市场经济体制要将增长和分配这两个任务同时进行且合理安排，如果无法解决市场经济内部的结构性矛盾，则可能会激化社会矛盾，甚至导致经济增长受到严重影响⑥。本章在分析以上现有文献的基础上，结合拉美与韩国的实践，分析中等收入陷阱的形成机理以及韩国跨

① 清华大学社会学系社会发展研究课题组、孙立平：《“中等收入陷阱”还是“转型陷阱”?》，《开放时代》2012 年第 3 期。

② 郑秉文：《“中等收入陷阱”与中国发展道路——基于国际经验教训的视角》，《中国人口科学》2011 年第 1 期。

③ 田国强、陈旭东：《中国如何跨越“中等收入陷阱”——基于制度转型和国家治理的视角》，《学术月刊》2015 年第 5 期。

④ 刘伟：《突破“中等收入陷阱”的关键在于转变发展方式》，《上海行政学院学报》2011 年第 1 期。

⑤ 蔡昉、王美艳：《中国面对的收入差距现实与中等收入陷阱风险》，《中国人民大学学报》2014 年第 3 期。

⑥ 李天国：《经济转型、收入差距与社会保障政策：韩国政府的探索》，《东北亚学刊》2016 年第 6 期。

越中等收入陷阱的经验。

三　案例：韩国经济改革与跨越中等收入陷阱①

（一）引言

从19世纪50年代开始，全球有上百个国家从殖民统治下独立出来成为自主国家。这些曾经作为殖民地的国家大都经济发展比较落后，国家经济结构具有很强的殖民地特点。长达数十年、甚至上百年的殖民统治下，国家的基础设施非常简陋，资源遭到掠夺，环境受到破坏。而且由于政治体制的不完善导致腐败与寻租行为滋生，经济体制缺乏效率。由于政权不稳，社会动乱与暴动时有发生。在19世纪60年代，拉美地区国家在全球众多发展中国家中一度具有非常大的发展潜力。但国际债务危机爆发，前景曾最为看好的拉美国家反而成为陷入中等收入陷阱的反面案例。

发展中国家如何解决转型过程中的一系列结构性矛盾并实现工业化是非常值得研究的课题。韩国的经济增长被誉为“汉江奇迹”是基于30多年的经济改革与高速经济增长的事实。韩国是从20世纪50年代的最贫穷国家发展成高收入国家的罕见案例。根据国际货币基金组织公布的数据，2015年韩国人均GDP为25990美元，位居世界第28位。

从相对收入水平衡量方法的角度②，韩国在1950年时大约占美国人均收入水平的10%，而经过50多年的持续高速增长，韩国的追赶指数已经超过了60%，不断拉近与日本的距离（日本为73%）。无论是从绝对收入标准，还是相对收入标准衡量，韩国已经成功地从低收入水平跨过“中等收入陷阱”，加入高收入国家行列。

---

① 本节部分内容发表在《亚太经济》2016年第6期，本书进行了补充与修改。

② Woo提出的方法是将美国收入水平作为一种判断收入水平的基准。他把一个国家的收入水平占美国收入水平的比重设定为追赶指数，之后通过一个国家的追赶指数来评价该国的收入水平。按照他的分类标准，当追赶指数高于55%则属于高收入国家，而当追赶指数介于20%—55%则属于中等收入国家，如果追赶指数小于20%则被看作低收入国家。详见Wing Thye Woo, “Understanding the middle income trap in economic development: the case of Malaysia”, paper delivered to The World Economy Asia Lecture at the Globalisation and Economic Policy Conference, University of Nottingham, Kuala Lumpur, Jan 13, 2011.

（二）技术进步与全要素生产率的贡献

关于韩国经济取得的成就，学界曾出现过一些分歧。保罗·克鲁格曼基于同行以及自身研究结果指出，东亚国家通过提升投资带来的经济增长是不可重复的模式。他也指出东亚国家政府虽然有时好像能够为国家发展制定出富有效率的规划，但其实存在很多无法克服的缺陷[①]。同时，他以美国为例，说明美国经济增长过程中技术进步的重要作用。克鲁格曼指出一些国家在经济增长过程中以投入为驱动的增长方式的弊端，过度迷信经济增长率只不过创造了一个又一个的“经济奇迹”，但实际上这些增长神话却不值得赞扬。也有一些学者提出，像韩国这样的东亚国家在经济发展过程中，虽然经济增长速度很快，但生产率并没有明显的改变。

1997 年韩国金融危机的爆发在某种程度上仿佛“支持”了这些学者们的预言。一时间原本作为发展中国家经济发展典范的韩国一夜之间变成发展中国家的“反面教材”。事实上，韩国的经济发展道路中被诟病的部分本身带有自身特定历史环境和国情下的合理性。学者眼中韩国经济的“缺陷”在经过重整之后对日后韩国的经济复苏起到积极作用。因此，韩国经济增长模式可能并非像克鲁格曼所说的“一无是处”，韩国的发展模式从过去 40 年至今都根基于自身的社会和政治基础。为了分析韩国经济增长过程中的生产要素与技术进步等问题，有必要讨论韩国技术进步问题。分析韩国经济增长的推动因素不仅可以验证克鲁格曼等一些学者对韩国经济成就的质疑，而且对于正确把握韩国经济发展模式具有至关重要的作用。

到目前为止，生产率的计算方法最普遍的还是通过全要素生产率来衡量。根据 Eichengreen 等（2012）的计算，在 20 世纪 70 年代韩国全要素生产率对经济的贡献度并不高，只有 0.17%。相比之下，资本和劳动力对韩国经济增长的贡献度比较突出，分别达到 3.45% 和 4.88%。20 世纪 80 年代，全要素生产率对经济的贡献明显上升，与资本、劳动力对经济增长的贡献度差距不大，开始成为推动经济增长的重要因素。1998—

① Paul Krugman, “What Ever Hanppend to the Asian Miracle?”, *Fortune*, No. 27, 1997.

2005 年，韩国经济增长中，贡献度最大的要素已经从资本变成全要素生产率，其对经济增长的贡献达到 2.06%，而资本和劳动力的贡献度只有 1.61% 和 1.91%①。

表 3-2　　　　韩国经济增长核算分解

时期	GDP 增长率	对 GDP 总量的贡献					劳动收入份额
		资本	人力资本	劳动力	劳动工时	TFP	
1971—1979 年	8.47%	3.45%	0.42%	4.88%	-0.55%	0.17%	0.66
(1971—1982 年)	(7.44%)	(3.71%)	(0.29%)	(4.02%)	(0.00%)	(-0.58%)	(0.66)
1982—1989 年	9.48%	3.98%	0.44%	3.85%	-0.84%	2.05%	0.69
1989—1997 年	7.32%	3.22%	0.41%	2.76%	-0.47%	1.40%	0.74
(1989—1998 年)	(5.86%)	(3.02%)	(0.54%)	(1.82%)	(-0.58%)	(1.06%)	(0.74)
1998—2005 年	5.75%	1.61%	0.37%	1.91%	-0.20%	2.06%	0.74
(1999—2005 年)	(5.29%)	(1.60%)	(0.42%)	(1.91%)	(-0.68%)	(2.04%)	(0.74)
1997—2005 年	7.10%	3.15%	0.40%	2.97%	-0.37%	0.94%	0.70

注：总样本期为 1971—2005 年，并将此样本期分成四个时间段。包括危机期间的时间段用括号表示。

资料来源：BarryEichengreen, Dwight Perkins and Kwanho Shin, *From Miracle to Maturity: The Growth of the Korean Econmy*, Harvard University Press, 2012.

在韩国制造业领域，总产出增长率在 1981—1990 年达到 11.80%，并且在 1991—2000 年也保持了高达 8.20% 的增长速度。在亚洲金融危机爆发时期，韩国制造业产出增长率也受到影响，但很快恢复增长态势，1981—2012 年年均增长率达到 8.45%。

韩国制造业以出口为导向，易受到国际经济环境的各种冲击。但韩国制造业增长率受国际形势负面影响的时间都比较短，在几次国际经济危机中并没有出现连续数年负增长的情况。韩国制造业虽然对外界环境比较敏感，但其制造业具有的核心竞争力仍然较强，能够迅速从冲击中恢复过来。

---

① 考虑到异常值可能产生的影响，并未包括金融危机爆发的 1997 年。

表3－3　　制造业的产出增长率与投入要素增长率的国际比较　（单位：%）

时间	总产出	劳动投入	资本投入	能源投入	原材料投入	服务投入	TFP
韩国							
1981—1990年	11.80	0.65	1.49	0.96	6.73	1.37	0.59
1991—2000年	8.20	0.00	0.93	0.51	4.50	1.04	1.24
2001—2005年	6.62	0.09	0.70	020	4.00	1.04	0.60
1981—2005年	9.32	0.28	1.11	0.63	5.29	1.17	0.85
2001—2012年	5.87	0.08	0.59	0.36	3.36	0.96	0.50
1981—2012年	8.45	0.23	0.98	0.59	4.77	1.11	0.76
美国							
1981—1990年	1.94	0.04	0.26	-0.20	0.57	0.45	0.82
1991—2000年	4.26	0.10	0.44	0.09	1.85	0.48	1.30
2001—2005年	-0.34	-0.96	0.01	-0.27	-0.69	0.14	1.43
1981—2005年	2.41	-0.14	0.28	-0.10	0.83	0.40	1.13
日本							
1981—1990年	4.37	0.19	0.76	0.01	1.99	0.54	0.89
1991—2000年	0.15	-0.39	0.54	0.01	-0.04	0.03	0.00
2001—2005年	0.68	-0.39	0.63	0.01	0.45	-0.13	0.11
1981—2005年	1.94	-0.16	0.65	0.01	0.87	0.20	0.38
英国							
1981—1990年	-0.49	-0.68	0.18	-0.35	-0.46	-0.40	1.22
1991—2000年	1.86	-0.33	0.26	0.15	1.83	-0.35	0.29
2001—2005年	-1.44	-1.10	0.01	-0.05	-0.70	-0.47	0.89
1981—2005年	0.26	-0.62	0.18	-0.09	0.41	-0.39	0.78
德国							
1981—1990年	1.30	-0.14	0.26	0.05	0.32	0.33	0.49
1991—2000年	1.94	-0.74	0.18	-0.17	1.43	0.52	0.70
2001—2005年	1.35	-0.30	0.06	0.02	1.11	-0.06	0.52
1981—2005年	1.57	-0.41	0.19	-0.04	0.92	0.33	0.58
法国							
1981—1990年	2.05	-0.35	0.29	-0.13	1.35	0.45	0.45
1991—2000年	2.99	-0.23	0.15	0.07	1.65	0.50	0.85
2001—2005年	0.17	-0.25	0.09	-0.07	-0.15	0.10	0.45

续表

时间	总产出	劳动投入	资本投入	能源投入	原材料投入	服务投入	TFP
1981—2005 年	2.05	-0.29	0.19	-0.04	1.17	0.40	0.61
欧盟十国							
1981—1990 年	1.63	-0.29	0.30	-0.11	0.84	0.25	0.65
1991—2000 年	2.46	-0.32	0.24	0.04	1.44	0.49	0.57
2001—2005 年	0. 52	-0.32	0.10	0.07	0.31	0.06	0.30
1981—2005 年	1.74	-0.31	0.23	-0.01	0.97	0.31	0.55

资料来源：韩国生产率本部：《全要素生产率国际比较》，韩国生产率本部 2015 年版。

比较韩国与传统发达国家制造业技术进步情况，1981—1991 年韩国的全要素生产率增长幅度为 0.59%，高于同期德国和法国的全要素生产率增长率，但低于美国、日本、英国和欧盟十国的平均增长率。而在 1991—2000 年，韩国的全要素增长率高达 1.24%，而这一水平高于除美国的其他绝大多数发达国家。如果将两个阶段合并考虑，即在 1981—2012 年，韩国全要素生产率的增长率达到 0.76%，而这一水平基本达到传统发达国家增长水平。

综合以上产出增长率和要素投入增长率分析，可以看出韩国的全要素生产率增长情况并没有像有些质疑那样有严重的负增长。换句话说，无论是 20 世纪 80 年代，还是 20 世纪 90 年代，韩国经济增长是与全要素生产率的增长同步进行的。只是与发达国家相比较而言，韩国的资本投入、原材料投入和服务投入等部分要素投入明显高于发达国家，而这些要素投入随着时间的推移不断呈下降趋势，体现了韩国经济转型过程。

关于全要素增长率的提高，其实与韩国大力推动的技术研发密不可分。韩国研发费用占 GDP 的比重长期保持在 2% 以上，除了个别年份以外基本上保持上升态势。1996 年韩国的研发费用比重达到 2.24%，2007 年研发费用比重突破 3%，2012 年突破 4%，达到 4.03%。很多中等收入国家的研发费用比重均低于韩国水平，而且大多低于 1%。1996 年阿根廷、哥伦比亚、中国、马来西亚、乌拉圭和委内瑞拉的研发费用占 GDP 的比重分别为 0.42%、0.30%、0.57%、0.22%、0.27% 和 0.26%。2000 年阿根廷、中国、马来西亚和墨西哥的研发费用占 GDP 的比重出现一定增长，分别达到 0.44%、0.90%、0.47% 和 0.32%。而哥伦比亚、乌拉圭等国家的研发费用比重均出现不同程度的下降趋势。

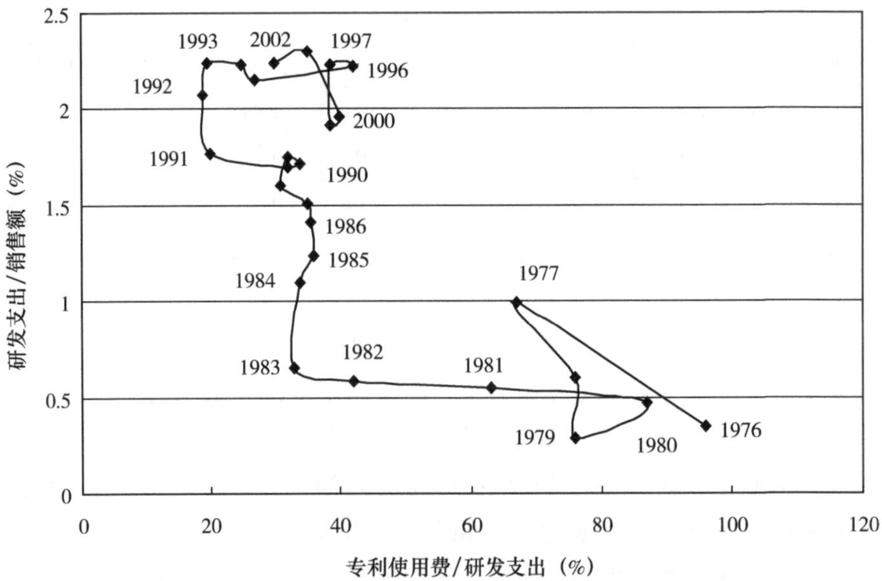

图 3-2 韩国研发支出的变化：从技术模仿到技术创新

资料来源：Wonhyuk Lim, "Chaebol and Industrial Policy in Korea", *Asian Economic Policy Review*, Vol. 7, No. 1, 2012.

除此之外，韩国研发人员数量也明显多于其他中等收入国家。1996 年韩国每百万人之中研发人员数量达到 2211 名，远远高于同时期中国的 443 名、马来西亚的 89 名以及墨西哥的 207 名。而且，韩国的研发人员数量也保持非常高的增长速度，2000 年时人数达到每百万名 2345 名，2002 年突破 3000 名，2013 年已经达到 6457 名。相比之下，中国每百万人中研发人员数量远远低于韩国。2007 年中国每百万人中的研发人数才突破 1000 名，而之后又出现下降趋势，2013 年也只有 1089 名。可见无论是在研发投入费用比重，还是研发人员数量等方面，韩国远远领先于世界其他发展中国家。如图 3-2 所示，20 世纪 70 年代韩国的专利使用费与研发支出的比例高达 80% 左右，而研发支出占销售额的比重却普遍低于 0.5%。随着韩国加大技术自主创新力度，专利使用费比重不断下降，而自主研发支出比重相应不断上升。到2000年以后，韩国专利使用费与研发支出的比例降至30%左右，而研发支出占销售额比重则上升至2%以上。在技术方面的不断研发使得韩国在产业技术方面得到很大进步，不仅提升了生产效率，而且也成功地进行了产业结构改革与技术升级。

（三）产业政策与产业结构的演进

20世纪80年代韩国经济结构进入重要调整期，低油价、低利率和美元的低汇率三低因素为韩国产业结构调整提供有利环境。1980年，韩国农业的比重已经降到15.9%，工业和服务业升至35.4%和48.7%。在韩国政府的产业结构调整战略下，农业的产值比重逐年下降，工业和服务业比重持续上升。2015年，农业部门的产值已经下降到2.3%，工业和服务业上升至38.0%和59.7%。

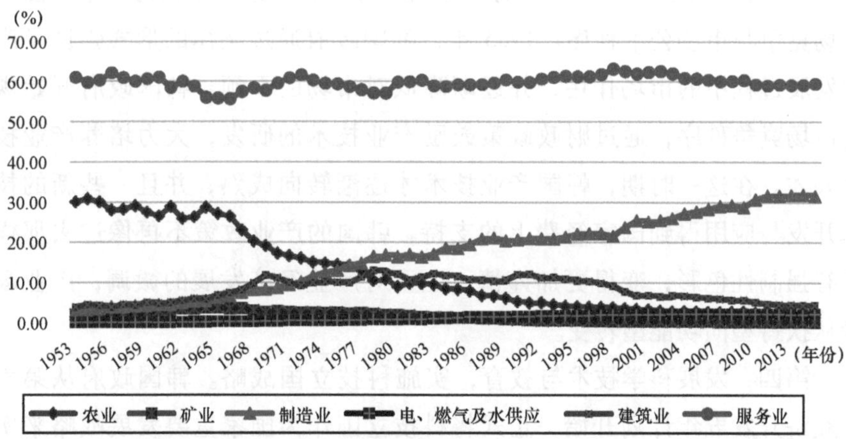

图3-3　1953—2015年韩国三次产业结构变动（单位：%）

资料来源：根据韩国统计厅数据，笔者自行绘制。

第一，观察韩国产业政策的演变过程，韩国产业政策先支持用于出口的劳动密集型产业。为了扶持这些企业的出口，政府对这些企业进口的原材料实行免税政策，并且为企业提供资金升级技术和生产设备。韩国政府通过设定不同汇率的方法来鼓励出口企业的生产，并且专门设立旨在推动出口的机构来帮助本国企业开拓海外市场。韩国贸易振兴会社、韩国进出口银行等机构配合政府的产业政策为韩国企业提供了进出口业务和市场营销等方面的便利。政府监督出口企业的投资和生产，通过各种形式支持企业引进技术，对产业进行升级和改造。

第二，在重化工业领域，政府积极推动企业实现出口导向战略。钢铁、造船和电子等后来成为韩国最具国际竞争力的产业正是在政府的优先扶持政策下，不断发展壮大。政府设立了国家投资基金，为有良好发展前景的重工业企业解决资金上的后顾之忧。政府对尚未具备国际竞争力，但具有发展前景的重化工业企业提供政策保护，与夕阳产业和初级产业区别对待。因此一些重化工业企业在政府的庇护下，拥有了各种优势地位，不断通过投资和引进技术来增强竞争实力。政府默许这些重化工业企业通过市场手段占领更多国内市场份额，并不断兼并，逐渐形成垄断性产业。

第三，20 世纪 80 年代后期，韩国政府开始调整产业扶持政策，注重市场竞争与市场公平秩序。1985 年，韩国政府通过法律的形式强调了产业发展过程中的市场作用，并逐渐降低对市场的干预。韩国政府开始规范市场竞争秩序，通过财政政策鼓励产业技术的研发，大力培养产业技术人才。在这一时期，韩国产业技术才逐渐转向成熟，并且一些新的技术开发与应用得到国家经费上的支持。韩国的产业政策不再像过去那样带有强制性色彩，变得更加谨慎，注重对产业经济发展的微调，产业政策从扶持型向功能型转变。

第四，发展科学技术与教育，实施科技立国战略。韩国政府从第六个经济开发五年计划开始，正式将科技立国作为国家重要发展战略来实施。按照这一战略，政府对科学技术的投入进一步加大，而且对大学的资金投入也出现明显上升。

表 3 – 4　　各时期韩国产业结构的变化　　单位：%

年份	1953	1960	1970	1980	1990	2000	2010	2015
农林渔业	48.2	39.0	28.9	15.9	8.4	4.4	2.5	2.3
矿业	8.9	14.5	20.4	25.6	28.0	29.3	30.9	29.7

续表

年份	1953	1960	1970	1980	1990	2000	2010	2015
制造业	7.8	12.1	18.8	24.3	27.3	29.0	30.7	29.5
建筑业	0.4	0.6	1.4	2.2	2.2	2.8	2.2	3.2
电煤气水	2.2	3.3	5.0	7.6	9.5	6.0	5.1	5.1
服务业	40.3	42.6	44.3	48.7	51.9	57.5	59.3	59.7
合计	100	100	100	100	100	100	100	100

注：以当年价格计算

资料来源：韩国统计厅数据。

（四）对外贸易政策与贸易结构的转型①

为了推动经济增长，韩国在不同的发展阶段采取了不同的对外贸易战略，并且对外贸易产品结构也随之发生变化。1964 年韩国颁布了“出口振兴综合措施”，而该贸易政策的颁布和实施标志着韩国从进口替代战略逐步过渡到出口导向战略，由原先的歧视出口转向重视出口和有选择地放开进口。20 世纪 70 年代，韩国将出口振兴战略进一步扩大，并且为了配合出口振兴战略，重点扶持重化工业。20 世纪八九十年代，韩国尝试着放开对产业的保护，不断推动市场公平竞争，并且通过自由竞争的开放型经济体制来促进国内产业结构的调整。20 世纪 90 年代末，金融危机的爆发进一步坚定了韩国政府改革经济结构的决心，各种损害市场公平竞争的旧体制和旧生产经营方式被推翻，促使韩国经济顺利实现经济结构的转型与产业结构的升级。进入 21 世纪后，为了应对日趋激烈的全球市场竞争，韩国开始实施自由贸易协定战略，与世界不同国家和地区同步推动自由贸易协定谈判，为本国经济注入新的动力。

表 3－5　　各时期韩国贸易政策与产业政策基调的变化

时期	20 世纪 60 年代	20 世纪 70 年代	20 世纪 80 年代	20 世纪 90 年代	2000 年后
发展战略	劳动驱动型	资本驱动型	资本驱动型	创新驱动型	创新驱动型

① 本节部分内容发表在《亚太经济》2017 年第 2 期（合作者：沈铭辉），收入本书时进行了补充与修改。

续表

时期	20世纪60年代	20世纪70年代	20世纪80年代	20世纪90年代	2000年后
产业政策	轻工业为主的出口发展战略	政府重点扶持的重化工业战略	实行技术研发战略，推动开放型经济体制	加强信息基础设施建设，发展高新技术产业，推动民间主导的经济体制	推动创新驱动型产业发展，挖掘新经济增长动力
贸易政策	从进口替代战略转向出口导向型战略	出口振兴战略的扩大与国内市场的保护	调整贸易管理体制，促进民间部门竞争	由保护转向竞争，推动国际化与开放化	以稳定的交易基础应对全球竞争加剧，推动自由贸易协定与挖掘经济增长动力
科技政策	制定科技促进法案，五年经济发展计划	设立政府研究机构，培养科技职业人才，推出研发促进法案	制定国家研发计划，鼓励私人部门研发活动	实行信息化经济改造，建立电子政府系统	挖掘大学研发功能，推动区域创新系统与科技产业集聚

资料来源：韩国知识经济部、产业研究院：《2020年贸易发展前景与战略》，产业研究院2012年版；Wonhyuk Lim，“Chaebol and Industrial Policy in Korea”，*Asian Economic Policy Review*，Vol. 7，No. 1，2012.

从韩国出口产品的结构上看，20世纪70年代在出口导向型战略下，主要出口产品仍然是轻工业产品，其次为初级产品，而重化工业产品所占比重最少，只有12.8%。20世纪80年代，随着韩国政府调整贸易体制管理和产业结构的调整，重化工业产品比重大幅上升，但是比重最大的产品仍然是轻工业产品，其比重达到46.4%。20世纪90年代，韩国的市场开放程度进一步加大，国内市场的国际化程度明显提高，产业结构调整出现重大变化。这一时期，重化工业已经名副其实地成为主导韩国经济的最重要的产业部门，出口比重达到56.6%，而轻工业产品出口比重退居第二位，只占全部出口的38.5%，而初级产品降至4.9%。进入2000年以后，重化工业已经远远超过轻工业部门，其比重达到81%。

2010 年以后，韩国出口结构已经基本稳定下来，重化工业的比重达到 91.2%，轻工业的比重达到 6.4%，而初级产品的比重达到 2.4%。

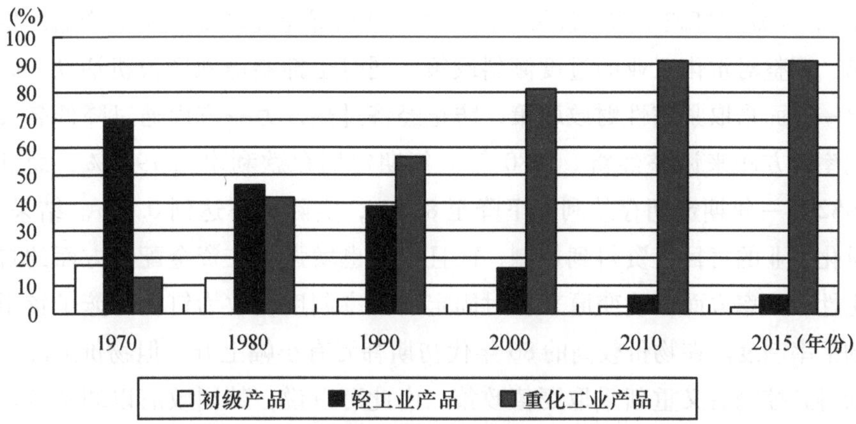

图 3－4　韩国出口产业结构的变化

资料来源：韩国知识经济部、产业研究院：《2020 年贸易发展前景与战略》，产业研究院 2012 年版。

如上所述，随着韩国经济发展战略的变化，韩国产业结构出现重大变化。20 世纪 60 年代之前，韩国在重点扶持进口替代产业时，韩国发展较快的产业为制粉、制糖以及棉纺织等轻工业部门。20 世纪 60 年代韩国从进口替代转向出口导向战略时，发展最快的产业为服装、假发、合板以及鞋类等轻工业部门。20 世纪 70 年代，韩国重点扶持重化工业时，钢铁、造船、汽车、电子和石油化学等产业部门成为主导韩国经济的领域，20 世纪 80 年代后期，韩国推动尖端技术产业的发展，IT 产业成为新出现的产业部门，引领韩国对外进出口贸易。2000 年以来，韩国重点发展具有强大生命力的新兴产业，LCD、无线通信仪器、电子零部件等产业部门成为韩国经济新的经济增长领域。

（五）宏观经济调控政策与工业产能的调整

第一，化解重化工业产能过剩，抑制房地产市场的投机活动。

20 世纪 80 年代初期，韩国经历 70 年代的高速增长之后，通货膨胀压力日益明显。名义工资的上涨推动了通货膨胀水平，更重要的是通货膨胀加快了房地产市场的投机活动，助长房地产市场的泡沫。物价的上涨削弱了人们对发展实体经济的积极性，客观上抑制了投资活动，不利于企业的长期发展。因此，1979 年韩国政府出台了“经济稳定化综合措施”，大幅度打破了垄断许可产品类目，并引导企业增加轻工业产品的供给，调整对重化工业的过度倾斜政策，同时也抑制房地产投机活动。政府一方面采取紧缩性财政政策，防止经济过热，另一方面通过降低名义利率的方法来调整经济。1980 年一年期定期存款利率为 19.5%，而到 1982 年一年期定期存款利率下降至 8.0%，实际利率达到 0.7%。结果，重化工业的盲目投资得到控制，而且银行也增强了在资金配置方面的自主性。汇率方面，改变原来相对固定的汇率制度，改为钉住一篮子货币的汇率制度。在物价较高的 80 年代初期韩元有小幅上升，但物价上涨局面得到控制后又重新采取贬值政策。由此可以说，韩国政府以调整货币供给量和银行信贷为主要内容的货币政策在稳定物价方面是比较成功的。

第二，加强货币当局的政策独立性，实行利率调整为主的物价稳定政策。

为了提高货币政策在宏观经济调控中的作用，加强货币当局的政策独立性，1998 年韩国修订了《韩国银行法》，并以此为货币当局的宏观调控政策强化法律依据。为了稳定物价水平，韩国从 1998 年开始改变原先以货币供应量调整为主的物价稳定政策，转而实行利率调整为主的物价稳定政策。由此，韩国长期以来实行的货币供应量目标制度正式从宏观调控制度中淡出。韩国在摆脱中等收入陷阱过程中，政府的制度性框架发挥了重要作用。政府根据经济发展走势适时通过稳定的政策实施宏观经济管理与调控，大体上维护了国内经济的基本面，控制通货膨胀，为企业发展提供良好政策环境。

韩国的利率调整政策开始不断得到修订，韩国中央银行每月决定政策利率水平，并通过货币政策进行引导利率水平。拆借利率目标更加具体，韩国金融市场也从以银行为中心的格局逐步转向以市场为中心的格局。当韩国金融货币委员会决定拆借利率后，韩国中央银行则通过公开市场操作来调整银行准备金水平，使得拆借市场的利率维持到目标利率水平附近。韩国政策当局在 1998 年将消费者物价指数作为其调控目标，后来将调控目标改为核心通货膨胀率①。

由于韩国政府有意扶持重化工业，税收和金融等政策都向相关战略产业部门倾斜。因此20世纪70年代的韩国重化工业生产效率有时会被认为低下，工业品价格扭曲，出现盲目建设和过度投资导致资源配置低效等问题。而且由于大企业或财阀长期通过特殊政策从银行等金融部门获得资金，因此也不利于银行作为独立金融部门进行资金的管理和配置。但从长期的角度而言，这一时期的政府政策有助于韩国产业结构的升级，积累不少的管理和技术方面的经验，提高了韩国企业的国际竞争力。

第三，"宽货币"与"紧财政"的政策，有效避免财政资金负债过重。

20世纪80年代中期之后，韩国经济结构的转型进入了重要阶段。这一时期由于国内外经济环境有利于宏观经济的发展，轻工业产品的生产和出口有了较大幅度的发展。正因为急于增加轻工业产品的出口，重工业产品的生产在一定程度上被忽视，结构性调整步伐减缓。

随着宽松货币政策的持续推出，韩国在财政政策上开始采取紧缩性趋向。因此，一方面货币政策不断刺激国内投资和消费需求，另一方面财政收支的赤字规模不断下降，2000年韩国的财政政策已经实现黑字。然而，学界不少声音质疑韩国货币当局采取的低利率政策，其理由就是利率过低基调可能会对资产市场健康发展不利。由于韩国急于推动国内金融系统转向资本市场为中心的体系，因此金融市场也出现波动。虽然韩国在开放金融市场方面取得较大进步，但金融市场动荡仍表明韩国金融监管上的不足。随着金融自由化进程，金融市场主体之间的竞争更加激烈，系统性风险随之扩大，金融监管的重要作用也日益明显。

（六）金融部门与企业制度改革

20世纪80年代韩国推行的金融市场改革虽然取得一些进展，但并没有使韩国金融部门效率从根本上得到提高，政府在不同领域的干预与限制措施仍然阻碍金融市场的发展。为了进一步提高金融部门的竞争力，1993年韩国颁布了《新经济5年计划金融改革法案》，通过以放松管制、

① 2007年韩国货币当局又重新改回消费者物价指数。

货币信用政策的效率化措施、金融产业结构的调整以及金融国际化等内容为核心的金融政策来升级金融产业。韩国政府制定了金融机构合并相关法律，并且推动投资金融公司的兼并，大力发展投资银行。另外一项重要的金融制度改革是，1993 年韩国全面实行了金融实名制。在这一制度的要求下，所有金融交易者必须采用实名进行交易。同时，继续推行利率自由化进程，分四个阶段逐步实现利率自由化。到金融危机爆发之前，除了一些短期存款利率和财政资金贷款利率等个别领域之外，韩国基本上实现了利率自由化。1992 年，韩国最终向外国投资者开放了证券市场，允许对国内股票市场进行投资和交易。

亚洲金融危机爆发之后，为了提高金融机构的效率和财务稳定性，韩国政府注重管理金融市场基本面，提高金融监管力度。韩国政府对 20 世纪 90 年代过度膨胀的金融机构进行整顿，对于经营状况出现重大问题的金融机构被责令关闭，并且对大量经营不善的金融机构进行兼并。韩国金融当局建立限期整改制度，通过金融部门的改革来改善大企业集团的财务状况。金融当局开始注重企业的潜在破产预防能力上，并通过完善微观层面的监管制度，采取以市场为导向的结构调整。大型企业集团和大型银行均是金融改革涉及的对象。政府要求企业改善治理结构，严格控制产业垄断，加强外汇监督与管理，推动外汇交易。经过韩国政府的改革措施，大量经营不善的企业宣告破产。1997 年韩国破产企业数量达到 17168 家，1998 年达到 22828 家。而在金融危机之前的 1990 年，破产企业数量只有 4107 家。金融危机过后，2000 年韩国破产企业数量重新下降至正常水平，达到 6693 家。

韩国的金融自由化进程并未因金融危机而停止，外国投资者在证券市场上的权限反而进一步得到放开，设立金融机构的规定进一步放宽，金融机构的业务范围不断获得拓宽。韩国政府不断改善金融基础结构，颁布金融公司法，进一步规范金融机构的经营与金融服务功能。在金融机构兼并活动下，金融机构向复合型集团化发展。并购后成立的大型金融机构不仅从事原有的金融业务，而且还开始涉足其他金融领域，如作为金融控股公司的新韩银行不仅从事银行业务，而且还经营证券、资产运作和保险等业务。人寿保险公司也开始从事保险业务以外的证券和资产运作等领域的业务。

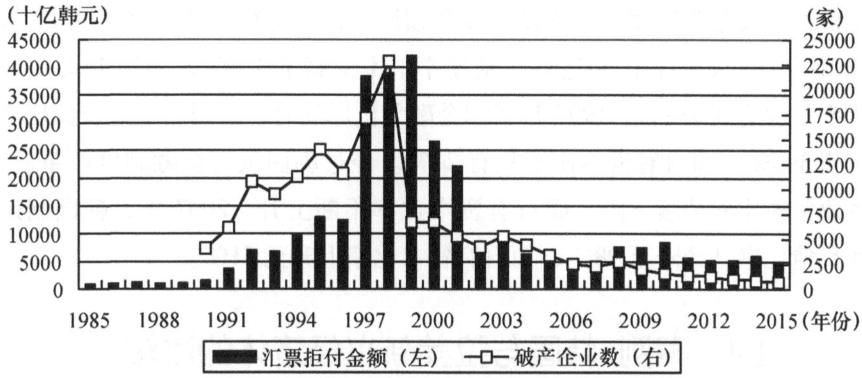

图 3－5　韩国汇票拒付率以及破产企业数量

资料来源：根据韩国中央银行数据，笔者自行绘制。

为了加强对金融机构的监管，韩国加强金融机构的财务制度建设，并引入对金融机构财务经营状况的公示制度。对于不遵守财务制度弄虚作假的行为，采取集体诉讼制度，约束金融机构的违规行为。同时，对于一定规模以上的金融机构要求设立以独立董事为核心的董事会制度，要求金融机构接受监事委员会的监督。

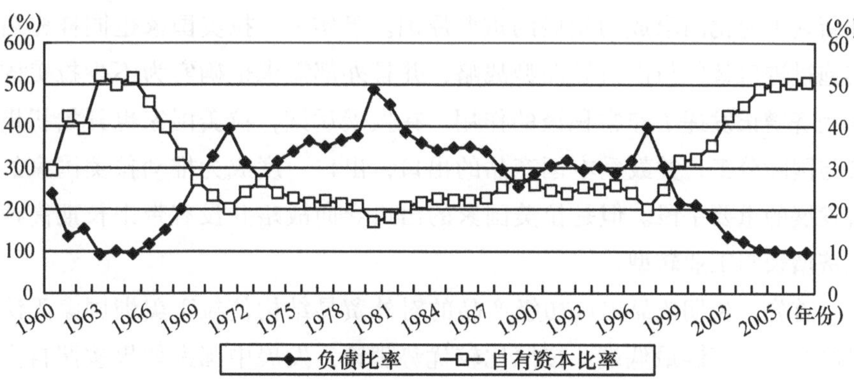

图 3－6　韩国制造业负债比率与自有资本比率变化趋势

韩国加强对金融机构的经营管理之后，企业经营状况也出现非常大的变化。在亚洲金融危机之前，韩国金融机构与企业之间的关系密切，在政府的产业扶持政策下，银行默许企业背负巨额债务。在金融机构的支持下，大企业集团斥巨资投身多个领域，盲目进行业务扩张。从20世纪70年代开始，韩国制造业负债比率基本上高于300%，1980年时负债比率一度达到488%。1997年亚洲金融危机爆发时，韩国制造业负债比率达到396%，而自有资本比率只有20%。经过韩国政府金融制度改革后，企业负债比率持续下降，而自有资本比率不断上升。2007年，韩国制造业负债比率已经降至98%，而自有资本比率上升至51%。

四 案例：韩国与拉美新兴经济体的比较[①]

中等收入陷阱的形成机理可以从不同角度进行分析。对于拉美国家而言，相对较好的初始发展条件并没有持久地为这些国家经济带来益处。拉美国家对资源的过度依赖、较低的资源配置效率、对于技术创新的忽视以及收入分配制度的滞后等因素导致这些国家失去长期增长的动力，被韩国等新兴经济体国家远远地甩在后面。

（一）依赖初级产品的对外经贸战略与结构性失衡

对外开放战略，尤其是从进口替代到出口导向战略的实施被视为亚洲新兴工业化国家成功发展的重要原因。事实上，拉美国家也同样先后实施过进口替代与出口导向型战略，并且外部需求也确实为不少拉美国家经济增长发挥了非常积极的作用。在发展后期，拉美国家也开始积极参与国际分工，并鼓励本国产品的出口，出口一度成为推动拉美国家经济发展的重要手段。但是拉美国家的出口导向战略并没有带来长期高速经济增长与工业转型。

首先，长期依靠出口初级产品的对外贸易结构使拉丁美洲国家无法摆脱全球价值链最低端。按照比较优势理论，发展中国家如果按照自身禀赋优势，生产具有比较优势的产品则有益于国际分工，能够增加本国产品出口。由于发展中国家产业技术水平比发达国家相对低，因此发展

---

① 本部分内容发表在《拉丁美洲研究》2018年第4期（合作者：沈铭辉），收入本书时进行了补充与修改。

中国家具有比较优势的产业集中在劳动密集型和资源密集型产业上。拉美国家长期以初级产品作为自身主要出口产品，而这些产品的特点在于附加值和需求弹性均比较低，因此拉美国家在全球市场中始终处于极为被动的局面。拉美国家被定位在全球价值链中的初级产品供应地，而无法更多地享有全球价值链中的经济收益。例如，智利、圭亚那的初级产品出口依赖度高达20%以上，而伯利兹、哥斯达黎加、洪都拉斯、牙买加、巴拉圭、厄瓜多尔等国家的初级产品出口依赖度也在10%以上①。

初级产品出口与经济增长之间的强相关关系使得拉美国家不得不依附于国际初级产品市场，其经济增长易遭受国际市场环境变化的影响。国际初级产品价格趋于上升时，拉美国家经济增长呈现加快趋势，而初级产品价格持续走低的时候，拉美国家经济增长则陷入低谷，与以出口初级产品为主的部分东南亚国家的情况比较相似。在长期经济发展过程中，虽然拉美国家试图摆脱依赖初级产品出口的局面，但并没有出现根本性改观。

其次，从国内角度而言，拉美国家传统资源部门掌握着国家大量资本与资源，而这从各方面阻止了资源流入新兴产业部门，阻碍了产业间资本配置与产业结构的良性调整。原本应该成为推动经济增长的现代化工业或服务业无法得到足够资源，传统产业的资源挤出效应抑制了出口带来的外溢效应，也阻隔了国际环境与国内经济之间的互动机制，导致高速经济增长失去可持续性。长期一成不变的出口结构事实上不仅阻碍了新兴部门的诞生，而且也失去了升级产业结构的最佳时机。

以墨西哥为例，该国曾凭借国内市场需求，通过贸易保护来分割国内外市场。国内厂商轻而易举地通过国家的贸易壁垒获得来自国内市场的超额利润。长期以来，政府对国内企业的过度保护使墨西哥企业没有机会与国际企业展开激烈竞争，大大延缓了企业对技术和管理的升级改造，造成产品竞争力得不到提升，出口规模相对受限。在墨西哥政府鼓励进口的政策思路下，原料和中间品等进口获得了低税待遇，国内企业可以通过低成本生产并销售受保护的最终产品而获得高额利润。这种长期进口替代战略导致该国进口畸形增长，国内企业越来越依赖政策保护，

---

① IMF, "World Economy Outlook", September 2006, http://www.imf.org.

产业结构失去调整的绝佳时机。

最后，按照结构主义理论，技术进步服从不规则传播，而这种传播特点造成由欧美等少数发达国家为中心和以大量发展中国家为外围的国际经济格局。在这种体系下，处在外围的发展中国家很难将技术应用到工业或服务部门，技术应用只会触及初级产品领域。技术不断提升中心国家的劳动生产率，并且降低工业生产成本，国际贸易地位不断增强。而外围发展中国家技术进步缓慢，贸易条件不断恶化。这种不平衡的国际经济格局不利于发展中国家摆脱中等收入陷阱。

相比之下，韩国的经济发展战略目标与指向明确，随着国内企业竞争力的提升，及时地从进口替代转向出口导向战略，政府为企业提供清晰的发展方向。韩国政府通过经济开发五年计划，运用财政政策与金融政策，逐步降低对传统农业与自然资源部门的支持力度，转而大力发展化学、石油、汽车、机械等产业，鼓励大企业通过引进与研发技术来提升产品附加值，提高产品的出口竞争力。随着韩国政府产业政策的引导与企业技术改造和升级，韩国彻底改变了原先以初级产品和劳动密集型产业为主的出口产品结构。

20 世纪 70 年代，韩国的初级产品和轻工业品出口比重占 87.2%，到了 2000 年初级产品和轻工业品比重降至 19%，而到了 2010 年只有 8.8%。其中初级产品出口比重只有 2.4%①。从出口产品的技术密集度方面来看，韩国出口产品的技术含量也出现大的变化。根据韩国贸易协会数据，在韩国出口产品中，低技术产品的比重已经降至 5% 左右，而中高端技术产品的比重不断上升，2009 年该类产品出口比重已经达到 29%，中低技术产品达到 30%②。韩国的出口战略不仅为国家创造更多收入，而且更重要的是引入竞争、技术与投资，促进国内市场消费需求和投资需求，推动产业结构的调整与企业实力的增强，最终导致生产的产品竞争力不断提高，投资与消费再次增长的良性循环。

---

① 李天国：《“中等收入陷阱”与经济结构改革：来自韩国的经验》，《亚太经济》2016 年第 6 期。

② 武小琦：《面对“中等收入陷阱”：中国和拉美的选择——中国社会科学论坛（2012 年国际问题）“变化中的世界经济：中国和拉美及加勒比的选择”综述》，《拉丁美洲研究》2012 年第 3 期。

（二）工业与服务业内部资源配置与低生产效率

陷入“中等收入陷阱”的拉美国家，其国民经济中普遍存在相对现代化的城市工业部门与服务部门以及落后的农村农业部门，同时这些城市工业部门的生产率和工资率均比农村的农业部门高，雇用着少量就业人口，而农业部门却吸纳了大量劳动力。在拉美国家经济起飞阶段，大量农村的农业就业人口和资本流向城市工业部门，在这一过程中，由于低生产率的农业部门的生产要素转向高生产率的工业部门，国民经济的生产效率出现上升。这在一定时期内表现为较快的经济增长，使得拉美国家较快进入中等收入阶段。然而当城市工业部门和服务部门在吸收来自农业的生产要素的时候，如果不能及时提高自身部门的技术水平与效率，那么这种来自资源配置的经济增长终将会遇到“瓶颈”（见表3－6）。随着时间的推移，生产要素转移带来的经济效应逐渐释放，并没有提升工业部门中新兴部门的生产率，反而出现了低效率的生产要素配置。特别是20世纪出现的石油危机和债务危机、高通货膨胀等事件，延误了拉美国家进行政策调整的时机，而拉美国家政府实行的进口替代政策过度保护了国内企业的生产，限制了一些工业子部门的发展，阻碍这些部门进行技术升级与生产要素的投入，尤其阻碍了从效率驱动向创新驱动的转型，使得工业部门和国民经济失去了宝贵的发展机会。

如果近距离观察拉美国家的话，不难发现多数陷入中等收入陷阱的国家在服务业生产率水平上发展得很慢。虽然这些国家的整体生产率出现上升趋势，但产业技术对工业部门和服务部门的贡献程度非常低①。罗德里克提出，不仅整体工业部门和服务部门的技术效率重要，而且工业和服务业内部子部门的结构也非常关键。因为工业和服务业内部也存在低生产率与高生产率的子部门，而对经济增长产生重要影响的正是那些具有高生产率的子部门②。

---

① 武小琦：《面对“中等收入陷阱”：中国和拉美的选择——中国社会科学论坛（2012年国际问题）“变化中的世界经济：中国和拉美及加勒比的选择”综述》，《拉丁美洲研究》2012年第3期。

② Dani Rodrik，“TheFuture of Economic Convergence”，in HKS Faculty Research Working Paper Series RWP11－033，John Kennedy School of government，Harvard University，2011.

表3-6　拉美国家与日韩迈入中高等收入阶段后全要素生产率变动

国家	进入中高等收入阶段的 TFP	1—5 年 TFP 增长率（%）	5—10 年 TFP 增长率（%）	10—15 年 TFP 增长率（%）
阿根廷	1.082	-3.79	-14.12	-15.10
巴西	1.370	2.12	-16.58	-2.14
墨西哥	1.099	-2.00	-2.51	-5.24
韩国	0.916	-0.22	3.72	5.27
日本	0.674	40.21	-3.70	2.09

资料来源：张旭华：《中等收入陷阱的成因假说、经验比较与对策研究》，《改革与战略》2014 年第 10 期。

但韩国的情形与拉美有明显区别。韩国政府为了推动产业间资源流动与生产效率的提高，持续进行经济改革。20 世纪 80 年代，韩国开始了以“稳定、效率与均衡”为总方针的改革，提出新的产业政策指导思想：改变单纯扩大再生产的做法，消除产业结构的弊端，推进不同产业间资源合理配置，普遍提高产业生产效率。20 世纪 80 年代，韩国提出《面向 2000 年的国家长期发展构想》《工业发展法》《工业结构发展战略》，对原有重点产业进行全面调整，根据劳动密集度、资本密集度、资源密集度以及技术密集度等特点，全面推进产业效率提升。韩国不仅农业部门的全要素生产率有明显提高，工业和服务业子部门的生产率也出现全面提升（见表 3-7）。快速发展的工业和服务业子部门源源不断地吸纳从农业部门转移过来的劳动力和其他生产要素，韩国政府持续的市场开放与产业政策不仅加快了各产业间资源的良性互动，而且也使得技术在工业和服务业子部门之间迅速扩散，促进了工业与服务业内部资源配置的动态调整与效率的提升，导致整个工业与服务业出现较高生产效率。工业与服务业生产效率的变化，随即也带动了农业部门，使得全社会的要素生产率与技术水平获得持续提高。工业与服务业子部门的效率不仅提高了全社会的要素生产率与技术水平，而且逐步形成拉动国民经济的新引擎①。

表3-7　　　　　韩国主要产业的全要素生产率变化趋势

年份	农林渔	纤维皮革	化学制品	金属制品	电子	计算机	精密仪器	电气设备	汽车	信息服务	通信
1996	3.18	2.60	2.62	5.81	-2.42	21.60	1.81	3.56	1.36	15.08	5.58
1997	3.09	2.82	1.43	2.03	1.13	8.03	3.47	1.21	-2.48	-0.95	8.22
1998	-8.27	-0.83	0.84	-0.72	0.85	-1.75	-9.04	3.46	-7.78	-17.4	5.48
1999	4.90	3.61	0.08	0.27	-5.91	21.46	4.36	8.08	11.05	-5.45	5.81
2000	2.22	0.14	4.87	3.94	-3.89	13.59	1.87	1.93	0.80	1.79	5.92
2001	1.01	1.00	1.27	-2.37	-3.65	-4.80	-1.28	-3.27	1.73	-6.61	8.64
2002	2.98	3.45	1.74	1.75	0.73	1.55	0.03	1.95	2.05	6.31	5.70
2003	-2.54	-1.52	-0.13	2.78	0.23	0.33	2.03	-0.47	-0.48	0.85	0.55
2004	6.80	-0.02	1.24	1.78	2.14	-20.3	5.64	0.57	0.00	3.44	-0.35
2005	6.37	3.72	-0.47	0.98	-1.02	1.26	0.43	0.01	0.27	2.19	0.17
2006	1.19	4.88	1.20	-0.33	1.97	7.81	7.41	1.44	2.44	3.71	-4.59
2007	4.56	1.64	0.73	0.05	2.93	8.95	6.68	0.87	0.65	1.18	0.45
2008	5.32	3.11	-1.00	-2.89	4.76	-3.78	-13.1	-0.87	1.32	-4.16	0.22
2009	-0.31	-0.15	0.50	-4.73	2.65	4.15	-2.02	1.32	-0.97	20.03	1.81
2010	-0.99	-0.06	0.17	-0.89	2.64	2.96	4.04	4.11	2.83	2.36	0.88
2011	0.97	2.34	-1.71	3.99	5.30	6.78	-5.79	-1.52	1.49	-1.32	0.98
2012	1.09	2.73	-0.45	1.66	-2.58	2.18	1.87	0.03	1.12	-5.22	3.42
2013	5.34	-0.29	0.19	0.31	-0.82	2.77	1.77	0.91	-0.06	18.42	2.05

资料来源：韩国生产性本部网站，http：//www.kpc.or.kr/productivity/StateAlldb.asp？search_year=2015，2017年2月13日。

① 关于韩国服务业的国际竞争力，可参见崔文、金尚浩、李天国《韩中服务产业国际竞争力研究》，《韩国地域经济研究》2011年第2期。

（三）技术创新相关的制度环境

除此之外，在向创新驱动转型过程中，技术创新的制度性环境对经济增长的促进作用也至关重要。伴随着经济增长，习惯于技术模仿或引进的拉美国家曾遇到了自主研发技术的重要历史阶段，但由于习惯于保护国内企业，使得拉美国家错失创新机遇。例如，墨西哥虽然与美国和加拿大签署了自由贸易协定，但有限的贸易投资自由化措施对墨西哥企业的技术创新与研发活动没有太大帮助。墨西哥通过国有化手段建立了一批国营企业，并由政府强制性规定钢铁、石化和电力等部分重点产业由政府来经营，这样国家控制了国民经济，公共部门在总产值比重上不断扩大。墨西哥通过贸易政策、汇率政策和税收政策来帮助国内企业降低进口成本，并对不少企业提供各种形式的直接或隐性补贴，扭曲了市场价格，导致本国企业缺乏技术创新的动力。长期补贴国内企业的做法导致政府部门的赤字不断增长，成为墨西哥政府的沉重负担。为了摆脱巨额赤字困扰，墨西哥政府通过大量发行货币和对外借款的方式弥补财政资金的不足，然而政府增发货币政策不断推高物价，无助于经济增长，最终出现债务危机。

其他拉美国家在实行市场开放后，也并未出现期待的长期高速经济增长，以至于部分学者急于做出市场开放无助于经济增长的结论。一般来说，市场开放对于一个国家或地区的经济增长而言是具有积极意义的。然而，只是开放市场还无法确保一些资源得到最有效的利用和配置，因为这里涉及国家的市场经济秩序和政府的制度建设以及公共政策等一系列相关因素。如果对外开放导致高生产率部门的劳动力和资本流失，那么这种结构性调整无法显现出其真正改革的效应。鼓励创新和推动技术进步的激励体系才会使工业部门不断孕育出具有强大生命力的新兴产业部门，并成为持续推动国家经济的新动力。

研发创新技术不仅需要大量的资本投入，而且也需要能够推动技术创新的机制与制度。在滞后的制度下，拉美国家技术创新与研发受到很大干扰。1988 年，巴西政府曾公布新工业政策法令，试图通过技术研发来推动工业化，但 20 世纪 90 年代之后，巴西政府的新自由主义改革缩减了用于科技与创新的支出，不少技术研发机构很大程度上被弃置，错过了技术研发时机。而且，巴西政府的全面开放政策也让巴西本土企业失去必要的保护，削弱了巴西本土企业技术创新能力①。技术创新需要投入的资本和人才都无法得到有效保障。科技人才无法得到有效的经费支持与重用，资本无法有效地通过资本市场得到最优配置。创新思维受到压制，人才没有充分施展才华的空间，出现人才的流失与埋没，这些因素使得拉美国家技术创新进程缓慢。

表3-8 韩国政府各经济发展阶段重点扶持的产业

	政策基调	重点扶持产业	实际发展的产业
20世纪60年代以前	进口替代产业	进口替代产业	制粉、制糖、棉纺织
20世纪60年代	出口产业	出口产业	服装、合板、鞋类、假发
20世纪70年代	重化工业	重化工业	钢铁、造船、汽车、电子、石油化学
20世纪80年代	高新技术产业	高新技术产业	IT产业、主导产业（汽车、造船、钢铁、石油化学、机械）
2000年以后	新增长动力/绿色增长	新增长动力产业	新兴产业（LCD、无线通信设备、电子零部件等）

资料来源：产业研究院：《2020年贸易发展前景与战略》，产业研究院2012年版，第64页。

与拉美国家不同的是，韩国大力推动的技术创新政策为韩国的制造业赋予了强有力的竞争力。尤其是从20世纪70年代起，韩国政府大力扶持重化工业产业，并从税收政策到技术引进、资金筹集、海外市场渠道等各领域为重化工企业提供良好的发展环境。1982年，韩国在首届科学技术振兴扩大会议上提出“科技立国”战略，大力推动对传统产业的技术升级。随着韩国政府不断推出鼓励技术创新与研发的政策，以电子信息产业为代表的产业逐渐成为引领韩国经济的重点产业。为了推动应用技术的产业化进程，20世纪90年代韩国提出“研发模式从模仿转向创造”以及“建设以科技知识为推动力的头脑强国”的方针，制定了“尖

① 参见杨军、米嘉《技术创新与我国中等收入陷阱的跨越——历史经验与现实分析》，《山西大学学报》（哲学社会科学版）2013年第5期。

端科学技术发展基本计划”（1990）、“科学技术革新综合计划”（1992）等中长期科技计划[①]。除此之外，韩国又设立了“韩国技术交易所”，将高新技术视为信用抵押品，鼓励企业间技术研发与交流。1998 年，韩国政府提出“高新技术跨越五年计划”，发展生物技术、新材料技术、半导体技术及新能源等产业，以配合科技立国的发展战略[②]。在韩国政府的引导下，韩国研发费用占 GDP 的比重长期保持在 2% 以上，除个别年份以外基本上保持上升态势。1996 年韩国的研发费用比重达到 2. 24%，2007 年研发费用比重突破 3%，2012 年突破 4%，达到 4. 03%。而陷入中等收入陷阱的拉美国家的研发费用均低于韩国水平，而且大多低于 1%。1996 年阿根廷、哥伦比亚、乌拉圭和委内瑞拉的研发费用占 GDP 的比重分别为 0. 42%、0. 30%、0. 27% 和 0. 26%。2000 年阿根廷和墨西哥的研发费用占 GDP 的比重出现增长，分别达到 0. 44% 和 0. 32%。[③] 而哥伦比亚、乌拉圭等国家的研发费用比重均出现不同程度的下降趋势。2008 年乌拉圭和墨西哥等国家的研发费用比 2000 年有所上升，而哥伦比亚、阿根廷的研发费用出现下降或不变。

除此之外，韩国研发人员的数量也明显高于其他中等收入国家。1996 年韩国每百万人之中研发人员数量达到 2211 名，远远高于墨西哥的 207 名。韩国的研发人员数量增长非常迅速，2000 年时人数达到每百万名 2345 名，2009 年达到 5001 名，2013 年已经达到 6457 名[④]。可见无论是研发投入费用比重，还是研发人员数量等方面，韩国都比拉美国家高。在技术方面的不断研发使韩国在产业技术方面取得很大进步，不仅提升了生产效率，而且也成功地进行了产业结构改革与升级。

---

① 杨军、米嘉：《技术创新与我国中等收入陷阱的跨越——历史经验与现实分析》，《山西大学学报》（哲学社会科学版）2013 年第 5 期。

② 关于 2013 年以来韩国技术扶持政策，可参见李天国《朴槿惠经济学的实施背景及其评价》，《东北亚学刊》2014 年第 5 期。

③ The World Bank, World Development Indicators, http: //data. worldbank. org/data - catalog/world - development - indicators, 2017 - 2 - 13.

④ The World Bank, World Development Indicators, http: //data. worldbank. org/data - catalog/world - development - indicators, 2017 - 2 - 13.

（四）社会发展结构与收入分配体系

发展中国家在发展过程中，经历社会制度的变革，而传统制度与新制度之间将出现冲突与对抗。传统制度中包括土地制度、城乡财富分配结构与税收制度、政府行政制度与法制、社会阶层体系与社会秩序等。经济发展水平要求城镇化改造，而农村地区的生产方式与产业结构以及劳动力并不容易适应这种变化。经济增长并不必然意味着制度的改善，政府的宏观经济调控制度与能力均需要相应的调整。社会阶层的收入差异和流通渠道等均体现了社会制度的完善程度，并且直接影响经济的可持续增长。如表3－9所示，这些拉美国家的贫富差距显著，基尼系数长期居高不下。哥伦比亚、巴西、智利等国家的基尼系数长期在0.50以上，个别年份甚至接近0.6。在收入分配严重失衡的情况下，社会矛盾容易激化，政局出现动荡，影响正常的经济发展秩序。除了基尼系数以外，一些拉美国家贫困人口比重也比较高。2004年哥伦比亚的贫困人口比重高达47.4%，同年委内瑞拉的贫困人口比重达到53.9%，近些年虽然这些比重有下降趋势，但至今仍然处在比较高的水平。

收入差距不断加大、贫富差距明显实际上与政府公共政策的效率和设计密切相关，这种公共政策无法对社会有效资源进行收入再分配，也无法消除阻碍经济增长的不确定因素，无法起到经济增长助推器的作用。政府官员的腐败、低效率的行政制度、对行业垄断的漠视、寻租行为的泛滥、社会阶层的严重对立与分化、贫富差距的加大等社会现象进一步搅乱市场秩序，不利于国民经济健康持续发展下去。

表3－9　　1993—2013年拉美国家收入差距情况

国家	指标名称	1992年	1996年	2000年	2004年	2008年	2013年
墨西哥	基尼系数	50.95	48.47	51.67	46.03	48.23	—
	贫困人数比重（%）	—	—	—	—	—	—
	贫困率（3.10美元/天）	24.4	31.3	24.54	0	12.03	—
	贫困率（1.90美元/天）	9.73	14.09	11	4.82	3.8	—

续表

国家	指标名称	1992 年	1996 年	2000 年	2004 年	2008 年	2013 年
巴西	基尼系数	53. 17	59. 89	—	56. 88	54. 37	
	贫困人数比重（%）	—	—	—	22. 4	14. 1	
	贫困率（3. 10 美元/天）	35. 77	26. 57	—	23. 27	14. 21	
	贫困率（1. 90 美元/天）	20. 76	14. 17	—	11. 04	6. 29	
阿根廷	基尼系数	45. 47	49. 52	51. 06	50. 18	46. 27	
	贫困人数比重（%）	—	—	—	—	—	
	贫困率（3. 10 美元/天）	4. 48	8. 98	12. 12	14. 61	6. 79	
	贫困率（1. 90 美元/天）	2. 05	4. 63	5. 7	7. 09	2. 97	
智利	基尼系数	54. 81	54. 87	55. 25	—	—	
	贫困人数比重（%）	—	—	—	—	—	
	贫困率（3. 10 美元/天）	15. 3	11. 33	8. 95	—	—	
	贫困率（1. 90 美元/天）	4. 57	3. 35	3. 11	—	—	
哥伦比亚	基尼系数	51. 45	56. 93	58. 68	56. 11	56. 04	
	贫困人数比重（%）	—	—	—	47. 4	42	
	贫困率（3. 10 美元/天）	19. 64	27. 34	27. 64	26. 51	22. 76	
	贫困率（1. 90 美元/天）	8. 05	15. 23	15. 87	11. 79	10. 71	
委内瑞拉	基尼系数	42. 51	—	—	49. 82	—	
	贫困人数比重（%）	—	—	46. 3	53. 9	32. 6	
	贫困率（3. 10 美元/天）	8. 53	—	—	29. 08	—	
	贫困率（1. 90 美元/天）	4. 31	—	—	17. 46	—	
乌拉圭	基尼系数	40. 2	42. 66	44. 39	47. 14	46. 27	
	贫困人数比重（%）	—	—	—	—	24. 2	
	贫困率（3. 10 美元/天）	2. 02	2. 76	2. 63	6. 88	2. 55	
	贫困率（1. 90 美元/天）	0. 45	0. 81	0. 57	1. 49	0. 33	

资料来源：The World Bank，World Development Indicators，http：//data. worldbank. org/data - catalog/world - development - indicators，2017 -2 -13.

生产效率的提升与产业结构的变化必然将原来的农村劳动力从传统行业中释放出来，而农村闲置劳动力的合理配置成为维护就业稳定与社会秩序的重要任务。经济增长的受阻与大量失业或无法妥善安顿的劳动力很容易成为发展中国家陷入中等收入陷阱的重要特征。由于闲置劳动力没有有效利用，拉美国家的失业率长期居高不下。哥伦比亚的失业率高达10.3%，委内瑞拉的失业率也达到9.2%，阿根廷和乌拉圭也分别达到7.1%和6.3%①。韩国则在减少收入差距，在解决经济体制内部矛盾方面一直进行改革，不断缓解社会矛盾，将经济增长与分配这两个任务同时进行合理安排。韩国通过持续调整税收体系，逐步有计划地改革公共社会支出规模与结构。根据韩国统计厅数据，1990年韩国公共支出占GDP的比重不到3%，1999年韩国政府公共支出接近6%，到2016年韩国公共支出已经超过9%，表明韩国政府在社会保障制度方面的财政支持力度不断增强。韩国也及时地推进年金支付与医疗费用支付改革方案，提高了国民年金负担比重，加强年金加入者之间的收入再分配功能。1998年12月，韩国率先实现了国民年金制度的全覆盖，使得所有公民均可根据《国民年金法》的规定依法享受国民年金制度。韩国的国民年金制度不仅能够为老龄人口提供各种生活保障，而且具有收入再分配功能，对低收入阶层提供更加有利的资金支持。韩国中央政府也将部分社会保障职能转给地方政府，让地方政府能够灵活地调整和管理福利资源②。要想形成消费与投资的良性循环，进一步降低贫困、缩小社会收入差距将是需要实现的重要任务。贫困人口的减少有助于培养更加熟练的劳动力和更加强大的国内消费需求。另外，为了降低失业率，政府通过建立职业培训制度来培养高技能劳工，源源不断地向制造业和服务业提供劳动力。韩国政府将开展公共培训项目作为推动国家经济发展的重要战略，把所有产业工人（包括所有在职和即将就业的人员）纳入培训对象，帮助他们提升职业能力，提高韩国产业整体实力。

五　对中国的启示

中国正处于跨越中等收入阶段的重要历史时期，如何避免拉美国家

① The World Bank, World Development Indicators, http://data.worldbank.org/data-catalog/world-development-indicators, 2017-2-13.

② 关于韩国旨在缩小收入差距的详细政策，可参见李天国《经济转型、收入差距与社会保障政策：韩国政府的探索》，《东北亚学刊》2016年第6期。

所经历的中等收入陷阱，成功迈入高收入国家行列是需要研究的重要议题。通过韩国与拉美国家的经济发展经验比较，我们可以得到一些有益启示。

第一，关于出口产品结构的转变。从拉美国家的教训中可以看出，在中等收入阶段面临出口结构从初级产品向高技术产品转换的“瓶颈”，而过度依赖初级产品的出口产品结构不仅不利于产品附加值的提升，而且可能会延误产业结构的升级与错过经济转型时机。正如不少拉美国家的情形，出口只是停留在增加收入，而未形成新的结构与竞争力的话，则将重复着消耗资源的旧模式，经济失去长期发展的动力。

韩国的经验表明，中高技术产品带动的出口结构能够更加主动地应对国际市场需求的变化，容易形成持续提升国际竞争力的良性循环发展模式，能够让中等收入国家较为迅速地摆脱中等收入陷阱。同时，为了形成出口导向型发展战略的良性循环，需要进一步探索缩小社会收入差距的方法，不断培养出熟练劳动力，提高生产能力供给，这也有利于形成强大的国内需求。

第二，关于全要素生产率与技术创新。由经济结构转变与创新带来的经济发展方式的转变，其核心在于提高全要素生产率对经济增长的贡献①。而提高全要素生产率的关键是从以要素投入型为主的经济增长方式转变成为以创新驱动为主，坚持技术创新，不断提高产业技术含量。拉美国家的重要教训在于农业部门生产要素转向工业部门时，会出现短暂的效率提高，但不能及时提高自身部门的技术水平与效率，那么单纯靠资源配置带来的增长将无法持续下去。而韩国以基础研究为中心的研发战略是从引进技术转向技术创新的重要基础，也是韩国增强自我技术创新能力的重要渠道。韩国对基础研究能力的重视为技术研发活动提供了有力的支撑，使其更加顺利地从技术引进转向技术创新。

借鉴韩国与拉美的经验教训，中国要加强中央与地方财政科技经费对技术研发的调节作用，尤其加大对基础研究的支持力度，提高自主原

---

① Barry Eichengreen, Donghyun Park, Kwanho Shin, “When Fast Growing Economies Slow Down: International Evidence and Implications for the Peoples Republic of China”, in ADB Economics Working Paper Series, No. 262, 2011.

创性技术项目的资助，同时也要提升科技经费的使用效率，为技术创新提供良好保障。

第三，关于制度建设与国家治理体系。拉美国家无法改变原有生产方式，长期陷入中等收入陷阱与这些国家以不正当竞争关系形成的既得利益集团密切相关。这些既得利益集团阻挠社会资源的有效配置，对新兴产业的形成与发展以及产业结构的升级改造和技术提升均产生不利影响。拉美国家既得利益集团在市场中产生挤出效应，抑制现代化工业或服务业子部门的资源优化配置，切断国内与国外技术的良性互动，使国民经济无法持续高速增长。

中国当前要将经济改革继续推进下去，必须改善国家治理体系，才能确保长期经济发展动力。韩国曾经在20世纪六七十年代靠政府扶持政策，培养起能够与世界跨国公司分庭抗礼的大企业集团。然而韩国政府过度介入经济、实行干预政策到了80年代中后期开始无法推行下去。因此韩国颁布了多部法案，开始约束大企业集团的垄断地位和内部交易，不断推出鼓励中小企业发展的政策来维护公正的市场秩序。亚洲金融危机之后，韩国的经济改革进一步破除了国家与大企业集团之间的粘结关系，通过改革金融机构的功能来加强金融机构对大企业集团的监督作用。国有企业改革是我国产业结构与企业制度改革相关的重要任务，可以借鉴韩国治理大企业集团的经验，通过强化公平竞争的市场环境来提高经济运行效率，反对行业长期低效垄断，改革政府行政管理体系，进一步为企业提供良好发展环境。

当前中国经济也已经从单纯激励经济增长进入保障公平秩序的阶段。中国经济改革过程中必定会遇到既得利益集团的阻挠与反对。经济改革不仅需要在经济领域，而且也需要在国家治理体系中取得重大进展①。当前的经济改革的难度与过去实行的改革有着明显区别。收入分配差距拉大，城市化进程中的新二元结构表明中国正面临“中等收入陷阱”的制度性障碍的挑战②。中国需要强化资源在所有制和空间领域的结构平衡，

---

① 胡鞍钢、任皓、鲁钰锋、周绍杰：《中国跨越中等收入陷阱：基于五大发展理念视角》，《清华大学学报》（哲学社会科学版）2016年第5期。

② 田惠敏：《从制度设计和发展模式看“中等收入陷阱”》，《红旗文稿》2013年第16期。

突出社会发展中基本公共服务和公共产品的公平性和均衡。另外，要不断提升国家治理水平，推进收入分配制度改革，形成“橄榄型”分配格局，同时通过健全的制度来约束和规范市场行为，提升经济政策的效率。

中国经济增长方式的转变必定需要调整发展模式与资源配置机制。改革需要让市场的微观主体发挥积极性，为这些主体的发展提供更加良好的空间。这就涉及政府职能的转变。我国经济改革需要“顶层设计”和“基层创新”相结合。改革不能只是成为政府部门的“顶层设计”，忽略“基层创新”。经济改革一旦成为行政部门的指令，那么就缺乏了持久动力，无法获得微观主体的积极响应，政策执行效果比较差。

在未来的经济改革实践中，我国要加强完善市场经济法治秩序，让市场更好地发挥配置资源的功能，政府做好引导、监督作用。要进一步破除政府思维惯性，消除各种人为设置的壁垒和歧视政策，形成公开公正透明的治理环境。创新动力并不是单纯靠政策扶持来实现的，而是靠易于创新的制度环境所产生的。中国经济要想实现创新驱动型增长，就必须为技术创新提供良好的孕育空间，不设过多政策条框，不设过多行政审批与干涉。制度并不是对微观主体不做任何约束，而是为微观主体公平和有序竞争提供保障，维护和尊重微观主体的利益，打破特权和寻租行为，鼓励微观主体发挥更多能动性。

第四，内生性产业发展战略与结构性调整。韩国的初始经济发展基础差，但其实施的工业发展战略使韩国早早完成了产业结构调整，成为工业化国家。发展重工业需要具有工业化基础和一定资本积累，韩国的发展符合比较优势理论与要素禀赋理论的原理。如果不顾本国要素禀赋条件，盲目地照搬他国发展战略，可能会适得其反。

在韩国政府决定大力扶持汽车产业初期，韩国其实已经逐步具备发展汽车产业的条件。政府的补贴政策是在给企业产业提供发展的机遇，而不是盲目地进行保护与扶持。当一些产业获得政府补贴，仍然无法培养其竞争能力的话，就说明政府的补贴政策或者产业政策是有问题的。政府对市场的调节以及对产业的扶持，最宜于从提供国际市场信息、消除制度性障碍，为企业提供良好的发展环境开始。政府提供政策方向引导，而企业在经营中获得积极回报，那么这种政府的产业政策无疑是比较成功的。

韩国的产业战略选择与发展方式其实是内生的，其内生性特点来自韩国的要素禀赋特点。按照比较优势原理发展起来的产业具有良好的发展动因，而政府的产业扶持政策起到了顺水推舟的作用。在这种经济赶超战略下，韩国的经济增长获得了重大成就。如果不去挖掘本国比较优势，只是去追随他国优先发展产业的话，只会出现政府的过度干预，而经济主体发展出现各种矛盾。

韩国能够成功跨越中等收入陷阱，除了需求结构的成功转型以外，还有产业结构中的制造业实现高端化、高附加值化。我国要优化产业结构的供给面，改造传统产业，支持发展新兴产业，推动产业结构升级与调整。要把过去以单纯工业为主的结构转向以服务业为主的结构，并将工业结构从以中低端制造业为主转向以中高端制造业为主。要改变我国产业在全球价值链中的位置，集中优势科技资源，推进新兴产业的发展。产业结构的调整要与能源供求结构调整同步进行。要提高能源效率，推广低碳技术，支持节能降耗，通过市场准入和碳排放政策来提高高耗能产业的生产成本，淘汰落后产能。

随着制造业规模的扩大，原来作为企业内部的服务业务逐渐分离出来，发展专业生产性服务业。生产性服务业不仅有助于企业提升核心竞争力，而且也促使了生产组织方式的变革。生产性服务业代表着社会分工的进一步深化，有助于提升制造业生产效率。我国要健全法律来大力支持生产性服务业的发展，同时要进一步完善物流设施，开发多种运输方式，建立更加完善的信息通信网络，为生产性服务业的发展提供良好的环境。

第五，供给侧改革与宏观调控的政策选择。韩国的经济改革很重要的经验是确立科学合理的宏观经济调控体系。大规模的刺激措施可能会导致宏观经济出现大的波动，很容易出现经济改革的副作用。我国要通过精细化管理和调控来刺激经济，避免旨在提高经济活力的宏观调控政策助长房地产市场泡沫。我国的结构调整需要更加重视供给，通过税收政策和激励制度来引导产业发展。

当前，中国经济增长需考虑的重要目标是保障就业。经济增长速度放缓和淘汰过剩产能将带来一定的就业压力。中国通货膨胀率不算高，因此仍然有宏观调控的政策空间。韩国的经验告诉我们，长期经济增长速度放缓是发展过程中必然的结果。韩国也从长期两位数的经济增长变为个位数的增长速度，也出现过劳动力成本上升与失业问题。但韩国采取了积极的宏观调控政策，一方面控制通货膨胀，维护宏观经济基本面，另一方面鼓励企业技术创新，提升国际竞争力，最终成功地实现了产业结构的升级，提高了韩国制造业在全球价值链中的位置。我国在进行经济结构调整的时候，要注重淘汰落后产能不对经济带来过大负面效应。淘汰落后产能不能简单地通过政府行政命令去实现，要通过市场和法治来引导，坚决杜绝寻租和腐败行为。

第六，有效需求的挖掘与中等收入群体的培育。当前，随着国际金融危机的影响不断深化，国际经济格局出现较大变化，全球市场需求进入缓慢增长阶段。这些变化使得发展中国家的对外出口产生了较大的影响。尤其，中国仍然不得不大量出口劳动密集型产品，而发达国家正在改变消费模式，降低劳动密集型产品的消费需求。随着新兴经济体的崛起，发展中国家纷纷将劳动密集型产品作为出口主导产品，这使得我国劳动密集型产品的出口变得更加困难。

面对国际出口形势不利的影响，我国需要注重扩大国内对劳动密集型产品的需求。虽然外向型发展战略是韩国经济发展模式重要特点，但韩国从未忽视过挖掘国内需求。韩国的居民消费占国民经济的比重一直保持在50%以上，而相比之下我国居民消费支出仅占国民经济的35%左右。我国劳动密集型产品的国内消费并未达到饱和状态，只是我国乡村购买力尚未充分挖掘，并未形成有效购买力。因此增加乡村居民的消费需求，对于缓解当前生产困境具有十分重要的意义。

为了形成有效的乡村购买力，就需要提高乡村居民生活水平，形成消费需求旺盛的中等收入群体。当前，国民收入配置存在过度向政府和企业倾斜的问题，而居民收入仍存在分配不足的现象。全国财政收入的增长速度长期超过居民收入增长速度，而政府和企业的收入增长更快，导致社会投资在增加，而消费则相对疲软。我国产业结构尚未调整好的情况下，大量投资仍然流向传统制造业部门，效率并未出现大幅改善，反而出现大量投资与生产的过剩。很多生产效率低的部门仍然通过不正当竞争方法获得资金，一方面造成资本的浪费，另一方面不利于产业结构的升级。

因此，经济结构的调整与中等收入群体的培育需要同时进行。当前我国社会阶层结构不均衡，低收入阶层较多，而中等收入群体比重过小，无法形成国民经济的消费群体。我国高收入阶层虽然消费较高，但从比重上非常小，而且他们的边际消费倾向比较小，不利于带动全社会的消费。要想提高中等收入群体的比重，需要从制度上为中等收入群体的形成提供各种有利环境。要改善税收结构，从机制上为中等收入群体提供各种收入增长渠道。

第七，关于国际分工与全球价值链战略。经济全球化为中等收入国家实现资源的跨国配置、从技术引进过渡到技术创新提供了良好的外部环境。要避免像拉美国家那样过度依赖初级产品，以保护国内产业为名，脱离国际产业分工体系，导致要素配置的扭曲以及国内产业始终停留在全球价值链低端的局面。全球价值链正在主导全球贸易格局的深层次改变。全球价值链的兴起对传统贸易理念与政策提出了新的挑战，对全球贸易与投资的规则提出了新的要求。中国应该将全球价值链作为重要的国家战略，增强与全球经济的协同作用，根本上扭转中国处于全球价值链纵向分工体系中的不利地位。除了吸引国外跨国公司投资高端制造业，研发和生产高端核心零部件以外，中国也要尝试构建自主主导的价值链。

疲软的全球经济发展态势以及新兴经济体的群体性崛起为中国进一步融入全球经济治理体系提供了有利的机遇。二十国集团组织、“一带一路”建设以及亚洲基础设施开发银行等都是中国在未来不断探索与提高全球经济治理能力的重要平台①。在区域性生产和服务网络不断深化的背景下，中国要利用好全球经济治理平台，与周边国家处理好产业转移与国际分工关系，加强区域甚至全球合作来实现全球价值链上的提升，以便实现中高速经济增长，成功跨越中等收入陷阱。

---

① 关于亚洲基础设施投资银行，可参见李天国、沈铭辉《亚洲基础设施投资银行：新型多边开发模式的探索》，《中国远洋航务》2015 年第 4 期。

第四章

逆全球化风险对新兴经济体影响及应对*

一　新兴经济体面对的外部环境

国际金融危机爆发以来，全球经济从最低谷逐渐缓慢复苏。全球经济的复苏得益于制造业和贸易领域的持续增长以及消费者与投资者对未来经济的信心，但无论是发达经济体，还是金砖国家和其他新兴经济体的长期经济增长仍然有很多不确定因素。国际金融危机爆发后，美国和欧盟等发达经济体的经济增长已经明显低于危机前水平。这种经济增长态势或许在未来一段时期内成为新常态，影响着全球贸易与投资活动。尽管发达经济体实施多年的非常规货币政策在防止陷入严重衰退方面起到一定积极作用，但还无法从根本上消除国际金融危机对全球需求带来的负面影响。全球市场需求的疲软直接降低了新兴经济体的出口，使得以金砖国家为代表的新兴经济体不得不重新调整凭借出口带动经济增长的发展战略。

不少经济体的人口老龄化趋势加剧了社会收入不平衡，从而加大了政府的社会养老与福利政策的预算支出，从而进一步增加政府财政压力，挤压宏观经济政策施展空间。人口老龄化现象不仅出现在发达经济体，同时也发生在正崛起中的金砖国家。不当的政府财政政策会让人口老龄化和劳动人口低增长形势成为长期经济停滞的重要原因。回顾经济增长

---

* 本章前三节部分内容发表在《国际经济合作》2017 年第 8 期，收入本书时进行了补充与修改。

历史可以发现，经济增长的速度与劳动人口的增幅情况紧密相关。当社会青壮年的生产无法抵消老年人消费的时候，社会可持续发展将受到限制。一方面，人口老龄化使得政府不得不增加福利支出费用，而这将对资本投资产生挤出作用。另一方面，老龄化会增加劳动者的人均资本存量，具有提高生产率的效应，但这种情形只在政府债务没有挤出私营资本投资的情形下发生。一般情况下，人口老龄化带来的社会劳动人口的下降暗示着生产率将出现下行趋势。当长期产出和消费增长速度受到抑制的时候，必然影响全要素生产率，从而出现经济增长的停滞。

国际金融危机爆发之后，全球各国劳动者的人均产出和全要素生产率普遍下降。虽然以信息技术为代表的技术创新仍然维系着经济增长，但增长动力已经大不如前，多数国家面临开发经济增长新动力的问题。在发达经济体，受制于相当大的不确定性和下行风险，增长前景欠佳，这可能会进一步推动政治不满，同时反对一体化政策平台的影响进一步增强。

连续下滑 5 年之后，新兴市场和发展中经济体的增长率开始逐步回升。2021 年新兴市场和发展中经济体经济增长率达到 6.6%，高于 5.2% 的发达经济体经济增长率。然而，这些经济体的增长前景并不均衡。金砖国家为代表的新兴经济体的经济受到美国货币政策的影响较大，美国历年以加息为主要内容的货币政策调整都会引发区域性或全球性金融危机，这也反映了当前国际货币体系内生的一种脆弱性，构成影响金砖国家经济增长的重要外部因素。

二　新兴经济体宏观经济增长形势

当前新兴经济体国家经济增长进入平稳调整期，不同经济体的经济增长分化进一步收窄。2021 年，金砖国家经济增长速度明显回升，中国和印度经济增长率领先于世界其他经济体，分别达到 8.1% 和 8.7%，南非、巴西和俄罗斯的经济增长率也分别达到 4.9%、4.6% 和 4.7%。金砖国家如此高的经济增长率归功于新冠疫苗的普及与稳妥有序推进的复工复产进程。

发展中国家和金砖国家对全球经济增长的贡献正在同步上升。如图

4－1所示，发展中国家在全球经济中的份额从2000年的20.77%上升至2021年的41.75%，而金砖国家份额从2000年的8.17%上升至2021年的25.68%。由此可见，以金砖国家为代表的新兴经济体在全球经济中的地位进一步得到巩固。相比之下，七国集团在全球经济中的份额呈下降趋势，2000年曾高达65.13%，而2021年只有44.06%。欧盟的份额变化趋势与七国集团相似，从2000年的26.36%逐步下降至2021年的17.75%。

中国和印度作为增长速度最高的新兴经济体国家，经济增长速度的维持得益于近些年的经济结构性改革。中国的供给侧结构性改革正在化解过剩工业产能和产业结构升级方面起到积极作用。印度则在引进外资方面实行较大幅度的改革，进一步放宽外商投资限制，减少行政审批程序，改善落后的基础设施建设，为外商投资营造良好的环境。

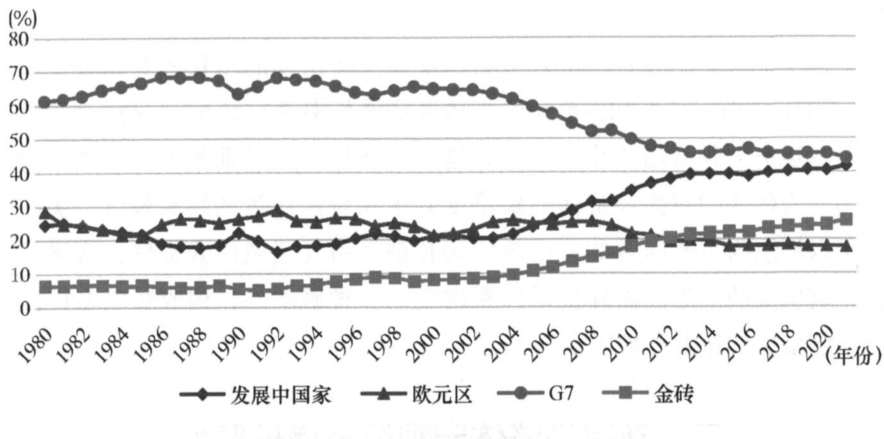

图4－1　1980—2021年金砖国家和主要经济体在全球经济的比重变化趋势

资料来源：IMF World Economic Outlook Database。

如前所述，美国等发达国家的货币政策对金砖国家等新兴经济体产生明显溢出效应。美国退出量化宽松的货币政策的预期使国际资本具有逃离新兴经济体国家的动机。2022年流入新兴经济体的资金远远低于2021年，降幅超过90%。私人非居民资本类型方面，主要是股票和证券组合投资以及银行借贷，外国直接投资并没有太多改变。随着美联储加息步伐放缓与美元指数回落，资金外流速度逐渐放缓，大量的私人资本资金流入也开始回流。得益于巴西政府推出的财政改革措施，其国内经济也逐渐出现好转迹象，未来巴西的资本流入也将有所增加。

关于以金砖国家为代表的新兴经济体的资本外逃得到缓解的原因可以归结为资产收益率和大宗商品价格走势等。虽然美国等发达国家已经宣布退出量化宽松政策，并且上调政策利率，但发达国家的资产收益率仍然较低。相比之下，新兴经济体的股票和债务投资资金和其他形式的资金交易活动得到改善，一些新兴经济体国家的债券与股票等金融资产的收益率高出发达国家不少。在套利与规避风险的动机驱使下，国际资本并未对新兴经济体完全失去信心，而是继续留在新兴经济体，致使新兴经济体国家的金融市场呈现出走强趋势。主要新兴经济体国家中，南非的资本净流入也非常明显（参见图4－2）。

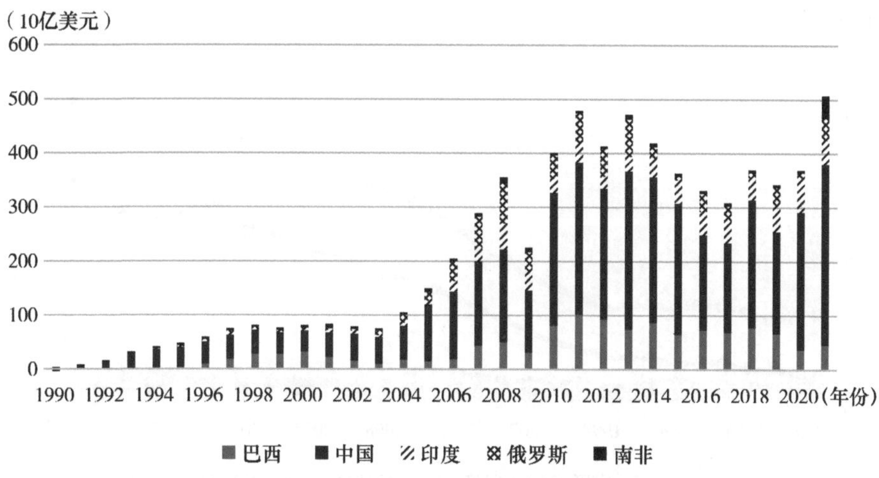

图4－2　1990—2021年金砖国家直接投资流入趋势

资料来源：Economist Intelligence Unit（EIU）CountryData。

但美国与欧盟等发达国家的货币政策仍然是威胁未来新兴经济体国家金融市场稳定的重要风险因素。尤其是美联储过快的加息政策可能会导致国际资本的逆流，使得新兴经济体国家的资本供需平衡打破引发剧烈动荡。尽管多数新兴经济体货币汇率仍然坚挺，但中国等国家的货币出现贬值趋势。另外，尽管资本仍然在持续流入新兴经济体，但本地货币利差收窄的幅度并不大，反映出国际资本对新兴经济体货币市场风险的谨慎心理。

从对外贸易角度来看，2021 年全球货物出口总额达到 30.95 万亿美元，较 2020 年增长 26.65%。货物进口总额为 21.71 万亿美元，较 2020 年增长 26.52%。在出口方面，金砖国家占世界出口的比重也在不断上升。1990 年，金砖国家出口占全球出口比重只有 6.32%，2010 年上升至 16.46%，到了 2021 年这一比重已经达到 21.35%（参见图 4－3）。从图 4－3 中可以看出，金砖国家出口比重上升主要归功于中国的出口增长。中国的贸易出口在 1990 年只有 2.13%，到了 2021 年已经上升至 15.42%。自 1990 年至 2021 年，印度出口占全球出口的比重上升 1.20%，俄罗斯比重上升 0.58%，巴西比重上升 0.21%。只有南非出口占全球的比重下降 0.25%。

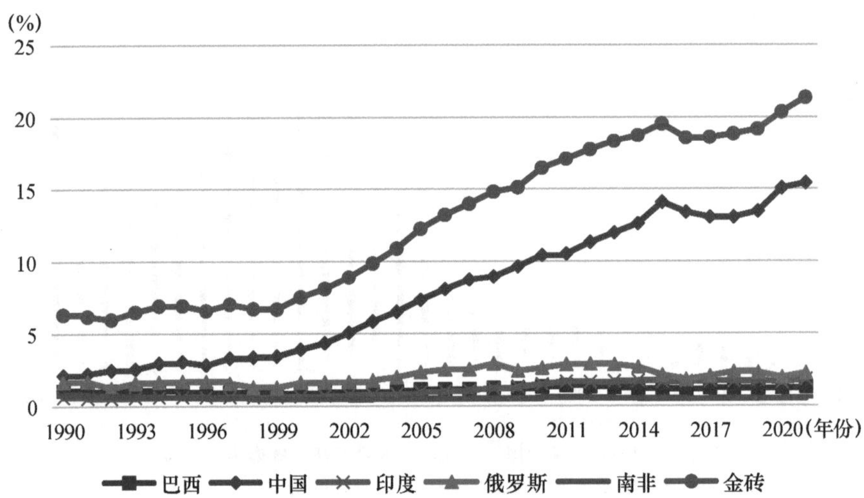

图 4－3　金砖国家贸易占全球贸易总额比重趋势

资料来源：IMF，International Financial Statistics Database。

三　当前新兴经济体发展面临的经济风险

(一) 反全球化潮流不断挤压新兴经济体国家发展空间

进入21世纪以来，经济全球化趋势加快，而这一趋势为新兴经济体和金砖国家的经济增长提供了良好的发展环境。全球贸易增长速度数十年来一直高于全球经济增长率，带动了各国经济的发展。经济全球化不仅加强了世界各国之间的经济联系与依赖，推动了资源和生产要素在全球范围内的配置，而且也加快了新技术的传播与普及速度。通过经济全球化，金砖国家推动了资金、技术与人才的引进，调整和优化了产业结构及出口商品结构，加速工业化进程。发达国家则通过跨国公司加快了传统工业和一般技术产业向发展中国家的转移，进一步提升了资源配置效率。

然而，英国脱离欧盟和美国大选实际上反映了部分发达国家对以贸易与投资自由化的主要内容的经济全球化的抵制情绪。1995—2020年，

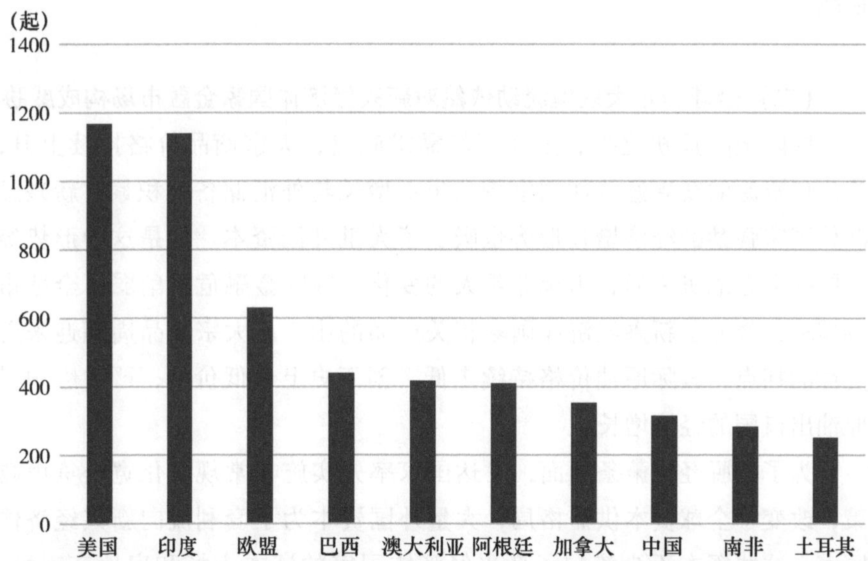

图4-4　1995—2020年全球贸易救济原审立案数量前10国家和地区情况

资料来源：Global Trade Alert Database。

美国实施贸易救济原审立案数量遥遥领先于其他国家，其数量达到1168起，而且随着时间的推移其贸易保护倾向具有愈演愈烈的趋势（参见图4-4）。特朗普当选总统并宣扬的民粹主义是世界经济中的逆全球化最为典型的表现。逆全球化潮流与贸易保护主义的出现有其客观现实背景。以美国为首的部分发达国家指责，国内制造业的海外市场转移造成本国产业空洞化，减少了本国劳动力就业岗位，降低了普通劳动力的收入。而且，市场开放在推动本国产品出口的同时，总会无法避免地对本国某些行业带来不同程度的冲击。因此，部分产业将获得更多出口与发展机会，而另一部分行业则受到资源的挤出，短期里易造成产业发展的两极分化。在贸易保护主义者看来，劳动力的跨国流动会扰乱流入地国家社会秩序，减少本国劳动力就业岗位。外国资本的流入不仅加大对资本市场的监控难度，而且也更加容易出现金融动荡与风险。美国的贸易保护主义政策势必提高全球贸易中的不确定性，不利于世界各国通过贸易与投资自由化来加快全球经济复苏。尤其是，美国对自由贸易谈判的立场，会对资源出口型金砖国家的对外贸易产生影响。保护主义运动的持续兴起和保守的政治势力将是对金砖国家经济增长前景和对外贸易的重大挑战。

（二）全球资本大规模流动依然对新兴经济体国家金融市场构成威胁

国际金融危机之前，全球市场需求旺盛，大宗商品价格持续上升，为出口资源的新兴经济体国家带来出口增长与外汇储备的积累。新兴经济体国家强劲的经济增长形势也吸引了大批外国资本。但是这种形势经历国际金融危机之后，出现非常大的变化。国际金融危机削弱了全球市场需求，降低了新兴经济体国家相关产品的出口。大宗商品周期迎来历史性的拐点，国际原油价格持续走低，创下史上最低价格，严重影响了原油出口国的经济增长。

为了摆脱经济萧条局面，发达国家率先实施非常规量化宽松货币政策，改变了全球资本供需格局，大量外国资本为了套利流向新兴经济体国家。这些资本不少流向了新兴经济体国家的资本市场和房地产市场，助长了新兴经济体国家资本市场和房地产市场的虚假繁荣与泡沫。随着经济增长的缓慢复苏，美联储已经逐步回归常规的货币政策，并且将缩减国家资产负债表提上议事日程。尽管欧洲和日本尚未与美国的货币政策基调完全实现同步，但未来美国将推出的宏观调控政策足以影响多数新兴经济体国家。美国的扩张性财政政策与加息可能推高美元汇率，进而加大以美元计价的新兴经济体国家债务。

随着发达国家的货币政策正常化，外国资本又重新流出金砖国家，带来金砖国家金融动荡与相关产业的衰败。因此，当前国际经济环境下，新兴经济体国家的经济增长动力很可能会被削弱，形成诸多经济增长不确定因素，影响新兴经济体国家长期稳定、健康有序的发展。

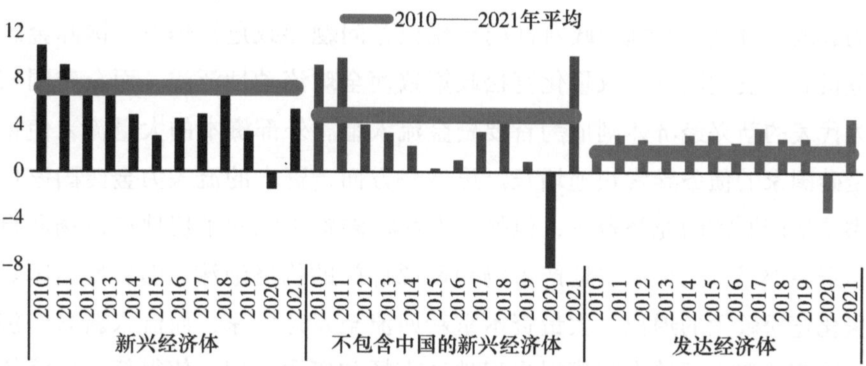

图4－5　2010—2021年新兴经济体与发达经济体直接投资的增幅变动情况

资料来源：World Bank，2023. Global Economic Prospects，January 2023，p. 104。

国际金融危机爆发后的五年间，流入新兴经济体的资本规模达到6.2万亿美元，达到金融危机前的2.5倍。虽然外国资本为新兴经济体国家的经济复苏起到一定积极作用，但同时也带来了资本流动引发的潜在金融风险。随着美国退出量化宽松政策，新兴经济体国家的金融市场变动性扩大，资本流动成为重要关注点。2010年以来，新兴经济体的投资流入规模下滑，若不包括中国，其投资下滑幅度更加明显（参见图4－5）。1990—2008年，发展中国家和新兴经济体平均投资增长速度为5.1%，而金砖国家的平均投资增长速度为5.58%；2003—2008年，这两种国家群体的平均投资增长速度分别上升至11.8%和12.83%。而国际金融危机后，发展中国家和金砖国家的投资增长速度大幅下滑。特别是，疫情暴发后的2020年不包含中国的新兴经济体的投资增长速度达－8.2%。相比之下，发达经济体的投资增长速度在国际金融危机前后并没有明显变化，基本上维持2%左右，疫情期间投资下滑幅度相对小金砖国家疲软的投资活动导致了潜在增长率的下降，不利于全要素生产率的提高。

（三）新兴经济体国家企业部门债务形成实体经济风险

新兴经济体国家经济增长放缓的原因除了全球经济局势的影响以外，还包括疲软的国内生产和消费、恶化的贸易条件、外商直接投资的减少以及经济发展中的不确定性因素等。而新兴经济体国家的企业债务是与全球流动性密切相关的另一个领域。回顾国际金融危机和欧洲债务危机的起因，分别在家庭和政府部门出现债务问题导致危机爆发。国际金融危机后，发达国家采取量化宽松政策致使全球流动性泛滥，而金砖国家为代表的新兴经济体则成为首要资金流入地。外部资本的大量流入使得金砖国家的债务异常快速增长。虽然一方面，资本的流入为金砖国家提供了生产所需的充裕资本，但另一方面很多资本流向了房地产市场和自然资源部门，助长了房地产市场和资源部门的价格泡沫。随着发达国家量化宽松政策的退出，大量资本重新回流至发达国家，而流入新兴经济体国家的资本开始大规模退出房地产市场和资源部门，使得新兴经济体国家面临史无前例的债务压力（参见图4－6）。

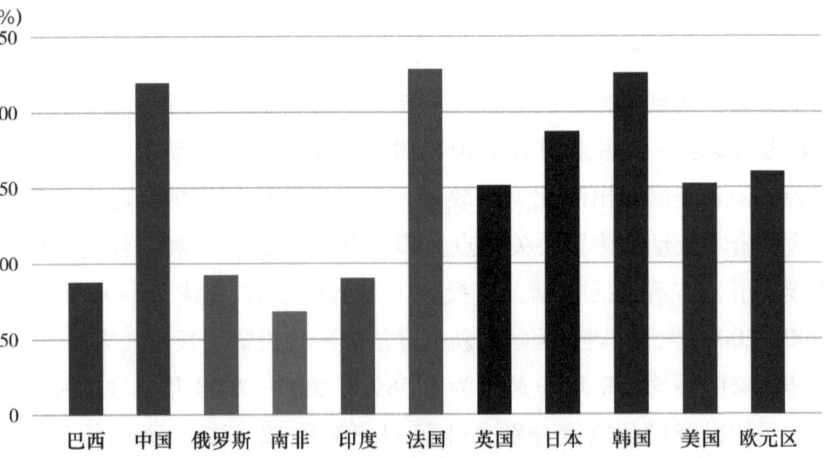

图4－6　2022年世界主要发达经济体与金砖国家的信贷占GDP比重

资料来源：Bank for International Settlements Database。

新兴经济体国家中的一些国家的强劲经济表现容易产生过度负债，而新兴经济体国家资本市场发育水平仍然与发达国家有一定差距，直接融资水平不强、贷款投放过猛等现象会导致银行的不良贷款不断上升，从而使实体经济的不稳定因素不断放大。新兴经济体的经济增长过于依赖信贷，可能会导致金融市场的不稳定。对于巴西而言，外国资本的流出使得巴西能源部门的资金出现短缺，并且通过生产渠道影响各个产业部门，使得巴西国家信用等级一落千丈。巴西国家石油公司由于内部高管贪腐事件以及国际经济形势原因，公司资产缩水严重。虽然当前巴西经济增长态势有所好转，但资金流动性风险依然不容忽视。

（四）新兴经济体国家日益扩大的收入差距成为社会不稳定因素

随着人口老龄化趋势的增强，收入不平衡是金砖国家面临的重要社会经济现象。收入差距扩大表明经济中的社会财富集中于少数群体，会影响经济中的正常生产与投资以及消费循环，不仅破坏社会稳定，而且会影响长期经济增长。因此，长期收入差距扩大被认为是经济可持续发展中的重大风险因素。

当前，新兴经济体国家劳动力的收入比重出现下降趋势，暗示着新兴经济体国家收入差距在扩大（参见表4－1）。从基尼系数角度而言，除了印度以外，金砖国家的收入差距均显示较高。尤其是，南非和巴西的基尼系数高达63.0%和48.9%。主要发达国家之中，相对而言，美国的基尼系数最高，但也只有41.5%，另外日本、德国和法国等国家的基尼系数则均低于35%。

除了基尼系数以外，Palma比率也是联合国经常用来衡量收入差距的重要指标。Palma比率是10%最富有人口的GNI与最贫困的40%人口的GNI之比，是由Palma（2011）提出来的衡量收入差距的重要指标。Palma比率越高，代表贫富差距越大。从Palma比率角度，南非和巴西的指标值也明显高于其他金砖国家和发达国家。中国的收入差距虽然低于巴西和南非，但仍然高于俄罗斯和印度，而且存在收入差距扩大倾向，因此要保持高度警惕。

表4－1 世界主要发达经济体与金砖国家的收入差距比较

	巴西	印度	中国	俄罗斯	南非	美国	日本	德国	法国
Palma 比率	3.5	1.5	2.1	2.0	7.1	2.0	1.2	1.2	1.3
基尼系数	48.9	35.7	38.2	36.0	63.0	41.5	32.9	31.7	32.4

注：Palma 比率为2010—2015年平均数，基尼系数为2010—2021年平均数。

资料来源：UNDP，human development report 2022，pp. 281－283。

新兴经济体国家收入差距较大的原因与初次分配率过低有一定关系。由于新兴经济体国家制度改革尚未完成，市场竞争机制和要素流动对产业和地区差距的调节功能无法产生重要作用，不利于更加合理的收入分配。同时，长期高位运行的新兴经济体国家物价水平也是扩大金砖国家居民收入差距的重要原因。当前，新兴经济体国家的物价普遍高于发达国家，2018—2022年印度、俄罗斯、巴西和南非的平均消费者价格指数增长率分别达到5.22%、6.24%、5.64%和4.70%，而相比之下美国、英国和日本等国家只有3.63%、3.09%和0.74%。长期居高不下的物价导致金砖国家居民收入相对缩水，尤其是导致低收入人群收支失衡，推动了居民收入差距的扩大。

四 案例：逆全球化背景下的中俄经贸合作战略[①]

近些年，俄罗斯面对的复杂国际环境对其构成不小挑战，尤其美欧对俄罗斯的经济制裁使得俄罗斯经济发展受到不少限制。美国对中国和俄罗斯的遏制进一步强化，而且这种局面不会在短时期内出现大变化。美国特朗普政府推行的反全球化政策不仅影响与美国相关的贸易伙伴的对外贸易，同时也对全球贸易秩序形成不小威胁。面对这种局面，中俄在一些重要战略领域合作的必要性增强。中俄需要强化新时代全面战略协作伙伴关系，以改善各自面临的政治经济环境。中俄经贸合作是中俄

① 本节内容成文较早，部分内容曾发表在《国际经济合作》2017年第10期。尽管已经过了数年，但中俄经贸结构没有发生根本性变化，本文对中俄经贸合作的判断与观点仍然有效，收入本书时进行了补充与修改。

新时代全面战略协作伙伴关系的重要基石，是推动中俄关系发展的重要推动力。中国提出的“一带一路”倡议中，“一带”的境外建设与俄罗斯密切相关，尤其是“一带”的建设可以与俄罗斯提出的欧亚经济联盟结合起来，具有非常重要的意义。

（一）中俄经贸关系现状与合作框架

1. 中俄双边贸易发展态势

中国与俄罗斯有较长的经济合作历史渊源，两国对外经贸关系对地区经济发展甚至全球经济走势都有重要影响。近些年来，中俄双方均重视推动双边经济贸易关系，双边关系从最初的友好国家、建设性伙伴关系发展成当前的新时代全面战略协作伙伴关系。双方已经充分认识到经贸关系是发展两国关系的重要纽带，这使得中俄双边经济合作呈现出很强的发展势头。

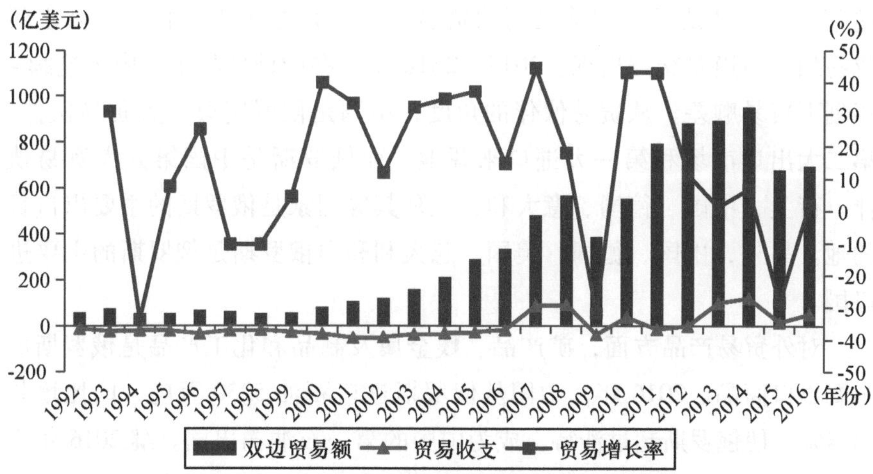

图 4－7 1992—2016 年中俄双边贸易额、增长率与贸易收支

资料来源：根据联合国 COMTRADE 数据库进行计算和整理。

1993 年，中俄双边贸易额为 76 亿美元，之后几年间中俄双边贸易规模并没有出现大幅增长，反而出现下降趋势（参见图 4－7）。1994 年双边贸易额比 1993 年下降了 33%，1997 年和 1998 年也分别比上一年下降了 10%。中俄双边贸易额出现较大幅度变动的主要原因是俄罗斯独立出来以后，经济改革出现较大波折，整体宏观经济形势并不乐观。俄罗斯国内总需求乏力，进口需求也受到客观经济形势的影响，同时对外贸易制度不完善导致贸易方式存在诸多弊端。

2000 年之后，随着俄罗斯摆脱经济危机，国内经济进入恢复期，市场需求不断扩大，俄罗斯对外贸易关税水平也逐渐降低。中俄之间的投资和经济合作也日益增多，双边贸易进入了快速发展阶段。2000 年中俄双边贸易额达到 80 亿美元，同比增长 39.9%，2001 年突破 100 亿美元大关，增长率达到 33.3%。之后，除了金融危机爆发时期等个别年份以外，中俄双边贸易年均增长率都在 14% 以上。

近两年来，由于俄罗斯经济出现较大波动，以及受到乌克兰危机和欧美经济制裁等因素的影响，中俄双边贸易增长速度受到一定影响。双边贸易额从 2014 年的 952 亿美元，下降至 2015 年的 680 亿美元，2016 年出现小幅增长，实现 695 亿美元的双边贸易额。

从贸易收支角度而言，1993—2006 年中国对俄罗斯贸易一直出现逆差。2007 年之后，中俄之间的贸易收支关系才出现变化，中俄之间贸易顺差与逆差交替出现。2013—2016 年，在中俄贸易中，中国连续 4 年创下贸易顺差。从贸易伙伴的角度，中国是俄罗斯第一大贸易伙伴、第二大出口市场和第一大进口来源地，而俄罗斯是中国第九大贸易伙伴。荷兰、中国、德国、意大利、土耳其等国家是俄罗斯的主要出口目的地。另外，中国、德国、美国、意大利和白俄罗斯是俄罗斯的主要进口国。

对外贸易产品方面，矿产品、贱金属及制品和化工产品是俄罗斯的主要出口商品。2016 年，中国从俄罗斯进口石油 5230 万吨，同比增长 23.4%，使俄罗斯超过沙特，成为中国的第一石油输出国。继 2016 年中俄贸易承受住了外部不利环境的压力，实现复苏以后，中俄经贸传统领域合作不断巩固，电商、农业、金融、旅游等新领域发展迅速，中俄双边贸易潜力持续得到释放。

2. 当前中俄投资合作态势

外国资本对俄罗斯的投资集中在生产加工、商业、交通工具和电器维修、金融、矿产开采等领域，占外资投资总额的 89.5%。俄罗斯吸收的外国直接投资流入最多的国家或地区分别是塞浦路斯、德国、荷兰等，外国直接投资流出方面，维尔京群岛、荷兰和塞浦路斯等名列前茅。

进入2000年以后，中国对俄罗斯的投资开始逐渐增加。2003年中国对俄罗斯的直接投资额只有0.30亿美元，而到2014年已经达到6.34亿美元。中俄相互投资稳步增长。截至2016年，中国企业对俄非金融类直接投资已经达到140.2亿美元，继续保持俄罗斯第四大投资来源国地位。中国企业投资领域主要集中在能源、矿产资源开发、林业、建筑和建材生产、轻工业等领域。在近些年，航空、航天、基础设施建设等领域的战略性大项目合作也取得了积极进展。

近年来，中俄两国获得最大突破的是石油和天然气领域合作。2014年5月，中俄两国签署的《中华人民共和国与俄罗斯联邦关于全面战略协作伙伴关系新阶段的联合声明》标志着中俄两国的经贸合作进入了新时期。中俄两国共同制定了未来双边贸易额目标，并提出通过提高高新技术领域合作的效率、加强核能和高端航天技术合作。2015年，中俄两国领导人在俄罗斯首都莫斯科共同签署了《关于丝绸之路经济带建设与欧亚经济联盟建设对接合作的联合声明》。中石油和俄罗斯天然气公司已经签署4000亿美元的购销合同，而且将进一步深化能源领域的一揽子合作，开发俄罗斯煤矿，发展交通基础设施。此外，中国和俄罗斯签署了高铁合作备忘录，在俄罗斯高铁项目上进行全面合作。中俄双方在资源贸易方面的合作，不仅满足了中国经济发展所需的资源需求，而且也有效填补了俄罗斯财政缺口。中国企业正在俄罗斯石油商业、勘探、炼化、配备等各方面积极开展合作，两国能源合作不断加深。

（二）中俄产业比较优势、贸易产品要素密集度与结构特点

随着经济全球化速度加快，全球生产分工体系越来越错综复杂，已经远远超出过去以初级产品和加工制造以及研发作为特征的传统分工形式。产品附加值的产生已经渗透研发、设计、生产、加工、组装、营销与后期服务等各个环节，使得全球价值链具有更加庞大和全方位综合性的特点。为了把握中俄之间价值链分工发展状态和比较优势的动态性变化趋势，本书运用贸易结合度、比较优势指数、贸易互补性指标、基于技术水平分类的贸易收支及出口结构等指标来分析中俄之间的贸易关系和价值链。

1. 中俄双边贸易结合度分析

贸易结合度的计算公式为 $TCD_t^{ij} = \frac{X_t^{ij}/X_t^i}{M_t^j/M_t^w}$，其中，$TCD^{ij}$ 表示 i 国对 j 国的贸易结合度；X^{ij} 表示 i 国对 j 国的出口额；X^i 表示 i 国的出口总额；M^j 表示 j 国的进口总额；M^w 表示世界的进口总额。当 TCD^{ij} 的取值等于 1，则表明 i 国和 j 国的贸易结合度与世界平均水平相同；如果该值小于 1，则表明两国的贸易结合度低于世界平均水平，取值越小，代表贸易关系越疏远；如果该值大于 1，而且取值越高，则代表两国的贸易结合度越高，贸易关系密切。

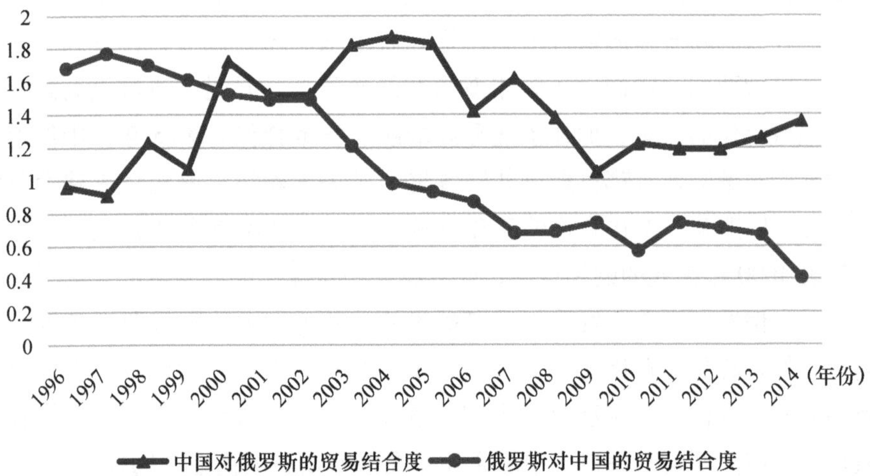

图 4-8　1996—2014 年中国与俄罗斯的贸易结合度

资料来源：作者根据 WITS 数据库数据计算而得。

如从图 4-8 中可以看出，中国对俄罗斯的贸易结合度从 1996 年到 2014 年，除了最初两年以外，20 年来基本上高于 1。也就是说，对于中国而言，与俄罗斯的贸易关系是高于世界平均水平的。从俄罗斯角度，情形则并不相同。1995—2003 年，俄罗斯对中国的贸易结合度比较高，尤其在 20 世纪 90 年代末的时候贸易关系更是紧密。但是进入 21 世纪之后，俄罗斯与中国之间的贸易关系不断疏远，2004 年时首次低于世界平均水平，之后贸易关系一直在疏远，呈现不断疏远趋势。2014 年时，俄罗斯对中国的贸易结合度指数达到 0.41。

中国在2001年加入世界贸易组织以后，中国的市场获得史无前例的开放，实现了对外贸易的飞速发展，很快地进入世界主要贸易大国的行列。中国的商品进口额占世界进口贸易总额的比重快速上升，其上升速度远远高于俄罗斯对中国出口额占俄罗斯出口额的比重。这就是俄罗斯对中国的贸易结合度指数不断下降的原因。从当前中俄贸易结合度趋势来看，中国对俄罗斯的贸易关系仍然在不断增强，这表明未来中俄之间的贸易关系前景比较乐观，双边贸易还有很大的提升余地。

2. 比较优势指数分析

下面运用巴拉萨提出的显性比较优势理论来分析中俄两国的各产业。显性比较优势是一个国家的产品在该国的出口总额中所占的份额和这种商品在世界出口总额中所占份额的比重。它的计算公式为：$RCA_{ij} = (X_{ij}/X_{tj})/(X_{iw}/X_{tw})$，其中$X_{ij}$表示$j$国$i$产品的出口值，$X_{tj}$表示$j$国的总出口值，$X_{iw}$表示全球i产品的出口值，$X_{tw}$表示世界总出口值。如果$RCA_{ij} > 1$，则表示$j$国第$i$类产品在国际贸易中具有显性比较优势，并且该值越大代表其比较优势越明显。如果$1.25 < RCA_{ij} < 2.5$则表示该国在该类产品生产上具有比较强的竞争优势。如果$RCA_{ij} > 2.5$则表示该国在该类产品生产上具有非常强的竞争优势。当$0 < RCA_{ij} < 1$，则代表该国在生产该类产品上具有比较劣势，并且该值越小，就代表比较劣势更加明显。如果$0.8 < RCA_{ij} < 1.25$则表示该国在生产该类商品上具有比较平均的竞争优势，而如果$RCA_{ij} < 0.8$，则代表该国在生产该类商品方面不具有竞争优势。

表4-2 1996—2014年中国对外贸易产品的比较优势指数变化趋势

产品代码及名称	1996年	1999年	2002年	2005年	2008年	2011年	2014年
1. 活动物等	1.12	0.91	0.72	0.47	0.34	0.42	0.37
2. 植物产品等	0.90	0.94	0.80	0.54	0.35	0.39	0.32
3. 动、植物油等	0.47	0.15	0.08	0.09	0.07	0.05	0.05
4. 食品、饮料等	0.89	0.70	0.67	0.53	0.46	0.43	0.37
5. 矿产品等	0.59	0.40	0.31	0.20	0.14	0.10	0.11
6. 化学工业产品等	0.71	0.63	0.51	0.47	0.56	0.58	0.50
7. 塑料制品等	0.71	0.78	0.75	0.71	0.72	0.78	0.86

续表

产品代码及名称	1996 年	1999 年	2002 年	2005 年	2008 年	2011 年	2014 年
8. 生皮及其制品等	4.41	4.56	4.04	3.38	2.60	2.78	2.07
9. 木及木制品等	0.99	0.89	0.97	0.95	1.02	0.98	0.85
10. 木浆及制品等	0.24	0.26	0.30	0.33	0.42	0.52	0.59
11. 纺织原料等	3.86	3.58	3.18	2.94	3.18	3.04	2.74
12. 鞋、帽等	6.45	6.79	5.27	4.36	4.00	3.81	3.33
13. 石料、石膏等	1.37	1.45	1.46	1.52	1.63	1.96	2.05
14. 珍珠、宝石等	0.46	0.74	0.48	0.42	0.30	0.48	0.73
15. 贱金属及其制品等	0.96	0.99	0.92	0.99	1.17	1.00	1.08
16. 机器、机械器具等	0.74	0.89	1.29	1.60	1.82	1.88	1.64
17. 车辆及运输设备等	0.23	0.26	0.25	0.33	0.47	0.60	0.42
18. 光学、照相及电影	1.05	1.03	0.89	1.09	1.12	1.09	0.95
19. 武器、弹药等	0.13	0.08	0.08	0.06	0.10	0.12	0.11
20. 杂项制品	3.34	3.42	3.42	3.09	3.18	3.19	2.87
21. 艺术品、收藏品等	0.30	0.17	0.05	0.05	0.04	0.22	0.21

注：该数据根据 UNCOMTRADE 数据库的 HS 二分位计算。本书先计算各国（地区）97 种产品的 RCA 指数，之后再按照 HS2007 商品分类标准将结果整理成 21 类商品。

表 4-2 显示了中国对外贸易产品的比较优势指数的变化过程。按 HS 二分位产品分类时，中国在矿产品类、活动物类、植物产品类、动植物油类、武器、弹药类、艺术品、收藏品类等产品方面的比较优势指数低于 0.4，表明它们是中国在国际贸易中竞争力有待增强的领域。中国具有比较优势的产品则分布在生皮及其制品类、纺织原料类、鞋帽类、石料石膏类、贱金属及其制品，机器、机械器具类和杂项制品类等，尤其纺织原料类、石料石膏类和杂项制品类等产品的比较优势指数高于 2，体现了中国作为制造业工厂的地位。

20 年来，中国对外进出口贸易额增长迅速，并且已经成为世界第一大贸易国，但贸易结构和比较优势产品并未出现大的变化。活动物类、植物产品类、食品饮料类、矿产品类、化学工业产品类、鞋帽类、生皮及其制品类、纺织原料和光学类、照相及电影类等产品的比较优势正在经历下降。值得注意的是，中国传统比较优势产品的国际竞争力逐年下降，如生皮及其制品类的比较优势指数从1996年的4.41下降至2014年的2.07，纺织原料类从3.86下降至2.74，鞋帽类从6.45下降至3.33，杂项制品类从3.34下降至2.87。中国的对外贸易产品竞争力正在加强的领域包括，塑料制品类、木浆及制品类、石料和石膏类、珍珠和宝石类、贱金属及其制品类、机器机械器具类、车辆及运输设备类等产品。

俄罗斯对外贸易产品中，在活动物类、植物产品类、动植物油类、食品饮料类、化学工业产品类、塑料制品类、生皮及其制品类等17类产品方面均处于比较劣势。其中，活动物类、食品饮料类、生皮及其制品类、纺织原料类、鞋帽类、石料石膏类、机器机械器具类、车辆及运输设备类、光学照相及电影类、杂项制品类和艺术品、收藏品类等产品的比较优势指数低于0.4。俄罗斯具有比较优势的产品为以矿产品类、贱金属及其制品类、木及木制品类为代表的三大类产品上。

观察俄罗斯20年来的对外贸易产品竞争力的动态变化，活动物类、植物产品类和动植物油类的比较优势指数出现较为明显的上升，而矿产品类、化学工业产品类、塑料制品类、生皮及其制品类、纺织原料类产品的比较优势有明显的下降趋势。与中国的对外贸易商品结构有较大变化不同的是，20年来俄罗斯的对外贸易商品结构并没有出现较大变化。多数具有比较优势的产品大多维持在原有水平，只出现少量上下浮动现象，表明了俄罗斯比较单一的对外贸易商品结构。

表4-3　　俄罗斯对外贸易产品的比较优势指数变化趋势

产品代码及名称	1996年	1999年	2002年	2005年	2008年	2011年	2014年
1. 活动物等	0.15	0.18	0.21	0.14	0.10	0.26	0.31
2. 植物产品等	0.25	0.11	0.46	0.34	0.36	0.41	0.59
3. 动、植物油等	0.09	0.07	0.13	0.25	0.31	0.30	0.80
4. 食品、饮料等	0.19	0.11	0.17	0.20	0.21	0.15	0.31
5. 矿产品等	5.35	5.64	5.38	4.58	3.71	3.71	4.76
6. 化学工业产品等	0.68	0.57	0.45	0.44	0.53	0.44	0.46
7. 塑料制品等	0.36	0.30	0.26	0.21	0.22	0.23	0.25

续表

产品代码及名称	1996 年	1999 年	2002 年	2005 年	2008 年	2011 年	2014 年
8. 生皮及其制品等	0.50	0.38	0.25	0.19	0.13	0.11	0.12
9. 木及木制品等	1.55	2.33	2.44	2.26	2.13	1.91	1.92
10. 木浆及制品等	0.65	0.74	0.69	0.50	0.41	0.39	0.49
11. 纺织原料等	0.15	0.15	0.11	0.05	0.02	0.02	0.04
12. 鞋、帽等	0.10	0.06	0.03	0.02	0.01	0.01	0.05
13. 石料、石膏等	0.26	0.26	0.18	0.19	0.21	0.15	0.25
14. 珍珠、宝石等	0.00	0.00	1.75	0.40	0.17	0.24	0.64
15. 贱金属及其制品等	2.55	2.90	2.13	1.77	1.29	1.09	1.11
16. 机器、机械器具等	0.14	0.17	0.14	0.09	0.10	0.07	0.11
17. 车辆及运输设备等	0.27	0.16	0.32	0.14	0.11	0.06	0.11
18. 光学、照相及电影	0.10	0.23	0.19	0.09	0.09	0.07	0.08
19. 武器、弹药等	0.18	7.77	0.34	0.22	0.20	0.18	0.57
20. 杂项制品	0.06	0.06	0.06	0.07	0.07	0.04	0.06
21. 艺术品、收藏品等	0.01	0.01	0.04	0.01	0.01	0.00	0.01

注：该数据根据 UNCOMTRADE 数据库的 HS 二分位计算。本书先计算各国（地区）97 种产品的 RCA 指数，之后再按照 HS2007 商品分类标准将结果整理成 21 类商品。

3. 中俄双边贸易互补性分析

在分析中俄对外贸易商品的比较优势指数的基础上，现计算中俄贸易互补性指数。贸易互补性指数是用来衡量两国贸易互补程度以及发展潜力的指标。它是通过一国某种产品出口衡量的比较优势指数乘以贸易对象国的产品进口衡量的比较劣势指数来表示的。按照贸易互补性指数的定义，出口国 i 与进口国 j 在 k 产品上的贸易互补性指数按照以下方式计算：$TCI_{ij}^{k} = RCA_{xi}^{k} \times RCA_{mj}^{k}$。其中$RCA_{xi}^{k}$为 i 国在 k 产品上的显性比较优势指数，RCA_{mj}^{k}为 j 国在 k 产品上的显性比较劣势指数。所谓显性比较劣势指数的计算公式为：$RCA_{mj}^{k} = (M_j^k / M_j) / (M_{jw}^k / M_{jw})$，其中$M_j^k$为 j 国 k 产品的进口额，M_j为 j 国的总进口额，M_{jw}^k为世界对 k 产品的进口额，M_{jw}为世界的总进口额。$TCI_{ij}^{k} > 1$ 时，表明两国在该类产品的贸易上具有贸易互补性，TCI_{ij}^{k}的值越大代表两国该类产品的贸易互补性越强。也就是说，当中国出口的主要产品正好和俄罗斯进口的产品相吻合，表明中俄两国的互补性越强。中俄两国在HS二分位产品分类标准下的贸易互补性指数参见表4－4和表4－5。

如表4－4所示，以中国作为贸易出口国、俄罗斯作为贸易进口国的时候，在生皮及其制品类、纺织原料类、鞋帽类、石料石膏类、杂项制品类，机器、机械器具和贱金属及其制品类等产品上具有较强的互补性。而在活动物类、植物产品类、食品饮料类等产品上，中俄之间的贸易互补性在1996—2014年持续下降，并且贸易互补程度已经显著下降。

表4－4 中国对俄罗斯出口的贸易互补性指数

产品代码及名称	1996年	1999年	2002年	2005年	2008年	2011年	2014年
1. 活动物等	1.89	1.66	2.35	1.36	0.87	0.89	0.82
2. 植物产品等	1.31	1.85	1.43	1.09	0.51	0.66	0.58
3. 动、植物油等	0.71	0.48	0.27	0.17	0.08	0.04	0.04
4. 食品、饮料等	2.33	1.90	1.98	1.24	0.72	0.63	0.56
5. 矿产品等	0.24	0.15	0.11	0.04	0.02	0.01	0.02
6. 化学工业产品等	0.73	0.66	0.67	0.60	0.56	0.61	0.59
7. 塑料制品等	0.37	0.45	0.71	0.76	0.74	0.81	1.03
8. 生皮及其制品等	1.10	0.83	1.84	1.27	1.77	2.34	1.44
9. 木及木制品等	0.21	0.17	0.33	0.35	0.51	0.52	0.52
10. 木浆及制品等	0.19	0.22	0.44	0.46	0.47	0.55	0.72
11. 纺织原料等	1.39	1.56	1.94	1.55	2.44	2.89	3.14
12. 鞋、帽等	5.01	1.26	3.35	3.41	6.85	7.65	5.77
13. 石料、石膏等	1.18	1.18	2.06	2.25	2.02	2.50	3.02
14. 珍珠、宝石等	0.00	0.00	0.02	0.01	0.01	0.01	0.09
15. 贱金属及其制品等	0.84	0.74	0.83	0.92	0.92	0.88	1.09
16. 机器、机械器具等	0.42	0.45	1.06	1.54	2.11	2.13	2.00
17. 车辆及运输设备等	0.08	0.07	0.16	0.43	1.00	1.05	0.67
18. 光学、照相及电影等	0.88	0.78	0.79	0.77	1.18	0.92	0.84

续表

产品代码及名称	1996 年	1999 年	2002 年	2005 年	2008 年	2011 年	2014 年
19. 武器、弹药等	0.01	0.02	0.01	0.01	0.04	0.05	0.07
20. 杂项制品	2.05	1.53	2.58	2.17	2.70	3.64	3.75
21. 艺术品、收藏品等	0.01	0.00	0.00	0.01	0.00	0.01	0.01

资料来源：作者根据 UNCOMTRADE 数据库数据计算而得。

以中国作为贸易进口国、俄罗斯作为贸易出口国的时候，在矿产品类、木及木制品类等产品上具有非常强的贸易互补性。与中国作为出口国的情形相比，中国对俄罗斯产品的进口具有很强的特点，即对俄罗斯的进口集中在两类资源类产品上。而且，其他产品的贸易方面，俄罗斯出口的产品对中国的互补性非常低，表明了俄罗斯出口到中国的产品以资源类产品为主，也间接地反映了中国对能源和其他资源类产品的巨大需求。

表 4－5　　俄罗斯对中国出口的贸易互补性指数

产品代码及名称	1996 年	1999 年	2002 年	2005 年	2008 年	2011 年	2014 年
1. 活动物等	0.04	0.09	0.10	0.05	0.04	0.12	0.18
2. 植物产品等	0.20	0.06	0.28	0.30	0.38	0.40	0.77
3. 动、植物油等	0.24	0.14	0.20	0.35	0.59	0.35	0.82
4. 食品、饮料等	0.10	0.03	0.04	0.04	0.05	0.04	0.09
5. 矿产品等	3.73	4.91	4.58	4.66	4.84	5.02	6.49
6. 化学工业产品等	0.66	0.60	0.43	0.42	0.44	0.35	0.34
7. 塑料制品等	0.64	0.58	0.44	0.31	0.32	0.30	0.29
8. 生皮及其制品等	0.96	0.73	0.36	0.24	0.15	0.11	0.11
9. 木及木制品等	1.25	3.11	3.07	2.01	2.11	2.61	3.01
10. 木浆及制品等	0.74	1.05	0.75	0.45	0.40	0.38	0.43
11. 纺织原料等	0.29	0.21	0.10	0.04	0.01	0.01	0.02
12. 鞋、帽等	0.03	0.01	0.00	0.00	0.00	0.00	0.01
13. 石料、石膏等	0.16	0.18	0.12	0.10	0.10	0.08	0.15
14. 珍珠、宝石等	0.00	0.00	0.41	0.12	0.06	0.07	0.46
15. 贱金属及其制品等	3.33	4.12	3.10	2.16	1.15	1.05	0.91
16. 机器、机械器具等	0.18	0.21	0.20	0.13	0.13	0.09	0.12

续表

产品代码及名称	1996 年	1999 年	2002 年	2005 年	2008 年	2011 年	2014 年
17. 车辆及运输设备等	0.10	0.05	0.12	0.04	0.05	0.04	0.08
18. 光学、照相及电影	0.10	0.24	0.27	0.18	0.19	0.13	0.13
19. 武器、弹药等	0.00	0.09	0.01	0.00	0.00	0.00	0.00
20. 杂项制品	0.02	0.01	0.01	0.01	0.01	0.01	0.01
21. 艺术品、收藏品等	0.00	0.00	0.00	0.00	0.00	0.00	0.00

资料来源：作者根据 UNCOMTRADE 数据库数据计算而得。

通过以上分析，我们可以对中俄两国具有比较优势和比较劣势的产业得出如下结论。中国在生皮及其制品等、纺织原料等，鞋、帽等，石料、石膏等、贱金属及其制品等，机器、机械器具等、杂项制品等领域上具有比较优势，而在动、植物油等，矿产品等，武器、弹药等领域具有比较劣势。俄罗斯在矿产品等、木及木制品等、贱金属及其制品等领域具有比较优势，而在生皮及其制品等、纺织原料等，鞋、帽等，石料、石膏等，机器、机械器具等，车辆及运输设备等，光学、照相及电影等，杂项制品，艺术品、收藏品等领域具有比较劣势。中国和俄罗斯具有互补性特征的产业是塑料制品、生皮及其制品等、纺织原料等，鞋、帽等，贱金属及其制品等，机器、机械器具等，杂项制品等领域。

表 4－6　　　　中国和俄罗斯的优势产业与劣势产业对比

	优势产业	劣势产业
中国	生皮及其制品等、纺织原料等，鞋、帽等，石料、石膏等，贱金属及其制品等，机器、机械器具等，杂项制品	动、植物油等，矿产品等，武器、弹药等
俄罗斯	矿产品等、木及木制品等、贱金属及其制品等	生皮及其制品等、纺织原料等，鞋、帽等，石料、石膏等，机器、机械器具等，车辆及运输设备等，光学、照相及电影等，杂项制品、艺术品、收藏品等
互补产业	塑料制品、生皮及其制品等，纺织原料等，鞋、帽等，贱金属及其制品等，机器、机械器具等，杂项制品	

4. 基于技术水平分类的贸易收支及出口结构分析

(1) 基于技术水平分类的出口结构分析

为了分析俄罗斯对世界出口的产品中的技术含量，将产品按照技术水平分成高技术产业、中高技术产业、中低技术产业和低技术产业等产业。俄罗斯对世界出口的产业中，焦炭、炼油产品及核燃料产业已经成为比重最大的产业，其后为基本金属和金属制造产业、化学制品产业，其比重分别为50.59%、18.10%、10.18%。十多年来，俄罗斯对世界出口的主要产品并没有出现太大变化，只是原来占据第一大比重的基本金属和金属制造产业被焦炭、炼油产品及核燃料产业所代替。也就是说，俄罗斯对世界出口的主要产品属于中低技术产业（焦炭、炼油产品及核燃料产业以及基本金属和金属制造产业），占整个对外出口产品的50%以上。

下面从产品的要素密集度角度，比较中国和俄罗斯向对方国家的出口结构。1995年时中国对俄罗斯的出口产品主要为劳动密集型产品，占整个出口产品的59.36%，其次为资源密集型产品，比重为32.25%。资本密集型产品的比重非常小，比重只有8.39%。2014年，劳动密集型产品仍然是对俄罗斯贸易的最主要的出口产品，但第二位已经变成资本密集型产品，并且其比重远远超过原来第二位的资源密集型产品，比重达到39.14%。相比之下，资源密集型产品的比重则已经下降至4.68%。

表4-7　　中国和俄罗斯对对方的出口结构　　（单位：百万美元）

年份	中国对俄罗斯出口			俄罗斯对中国出口		
	资源密集型产品	劳动密集型产品	资本密集型产品	资源密集型产品	劳动密集型产品	资本密集型产品
1995	536.83	988.11	139.70	缺失	缺失	缺失
1996	519.17	1036.17	137.35	332.62	2018.55	1612.39
1997	468.74	1415.69	153.61	669.79	1661.73	1295.20
1998	410.78	1309.57	119.56	565.45	1132.49	1256.57
1999	259.75	1075.41	160.00	777.33	1204.02	1411.22
2000	247.39	1741.36	244.60	1128.22	1955.24	1314.87

续表

年份	中国对俄罗斯出口			俄罗斯对中国出口		
	资源密集型产品	劳动密集型产品	资本密集型产品	资源密集型产品	劳动密集型产品	资本密集型产品
2001	316.24	2025.09	369.14	1478.55	1036.50	1427.55
2002	498.71	2384.06	637.95	2097.50	1334.84	1889.55
2003	659.08	4211.87	1158.98	3014.08	1927.06	2000.49
2004	682.68	6677.45	1738.00	4700.51	1777.54	1897.97
2005	864.20	9344.50	3002.57	6871.85	1906.82	2437.79
2006	1027.31	9705.00	5099.68	9417.75	1735.56	2658.52
2007	1428.46	17552.01	9548.97	10773.56	1084.35	3119.10
2008	1675.08	18179.87	13219.01	15558.01	1308.34	3447.95
2009	1246.63	9798.90	6459.37	11627.57	1684.69	2704.34
2010	1763.42	15818.88	12022.94	15358.26	898.67	3123.32
2011	2388.14	19593.87	16905.26	30033.32	751.83	3414.83
2012	2293.29	21971.78	19791.28	31119.36	585.82	3815.14
2013	2394.41	27164.02	20032.72	31258.09	674.34	3354.49
2014	2509.39	30157.40	21008.36	19464.28	376.90	1791.24

注：按照《国际贸易标准分类》第三版（SITC，Rev3），0—4类产品表示资源密集型产品，第6、8类产品为劳动密集型产品，第5、7类产品为资本密集型产品。本书采用这种方法将中俄出口结构分为资源密集型产品的出口、劳动密集型产品的出口和资本密集型产品的出口。计算所用数据来源于WITS数据库提供的双边贸易数据。

俄罗斯对中国的出口产品类型变化比中国更大。1996年俄罗斯对中国出口的最主要产品为劳动密集型产品，其次为资本密集型产品，在整个出口产品中的比重分别达到50.93%和40.68%，而资源密集型产品出口额只有3.32亿美元，比重只有8.39%。2014年俄罗斯对中国出口的主要产品类型变为资源密集型产品，出口额达到194.64亿美元，比重达到89.98%。资本密集型产品和劳动密集型产品出口额所占比重分别只有8.28%和1.74%。从图4－9中也可以明显地看到俄罗斯的资源密集型产品从比重最小的产品一跃成为俄罗斯对中国出口的最重要产品的过程。

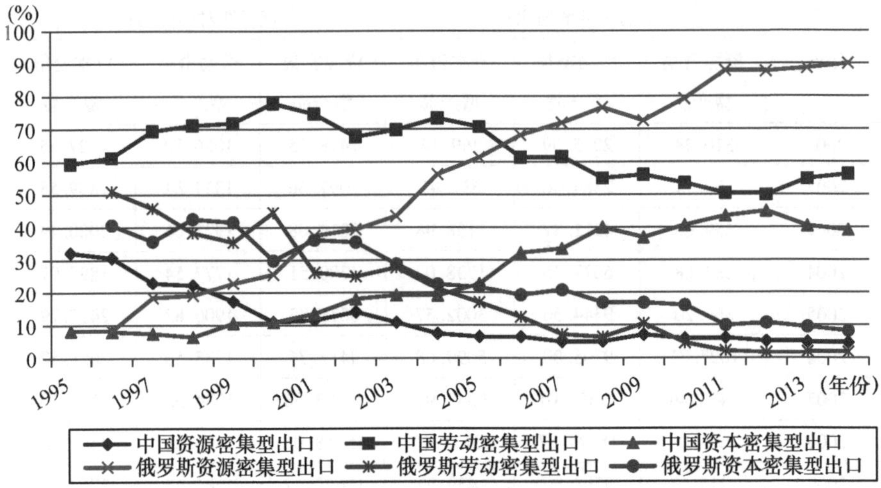

图 4－9　中国和俄罗斯出口商品结构变化趋势

（2）基于技术水平分类的贸易收支

下面从中国和俄罗斯的贸易收支角度对中俄进出口贸易商品类型进行比较，分析商品要素密集程度以及贸易收支状况。正如前面所分析过的那样，中国对俄罗斯的贸易收支中，劳动密集型产品从 2000 年以来由逆差转向顺差，并且出现逐年增加的势头。

中国对俄罗斯的贸易中，劳动密集型产品顺差额明显呈上升趋势。前面我们看到俄罗斯具有比较优势的产品集中在资源类产品，而中俄贸易收支分析也证实了这一点。自 1995 年以来，中国对俄罗斯贸易中，资源密集型产品一直是逆差，而且逆差额除了极个别年份以外持续增长，并且 2014 年的逆差额也是历年来最高额，达到 342 亿美元。另外，资本密集型产品也如同劳动密集型产品一样，出现由逆差转向顺差的情况。资本密集型产品的转折点发生在 2005 年，表明随着中国经济规模的迅速增加，资本在生产中的优势开始逐渐显现出来。

下面将产业按照技术水平，分成高技术产业、中高技术产业、中低技术产业和低技术产业四大类，并且分析历年中国对俄罗斯的贸易中不同技术类型产业的贸易收支情况。第一，当前存在贸易收支逆差的产业有高技术产业领域的航空航天器制造产业，中低技术产业领域的焦炭、

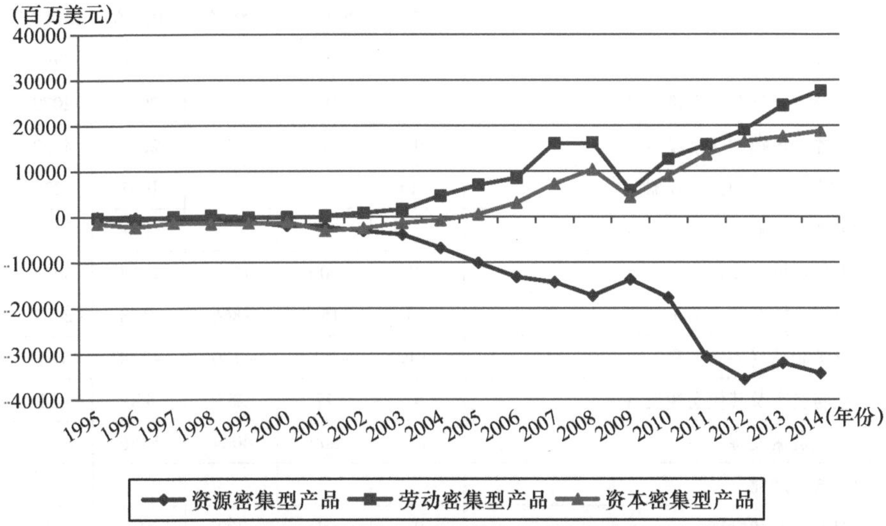

图4-10　中国对俄罗斯的贸易收支

说明：计算所用数据来源于 WITS 数据库提供的双边贸易数据。

炼油产品及核燃料产业以及木材、纸浆、纸张、纸制品、印刷和出版产业。其余的多数产业在对俄罗斯贸易中均维持顺差态势，表明中国在技术含量较高的产业中对俄罗斯具有较强的优势。第二，过去十多年来，在医疗、精密和光学仪器产业，汽车、挂车及半挂车产业，化学制品（不含制药）产业、船舶制造和修理产业和食品、饮料和烟草产业等领域，中国从原来的逆差转向顺差地位。按照这种趋势，在航空航天器制造产业也可能在未来出现顺差局面。第三，中国在中低技术产业中的焦炭、炼油产品及核燃料，低技术产业中的木材、纸浆、纸张、纸制品、印刷和出版产业的逆差趋势正在扩大，表明俄罗斯在资源类产品上的优势持续增加。

表4-8　基于技术水平分类下中国对俄罗斯的贸易收支　（单位：百万美元）

	2002 年	2005 年	2008 年	2011 年	2014 年
高技术产业					
航空航天器制造	-1187	-142	-124	-9	-100

续表

	2002 年	2005 年	2008 年	2011 年	2014 年
制药	9	35	95	219	266
办公、会计和计算机设备	81	199	785	2087	2072
广播、电视和通信设备	191	948	3079	2655	4587
医疗、精密和光学仪器	-18	117	460	1091	1220
中高技术产业					
电气机械和设备	47	300	1675	1978	3625
汽车、挂车及半挂车	-1	151	1866	2178	2487
化学制品（不含制药）	-1492	-2065	-1701	-1482	180
铁路机车及其他交通设备	9	77	287	430	432
其他机械设备	16	809	4034	5456	6380
中低技术产业					
船舶制造和修理	0	-15	209	93	43
橡胶和塑料制品	70	340	1047	1432	1990
焦炭、炼油产品及核燃料	-618	-1435	-3083	-5000	-2330
其他非金属矿物制品	56	315	1179	894	1300
基本金属和金属制品	-1513	-1692	1822	-8	2053
低技术产业					
其他制造业、再生产品	143	395	1839	1317	2301
木材、纸浆、纸张、纸制品、印刷和出版	-533	-656	-905	-1830	-1610
食品、饮料和烟草	-357	-676	-413	-446	81
纺织、纺织品、皮革及鞋类制品	1961	7506	9411	10687	16964

资料来源：作者根据 WITS 数据库数据计算而得。

（三）中国与俄罗斯经贸合作存在的症结

虽然随着“一带一路”建设同欧亚经济联盟建设对接合作联合声明的签署，双方在经贸、能源、基础设施、金融、航空航天、人文等领域的合作均取得了积极成果，但中俄两国仍然需要在经贸合作方面进一步解决各种阻碍因素。

1. 中俄两国能源贸易存在的利益分歧

俄罗斯想凭借本国能源资源优势，维护国际石油市场上的主导权，试图最大化其经济利益。但欧美经济制裁下，俄罗斯不得不将目光转向亚太地区，与中国、日本、韩国等国家进行合作。从“安大线”与“安纳线”到“泰纳线”的转变反映了俄罗斯的经济外交战略。俄罗斯与中国合作并不能完全排除对中国资本影响力的顾虑，导致中俄之间石油战略诉求并不能实现完美统一。石油的价值链不仅包括勘探和开采，还涉及运输、加工和储存等一系列环节，但中俄石油领域的合作基本上停留在贸易环节，价值链开发尚不足。究其原因，一方面，俄罗斯方面严格控制外国企业从事石油开采和加工等行业，另一方面，在石油加工等领域，中国确实在技术等方面仍有待提高。因此，中俄石油领域的合作虽然涉及规模庞大，但仍然有很多提升合作的空间。

2. 中俄传统比较优势正在不断弱化

中国的庞大人口构成了其他国家无法比拟的大量劳动力资源，而且经济发展阶段决定了在生产过程中劳动力具有先天的成本优势。但是近些年，中国劳动力成本上升速度较快，而且很多新兴经济体同样发挥廉价劳动力优势，因此中国的劳动力成本优势正在逐渐消失。为了在全球价值链中提升分工地位，中国面临升级单纯劳动力成本优势的问题。但是中国在价值链升级过程中，无法一跃占据高端技术优势地位。劳动力和技术以及资本根据相对成本的变化，需要出现相互替代关系。中国仍然没有摆脱劳动密集型产业发展模式，资本和技术等要素在产品生产环节中的贡献程度仍然占据较少比重。作为中国在提升地位的过渡阶段，中国的战略应该先放在熟练技术劳动力优势，并逐步向高技术人才优势转变。

俄罗斯与中国的情形截然相反。与广阔的国土面积相比，俄罗斯人口相对稀少，最大的优势在于天然资源。俄罗斯的原油、天然气和铁矿石储量都在世界首屈一指。资源禀赋是俄罗斯经济发展中最大的优势。虽然俄罗斯政府一直在强调要进行产业结构调整，发展资本密集型产品和技术密集型产品，但仍然没有实现目标。中俄两国尚未把比较优势从自然要素禀赋结构升级。中国虽然制造大量商品，但自主创新能力仍然比较低，俄罗斯也仍未摆脱单纯靠资源的发展模式，技术应用水平有待提高。

3. 中俄贸易出口额与国内增加值的差异

对外贸易中的出口额无法体现国家经济技术能力的原因在于它只是

对出口商品价值总额的反映，而非国家生产过程中的增加值。如果生产过程中所进口的产品原材料和核心零部件的价值占商品总价值的绝大部分，那么说明本国生产的增加值非常低，即表明商品价值链的低增加值。这种情况下对外贸易中的出口额不仅不能体现一国出口产品竞争力，反而表明其处于国际分工体系中的低端位置。欧美发达国家的做法是国内从事产品的核心研发与设计，而把低端加工过程转移至低劳动力成本的发展中国家。因此，虽然产品的生产加工甚至出口的大部分均在发展中国家进行，但发达国家在全球价值链上的地位始终保持在最高端，并且控制着产品的最主要利润。

中国的对外贸易额在全球贸易中的比重较大，但产品出口的大部分是加工贸易，国内增加值所占的比重比较低。而且随着中国的“全球工厂”的特征和地位明显，这种国内增加值比重不断上升。也就是说，对外贸易的规模过度地夸大了中国实际生产过程，在国际贸易中背负很多不实责任。俄罗斯增加值虽然在出口额的比重非常高，但这与欧美发达国家的情形有明显不同。

但俄罗斯的情况是，由于主要出口产品为能源和矿产品，生产过程没有涉及过多的进口环节，基本上依靠本国资源和原材料进行生产，所以国内增加值的比重在出口总额的比重没有太多变化，而且一直维持在非常高的水平。由于俄罗斯生产的特点，很难像欧美国家那样深入国际分工体系，并且涉及庞大而复杂的全球价值链，反而一直游离在全球价值链体系之外，享受不到国际技术的溢出效应。比较中国和俄罗斯，虽然两国均凭借庞大的贸易额在全球贸易中发挥重要作用，但一直主要利用自身的自然资源或者人口资源禀赋优势，在全球价值链上的地位均处于低端。

4. 俄罗斯在国际分工体系中参与度低

很多年以来，俄罗斯市场开放度一直比较有限，并且国际分工体系参与度存在不足现象。2012 年俄罗斯才正式成为世界贸易组织的第 156 个成员国。俄罗斯之所以这么晚加入世界贸易组织一方面跟俄罗斯自身经济社会的不稳定性有关，另一方面也跟俄罗斯经济结构和出口结构简单有关。在加入世界贸易组织的过程中，俄罗斯经济对外界的市场开放比较敏感，如果不能提前为国内产业提供准备时间，一些产业很可能会受到非常大的冲击。

尽管俄罗斯已经成功加入世界贸易组织，但在全球制造业价值链中，贡献程度仍然非常低。俄罗斯也有意识地对国内的一些重要行业，如航空、电信和能源等产业附加各种准入壁垒，使得外国投资者无法投资这些行业。在国内的产业保护政策下，这些产业的技术升级和生产效率受到重要影响，竞争度不足，缺乏发展动力。

5. 国有企业对能源产业及重要产业的长期垄断

俄罗斯和中国均从计划经济体制转变过来，很多计划经济下的企业垄断行为仍然存在。中国凭借劳动力优势获得制造业领域有利地位，但近些年劳动力成本的上升，已经危及中国的传统比较优势地位，产业低水平重复生产的模式已经无法适应当前经济发展形势。大型国有企业享受的优惠政策与政府扶持，实际上对国民经济的其他经济类型造成挤出效应。国家的各种资本、人才和其他资源很容易流向大型国有企业，但中小企业却遇到很多发展困难。融资难、缺乏人才等都是多数中小企业面临的问题。拥有大量资源的国有企业可以利用有利的竞争地位，消耗大量的社会资源，而生产和经营效率却相对较低。但凭借国有企业的身份，即使利润率较低，也可以长期在行业中生存下去。俄罗斯的原油、天然气等重要的能源产业被大型国有企业垄断，而很多有能力的中小私营企业长期被排除在行业之外。

（四）中国与俄罗斯经贸合作战略

中国提出的"一带一路"倡议和俄罗斯主导的欧亚经济联盟的成立，为双方战略对接提供现实合作基础。中俄要借鉴欧亚经济联盟现有合作机制，建立成熟稳定的多层级经贸合作机制，建立部长级谈判、协商机制，不断探索和加强双方的务实合作。

1. 俄罗斯东部高技术合作可以成为对俄投资的突破口

俄罗斯东部地区科研基础较好，高新技术发展速度比较快。但中国在俄罗斯远东联邦区的直接投资占中国对俄直接投资总额的比重只有15%。根据俄罗斯《2018年前远东和贝加尔地区经济和社会发展计划》，俄罗斯将在远东地区重点发展能源开发产业、高新技术产业和加工业。俄罗斯在新能源、纳米科技为代表的新材料领域、生物技术和信息技术等领域有较大发展。中国的东北地区作为传统工业基地，与俄罗斯东部地区可形成产业技术合作互动区域，通过联合科研、产业合作来获得两地区的共同发展。中国东北地区的哈尔滨等城市可以成为对俄贸易投资中心和物流中心。除了哈尔滨以外，绥芬河、黑河和满洲里等城市均作为对俄罗斯开放的重要窗口城市，完善高标准和专业化投资以及技术合作平台。

2. 进一步优化中俄产业链布局，对接产业园区形成中俄经济带

要加强对俄罗斯边境口岸城市的建设，采取更加便利的通关和投资贸易政策。作为国家正在实施的"一带一路"建设的前沿，充分发挥黑龙江绥芬河—东宁重点开发开放试验区的作用，推动沿边开发开放，甚至成为带动黑龙江和吉林省经济发展的引擎。根据俄罗斯产业结构特点，重点发展轻工业、木材加工、农产品、能源加工和物流业，形成东北亚能源、资源集散地和进出口加工基地。大力发展跨境电子商务，在试验区内对企业实行免缴增值税和消费税。对从俄罗斯进口的原油、铁矿砂和煤炭等矿产品实行专项资金扶持，并采取负面清单模式，除对个别领域实施管制以外，其他行业均可放开。另外，绥芬河—东宁重点开发开放试验区可以成为中国金融业开放的重要示范区，设立中俄金融结算中心，办理离岸金融业务，推动跨境人民币结算试点。除了试验区以外，在边境省份和城市建立中俄高科技产业园区，推动中俄技术研发与合作。

3. 完善中俄公共产品供给机制，构建陆江海联运的丝路通道网络

中俄在公共产品供给机制方面尚有很大合作空间。中俄可以通过合作机制的制度创新来为区域经济合作注入更大活力。将黑龙江现有的边境城市的铁路、公路、海陆网络进行整合，提升铁路和公路的运输能力，通过开辟中俄跨境高铁线路来加快中俄陆江海联运大通道建设。畅通绥芬河—哈尔滨—满洲里—俄罗斯—欧洲线路绥满铁路的跨境货物运输通道，并实现常态化运营。不断完善牡丹江、绥芬河、珲春等城市与俄罗斯港口的中俄跨境陆港通道，将黑龙江陆海丝路经济带发展成连接亚欧的最便捷的通道。

中国要鼓励国内企业参与开发俄罗斯东方港、波谢特港、纳霍德卡港和符拉迪沃斯托克港等远东港，打造对俄罗斯进出口贸易综合服务平台，提升黑龙江和吉林省等地区对外物流输送能力。铁路主要以哈尔滨

为枢纽，贯通黑龙江省内和吉林省珲春，辽宁省大连、营口、丹东等城市。通过与俄罗斯的犹太自治州、堪察加边疆区、哈巴罗夫斯克边疆区、萨哈林州、马加丹州的贸易建立江海联运通道，发展天然气、矿石、木材、农林畜渔业产品的加工贸易，给东北地区注入活力。通过中俄边境城市的自由贸易园区的建设和陆海联运丝路通道的建设，逐步迈向中俄自由贸易协定以及中国—欧亚经济联盟自由贸易区。

4. 中俄贸易要注重贸易商品结构与产业合作的平衡

中国对俄罗斯的投资最多的领域是能源和矿产开发等资源类产业领域。但由于中俄能源开发利益诉求存在差异，能源领域的投资容易受到俄罗斯政府投资政策的影响。中国企业在投资领域的选择上除了资源类产业以外，也应扩大对非资源类产业的投资。俄罗斯的不少制造业和服务业并非属于比较优势行业，因此中国企业可以相应地增加资本密集型产业和技术密集型产业的投资和出口。

如前所述，从双边贸易要素密集度来看，中国在生皮及其制品类、石料石膏类、贱金属及其制品纺织品类、鞋帽类、机器机械器具类、杂项制品等劳动密集型产品上有比较优势，而俄罗斯在石油、天然气、木及木制品和其他矿产品等资源密集型产品上具有比较优势。基于技术水平分类下中国对俄罗斯的贸易收支和产品出口角度来看，中国在除了航空航天器制造类、木材、纸浆、纸张、纸制品、印刷和出版类、焦炭、炼油产品及核燃料产业部门以外的其他领域均保持较大规模的顺差，而俄罗斯则恰恰相反。

而且值得一提的是，细化中国出口俄罗斯的产品表明，中国向俄罗斯出口的电机产品中，同样属于这一类的工业机械、设备和零部件等资本密集型产品的比较优势很弱。中国对俄罗斯出口的多数电机产品属于办公设备、家电和电信录音设备等一般技术密集型产品。这种一般技术密集型电机产品可替代性比较高，非常容易被其他国家的产品所取代。

中俄两国贸易结构的低级化现象不利于中俄未来长期经贸合作与经济的发展。当前，俄罗斯主要出口矿产品、能源相关产品，但其实俄罗斯的航空航天技术和核能技术均世界领先。中俄双方在这些领域的合作空间非常大，但彼此还没有很好地开发双边领域的合作。另外，中国人均淡水资源非常少，而俄罗斯的淡水资源占全世界淡水资源的 1/4。中国需要与俄罗斯加强水资源等可再生能源领域的合作，不断升级和优化贸易商品结构和质量，进一步开辟民用航空、淡水资源合作开发利用、核能、卫星导航、深空探测项目、航天基础技术与应用研究等领域的合作。只有这样，中俄双方的长远经济利益才会更加稳定和持久。

5. 推动能源领域的长期战略性合作，促进中俄优势互补与整合

如前所述，中国和俄罗斯在资源领域存在非常强的贸易互补性。中国企业需要将合作重点从能源贸易转向能源合作开发，并且从应急性合作向战略性长期合作转变，以能源合作为契机，扩大至高铁和港口等基础设施建设。中国企业应该从长期战略角度出发，与俄罗斯能源企业开展合作，积极探索参与国际能源企业并购活动。从中国政府角度而言，需要支持中国能源企业在海外的并购、重组和投标活动，并通过帮助企业减少国内各种行政审批环节的成本等方法来鼓励中国企业将主要力量集中于海外能源合作中去。资源项目中要加强政府间的协调和磋商，如建立中俄能源贸易联席会议制度，通过政府层面的共识来推动工程项目。在远东东部沿海陆续建成一系列煤炭专业中转站，促进资源型贸易的发展。

中国企业海外并购要有坚实的融资平台，国内各大金融机构的支持必不可少。在能源、制造业等涉及国家安全的领域完成并购，更需要逐步赢得外国有关政府部门的信任和支持。中国不仅仅要支持大型国有企业“走出去”，而且也要鼓励民营企业通过各种方式参与国外能源项目，包括 PPP，总承包（EPC）模式。民营企业具有不同于国有企业的决策机制优势。中方可以负责工程项目的设计、采购、建设、协助运营、维护和多数融资。中俄两国需要发挥比较优势，采取共同开发和共同运营的模式，不断完善中俄资源合作开发产业价值链，形成从勘探和开采到加工和销售的一条龙合作机制。要积极摸索利用亚洲基础设施投资银行等国际融资机构来为中俄资源型产业合作提供各种资金保障，并且也可以设立石油专项基金或天然气专项基金来推动中俄能源合作。

6. 推动中俄服务贸易领域合作，不断开拓合作新领域

当前，中俄服务贸易发展非常缓慢，基本上集中在旅游、运输业和其他商业服务等传统服务业，而在金融、保险、咨询等知识密集型服务业领域合作非常滞后。随着经济发展水平的提高，中国和俄罗斯对高质

量服务的需求越来越大，因此中俄服务贸易领域合作具有很大的发展空间。在对俄罗斯服务贸易方面，最具潜力的产业应该是建筑业、计算机与信息服务业。服务贸易将提升中俄货物贸易的附加值，提高产品的知识与技术含量，完善贸易产品的价值链。俄罗斯加入世界贸易组织后，将分批对国内服务业进行开放，并取消外资对金融、通信、批发零售等服务行业的进入限制，这将为中国企业提供良好投资机遇。另外，中俄签订的油气项目和基础设施项目将推动建筑、金融、保险、通信、运输等服务领域的合作与发展。

中俄要将金融合作视为重点拓展领域之一，为贸易和投资提供重要支持。中俄要进一步完善人民币与卢布直接兑换机制，为企业简化结算步骤，推动中俄能源贸易中的人民币结算比重，为企业贸易支付和结算提供便利。鼓励中国企业到俄罗斯从事银行业务，通过丝路基金、亚洲基础设施投资银行、上海合作组织银联体、金砖国家银行合作机制、东北亚进出口银行联盟、中俄投资基金等平台来为企业投资和基础设施项目建设提供资金支持。

第五章

美国货币政策不确定性对新兴经济体的影响及应对

一 欧美等发达国家货币政策的变化①

2008年国际金融危机爆发后，美国和欧洲地区发达国家开始调整基准利率水平，并且通过大量购买房地产企业债务和抵押贷款支持证券、国债的方式来实施非常规量化宽松的货币政策。一方面，这种宽松货币政策有助于增加国民经济中的基础货币量，保障了金融机构的流动性，但在另一方面产生了外溢效应，对很多发展中国家，特别是新兴经济体的资本市场产生深刻影响。

美国实施非常规量化宽松的政策目标实际上是想要实现两个目标：首先是要扩大就业，其次是实现物价的稳定。从2009年开始，美国联邦公开市场委员会（FOMC）就已经调低了联邦基准目标利率。为了保证联邦基准利率保持有效下界，联邦公开市场委员会购买大规模资产，不断压低长期利率，缓解金融环境。美国和欧洲等发达国家的多年量化宽松政策导致全球范围内的流动性大幅增加，大量国际资本在四处寻找投资机会。新兴经济体相对良好的经济增长态势使得这些国际资本大批流入新兴经济体，对新兴经济体的宏观经济增长和金融稳定产生较大影响。

表5-1列出了2013—2022年全球11个新兴经济体通货膨胀率的变

---

① 本节部分内容发表在《国际经济合作》2014年第10期，收入本书时进行了补充与修改。

化情况。发达国家的多年量化宽松政策导致国际资本流向新兴经济体，在多个国家引发严重的通货膨胀。其中，土耳其、巴西、墨西哥等国家的通货膨胀率上升趋势比较明显。美联储大规模加息之前的2021年，这些国家的通货膨胀率分别达到19.6%、8.3%和5.7%。

表5-1　　2013—2022年E11国家通货膨胀率变化情况　　单位：%

国家	2013年	2014年	2015年	2016年	2017年	2018年	2019年	2020年	2021年	2022年
阿根廷	10.6	21.4	21.5	40.5	25.7	34.2	52.8	n. a.	n. a	n. a
巴西	6.2	6.3	9.0	8.7	3.4	3.7	3.7	3.2	8.3	9.3
中国	2.6	1.9	1.4	2.0	1.6	2.1	2.9	2.4	1.0	2.0
印度	10.0	6.7	4.9	4.9	3.3	3.9	3.7	6.6	5.1	6.7
印度尼西亚	6.4	6.4	6.4	3.5	3.8	3.2	3.0	1.9	1.6	4.2
韩国	1.3	1.3	0.7	1.0	1.9	1.5	0.4	0.5	2.5	5.1
墨西哥	3.8	4.0	2.7	2.8	6.0	4.9	3.6	3.4	5.7	7.9
俄罗斯	6.8	7.8	15.5	7.0	3.7	2.9	4.5	3.4	6.7	n. a
沙特	3.5	2.2	1.2	2.1	-0.8	2.5	-2.1	3.4	3.1	2.5
土耳其	7.5	8.9	7.7	7.8	11.1	16.3	15.2	12.3	19.6	72.3
南非	5.8	6.1	4.5	6.6	5.2	4.5	4.1	3.2	4.6	7.0

资料来源：IMF-PGI（Principal Global Indicators）。

随着美国经济重拾复苏势头，美联储根据美国已经取得的进展和对美国经济前景的评估，放缓了资产购买的速度，决定加息时机。关于发达国家的量化宽松货币政策的影响，国内学术界从不同角度和分析方法进行研究。陈磊和侯鹏从金砖国家通货膨胀的角度入手，说明美国和欧洲地区国家非常规的货币政策引发流动性溢出，助长了新兴经济体的资产泡沫，并提出以金砖国家为代表的新兴经济体要增强汇率机制的弹性，避免国际游资从中套利①。李天国和龚驰分析了发达国家实施量化宽松货币政策的正面与负面作用，认为发达国家退出非常规货币政策会引发新兴经济体在资本流动、汇率、物价水平、进出口等方面的冲击和影响，

① 陈磊、侯鹏：《量化宽松、流动性溢出与新兴市场通货膨胀》，《财经科学》2011年第10期。

并提出新兴经济体有必要采取对策，抵御来自外部的风险[①]。

安辉等通过建立中美经济变量的向量自回归模型，分析中美宏观经济变量之间的关系，认为两国经济变量之间存在因果关系。他们认为，美国经济的收缩会降低中国的对外出口和外商直接投资，最终会降低中国经济的增长水平[②]。苏明利用2001—2010年的中国证券市场数据，构建动态一般均衡模型，分析中美两国证券市场的联动性，认为中国的证券市场受到来自美国证券市场的影响[③]。韩秀云认为美国退出非常规量化宽松货币政策会导致国际资本逃离新兴经济体，这将影响新兴经济体的外汇占款和流动性[④]。但她也认为美国退出非常规量化宽松货币政策会有利于中国改善进出口贸易环境，降低中国对外进口能源的成本。李天国[⑤]认为美国退出量化宽松政策的重要变化在于提高基准利率，回收国际金融市场的流动资金，以实现资产负债表的正常化。他以1993—2013年世界宏观经济和金融数据，利用GMM方法和PVAR模型，重点研究美国提高基准利率时，通过实体经济渠道和金融市场渠道对新兴经济体宏观经济产生的影响，并且提出新兴经济体可以采取的对策。

Kim认为，美国货币政策对其他国家产出的影响主要通过实际利率来产生作用[⑥]。当美国货币政策放宽时，美国实际利率下降，并影响全球实际利率，提高全球总需求，最后增加世界贸易规模和整体产出。2011年，国际货币基金组织通过向量自回归模型来研究美国、欧洲和日本等国家和地区的量化宽松货币政策对世界其他国家和地区的影响。研究结果显示，发达国家的金融市场渠道对其他国家和地区产生的影响要高于实体

---

① 李天国、龚驰：《发达国家退出量化宽松对新兴经济体的溢出效应》，《理论与当代》2014年第6期。

② 安辉、迟簌、谷宇：《FDI视角下国际金融危机对中国实体经济的传导与冲击效应研究》，《经济社会体制比较》2011年第3期。

③ 苏明：《金融危机对中国实体经济的传导机制和外部性研究——基于动态随机一般均衡视角》，《经济经纬》2013年第6期。

④ 韩秀云：《美国量化宽松货币政策退出的基础、步骤与影响》，《国际贸易》2013年第7期。

⑤ 李天国：《美国退出量化宽松对新兴经济体的传导机制研究——基于PVAR模型的实证分析》，《国际经济合作》2014年第10期。

⑥ Soyoung Kim, "International Transmission of U. S. Monetary Policy Shocks: Evidence from VAR's", *Journal of Money Credit & Banking*, No. 42, 2010.

经济渠道产生的影响。Kim 和 Yang 分析了美国货币政策对东亚国家金融指标的影响。他们认为美国货币政策对东亚国家的冲击主要来源于这些国家对美国利率走势的反应。东亚国家普遍担心美国货币政策带来本国汇率波动，于是放弃本国货币政策的自主权①。Kazi 等通过 TVP-FAVAR 模型分析美国货币政策对经济合作组织（OECD）成员国的影响②。他们发现，美国的货币政策对有些国家产生正向溢出，而对另一部分国家产生负向溢出。他们认为利率、资产价格和进出口贸易是美国货币政策传导至经济合作组织成员国的重要渠道。

关于货币政策不确定性，有些文献曾经采用各种代理变量来度量货币政策的不确定性。比如，Julio 和 Yook 曾以国家领导人的选举年度作为政策不确定性的代理变量③。贾倩等则以地方政府官员的职务调整作为经济政策不确定性的代理变量④。2013 年，Baker、Bloom 和 Davis 结合主流媒体上的关键词出现的频率，构建了经济政策不确定性指数⑤。该指标弥补了原来的代理变量缺少样本数量、变量不连续等缺陷，得到了学界的广泛认可和采用，成为国内外相关研究衡量经济政策不确定性的重要指标。2017 年，Baker 等针对美国的货币政策变动情况，构建了一套货币政策不确定性指数，这为研究美国货币政策不确定性提供重要的实证研究基础。

本章采用美国的货币政策不确定性指数作为影响新兴经济体的重要变量，纳入到面板数据模型，考察美国的货币政策不确定性指数对新兴经济体的实体经济和金融市场渠道的传导机制。

---

① Soyoung Kim, Doo Yong Yang, "International Monetary Transmission in East Asia: Floaters, Non-floaters, and Capital Control", *Japan and the World Economy*, Vol. 24, No. 4, 2012.

② Irfan akbar Kazi, Hakimzadi Wagan, Farhan Akbar, "The Changing international Transmission of U. S. Monetary Policy Shocks: Is There Evidence of Contagion Effect on OECD Countries", *Economic Modeling*, No. 1, 2013.

③ Brandon Julio and Youngsuk Yook, "Political Uncertainty and Corporate Investment Cycles", *The Journal of Finance*, No. 67, 2012.

④ 贾倩、孔祥、孙铮：《政策不确定性与企业投资行为——基于省级地方官员变更的实证检验》，《财经研究》2013 年第 2 期。

⑤ Scott R. Baker, Nicholas Bloom and Steven J. Davis, "Measuring Economic Policy Uncertainty", *The Quarterly Journal of Economics*, Vol. 131, No. 4, 2016.

二 研究模型与数据处理

(一) 研究模型

货币政策是中央银行为实现其特定的经济目标而采用的各种控制和调节货币供应量和信用量的方针、政策和措施。货币政策的实质是国家对货币的供应根据不同时期的经济发展情况而采取不同的政策趋向。美国在货币政策正常化过程中，会通过调整基准利率、法定准备金率，公开市场业务和贴现政策等方式。这些货币政策都对外部环境构成了不确定因素。本章主要采用美国货币政策不确定性指数来分析美国货币政策对新兴经济体的外溢效应。

美国利率政策对新兴经济体的影响是动态的，而且也可能是双向的。所以本章采用面板 VAR 模型。由于新兴经济体受到发达国家影响的传导机制是大体相似的，而且新兴经济体越来越成为一种代表新兴经济实力的群体，在国际舞台上发挥着重要作用，因此本章选取最有代表性的 11 个国家作为新兴经济体。

$$Y_{it} = \Phi_0 + \Phi_1 Y_{i,t-1} + \Phi_2 Y_{i,t-2} + ... + \Phi_p Y_{i,t-p} + \Gamma_i + u_{it}$$

其中，Y_{it} 是国家 i 在时点 t 的 n 个内生变量的 $n \times 1$ 的向量，Γ_i 是国家 i 的 n 个内生变量的个体固定效应的 $n \times 1$ 向量，Φ_p 代表 n 个常数项和内生变量估计系数，p 为滞后阶数，u_{it} 是残差项。

(二) 变量的选择与数据处理

本章根据博鳌亚洲论坛 2010 年年会组织方首次提出的“E11”（新兴经济体 11 国）概念，选取了美国和 E11 国家，即中国、俄罗斯、印度、巴西、南非、阿根廷、印度尼西亚、韩国、墨西哥、沙特阿拉伯、土耳其。考虑到美国货币政策的调整对新兴经济体的实体经济和金融渠道影响是长期存在的，因此本章选择的经济指标样本期间为 1993—2019 年。

美国货币政策不确定指数。本文采用 Baker，Bloom 和 Davis 等人制定的美国货币政策不确定指数。该数据反映了公众对美联储政策行为及其效果不确定性的感知。

经济规模指标。经济规模指标是衡量一国经济增长情况的最直接的指标。发达国家的货币政策无论是通过贸易渠道，还是通过金融渠道，都会影响到经济规模的变化。本章采取通常研究中采用的国内生产总值来代表一国经济规模水平。

出口变量。美国货币政策的调整会改变全社会的流动性，因此也会影响美国的进口需求。美国的进口需求下降必然会降低贸易伙伴国对美国的出口，导致出口将出现不同程度的下降。本章把新兴经济体的出口额作为衡量贸易渠道影响的重要变量。

股票交易额。美国货币政策的调整会改变国际资本在全球市场上的套利方向，直接影响证券市场的交易。因此，证券市场的股票交易额是受到美国货币政策影响的重要变量。作为金融资产的代表，股市的变化还直接关系到消费者财产性收入的变化，与国家的房地产市场、黄金等贵金属行业、石油和煤炭等能源行业都有着密切的联动关系。本章将股票交易额作为美国货币政策在金融渠道影响新兴经济体的重要变量来使用。

汇率变量。汇率是两种货币之间兑换的比率，能够代表一国货币的对外价值。随着经济全球化的不断推进，经济货币化程度加深，汇率对国家经济的影响也越来越大。几乎国民经济中的方方面面都与汇率有着密切的关系，牵一发而动全身。美国货币政策会改变国际资本的供求情况，从而引发一些国家的汇率波动，甚至有时还会对新兴经济体产生重大冲击。1997 年的亚洲金融危机就是新兴经济体汇率受到影响，并将冲击扩散至国民经济的重要案例。

以上，本章选取了 5 种变量，并将其纳入面板 VAR 模型进行分析相互间的影响。本章采用的数据基本上来自世界银行的数据库，内生变量包括美国货币政策不确定性指数、新兴经济体的股票交易额、新兴经济体的汇率、新兴经济体的经济规模以及新兴经济体的出口等变量。

三　模型分析与结果

在对数据进行具体分析之前，为了避免伪回归现象，本章对各变量进行单位根检验，以确保数据分析结果的稳定。本章采用 LLC、ADF-Fisher、PP-Fisher 等方法对模型中的货币政策不确定性、汇率、股票交易额、产出和出口等变量进行单位根检验。可以发现，经过差分之后，所有变量均变成平稳序列，单位根检验结果可以参见表5-2。

表5-2 内生变量的单位根检验

		LLC	ADF-Fisher	PP-Fisher
Exrate	对数	5.5936 (1.0000)	4.6867 (0.9111)	13.2106 (0.2121)
	差分	-5.9013 (0.0000)	46.4785 (0.0000)	164.290 (0.0000)
Stock	对数	-0.07812 (0.4689)	6.8897 (0.7358)	7.7304 (0.6552)
	差分	-1.9893 (0.0233)	25.8874 (0.0039)	84.4665 (0.0000)
MPU	对数	-0.4479 (0.3271)	5.0466 (0.8880)	2.6423 (0.9886)
	差分	-12.0233 (0.0000)	116.918 (0.0000)	198.942 (0.0000)
GDP	对数	0.9814 (0.8368)	4.7595 (0.9067)	3.5068 (0.9669)
	差分	-3.4563 (0.0003)	21.2459 (0.0194)	38.3894 (0.0000)
Export	对数	2.1570 (0.9845)	1.5393 (0.9988)	1.3972 (0.9992)
	差分	-4.0414 (0.0000)	24.4783 0.0064	40.6281 (0.0000)

注：括号里面的数字为相伴概率。Exrate代表新兴经济体的汇率，Stock代表新兴经济体的股票交易额，Interest代表美国利率，GDP代表新兴经济体的经济规模，Export代表新兴经济体的出口额。

前面已对变量进行了单位根检验，结果显示差分后六种变量均已经变成平稳序列。美国货币政策不确定性对新兴经济体的影响可以通过金融市场渠道和实体经济渠道两种渠道。因此，本章分成两种渠道分析美国利率对新兴经济体的影响。下面通过AIC、BIC和HQIC信息准则来确定模型的最优滞后阶数。如表5-3所示，对于实体经济部门而言，如果按照AIC信息准则衡量时，最佳滞后阶数为2阶，而按照BIC信息准则和 HQIC 信息准则判断时，最佳滞后阶数为 1 阶。本章根据多数信息准则的结果，视滞后 1 阶为模型的滞后阶数。对于金融部门而言，多数信息准则同样指向滞后 1 阶，以滞后 1 阶为模型滞后阶数。

表 5-3　　实体经济和金融渠道的模型最优阶数

实体经济模型最优阶数			
滞后期	AIC	BIC	HQIC
1	-1.03302	-.464121*	-.80442*
2	-1.04969*	-.337423	-.76312
3	-.952635	-.087609	-.604171
金融渠道模型最优阶数			
滞后期	AIC	BIC	HQIC
1	1.6632	2.28718*	1.91485*
2	1.59905*	2.38575	1.91674
3	1.6629	2.62565	2.05218

注：* 为该准则下的最优阶数。

下面根据得到的滞后阶数进行变量之间的格兰杰因果关系检验，结果见表 5-4。美国货币政策不确定性显著地影响新兴经济体的产出、出口、股票交易额等变量，而货币政策不确定性对汇率的影响并不显著。具体而言，在5%的显著性水平下，美国货币政策不确定性是新兴经济体产出变动的格兰杰原因。在1%的显著性水平下，美国货币政策不确定性是新兴经济体出口变动的格兰杰原因。在5%的显著性水平下，美国货币政策不确定性是新兴经济体股票交易额的格兰杰原因，同时新兴经济体股票交易额变动是美国货币政策不确定性的格兰杰原因。

表 5-4　　主要变量之间的格兰杰因果关系检验

原假设	F 统计量	P 值
新兴经济体产出不是美国货币政策不确定性的格兰杰原因	0.05936	0.8077
美国货币政策不确定性不是新兴经济体产出的格兰杰原因	3.98709	0.0468
新兴经济体出口不是美国货币政策不确定性的格兰杰原因	0.01437	0.9047

续表

原假设	F统计量	P值
美国货币政策不确定性不是新兴经济体出口的格兰杰原因	11.3259	0.0009
新兴经济体股票交易额不是美国货币政策不确定性的格兰杰原因	4.19152	0.0417
美国货币政策不确定性不是新兴经济体股票交易额的格兰杰原因	4.47926	0.0353
新兴经济体汇率不是美国货币政策不确定性的格兰杰原因	1.55051	0.2141
美国货币政策不确定性不是新兴经济体汇率变动的格兰杰原因	1.16517	0.2814

注：*、**、*** 分别表示在10%、5%和1%的显著性水平下拒绝原假设。

脉冲响应函数是用来衡量随机扰动项的一个标准差的冲击对变量的影响，能够刻画变量的动态影响与变化过程，并可分析变量变化的时间路径。本章通过对美国货币政策不确定性一个标准差的冲击，用 Monte Carlo 模拟 500 次得到正交化脉冲响应结果。正交化脉冲响应结果可以排除模型中其他变量对响应变量的影响，可以得到由冲击变量本身对响应变量的影响。图 5－1 中横轴为冲击反应的响应期数，滞后期为 6，纵轴表示变量的响应值。

以下分别是以脉冲响应来表示的美国货币政策不确定性对新兴经济体的产出和出口以及股票交易额与汇率等变量的影响。第一，当美国货币政策不确定性增加时，新兴经济体的产出立即出现下滑，第二期产出开始出现大幅恢复趋势，但还不能回到冲击产生之前。之后，产出将缓慢回归至冲击之前的水平。第二，对于新兴经济体的出口而言，受到冲击后的影响与产出大致类似，只是美国货币政策不确定性增加后，新兴经济体出口受到的影响比产出更大。第三，当美国货币政策不确定性增加时，新兴经济体的汇率出现较大幅度的贬值，并通过 3 期左右的时间迅速接近原来水平，第 5 期时基本上回到受到冲击前的水平。第四，当美国货币政策不确定性增加时，新兴经济体的股票交易量会大幅减少，之后出现迅速恢复原有水平的趋势，甚至出现超调现象，但幅度并不大，并且快速回归至冲击前的水平。

总之，从脉冲函数中可以看出美国货币政策不确定性增加，无论是实体经济渠道还是金融渠道，都起的是反向作用，而且持续时间非常短。由此可见，美国货币政策不确定性上升，基本上对新兴经济体的经济状况起到负面的影响。

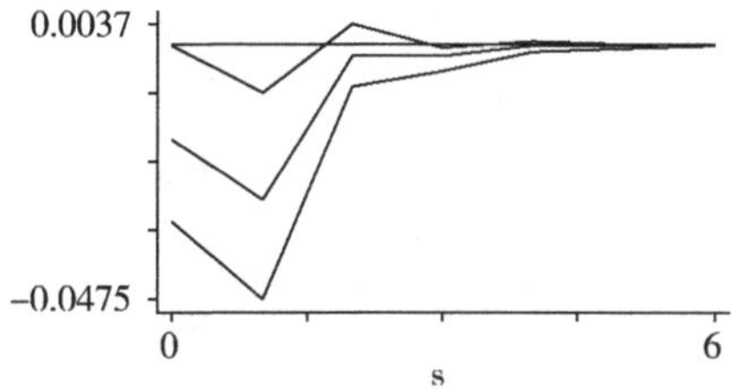

（1）美国货币政策不确定性对新兴经济体产出的影响

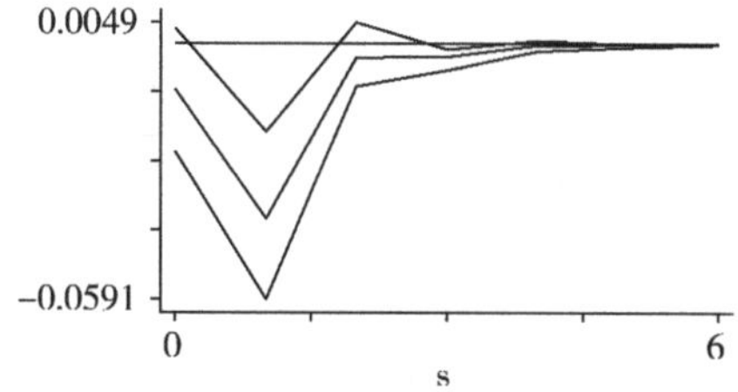

（2）美国货币政策不确定性对新兴经济体出口的影响

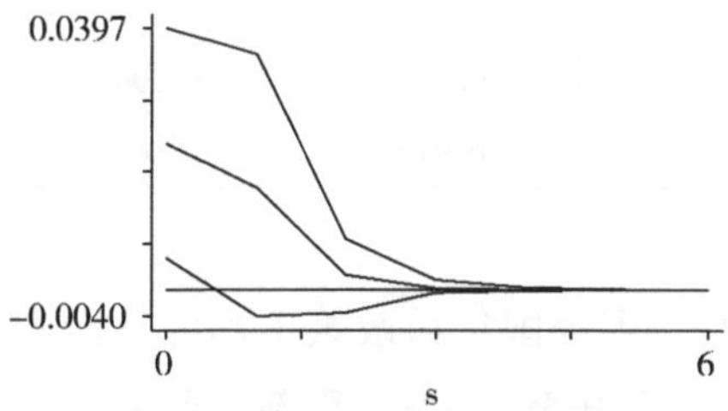

（3）美国货币政策不确定性对新兴经济体汇率的影响

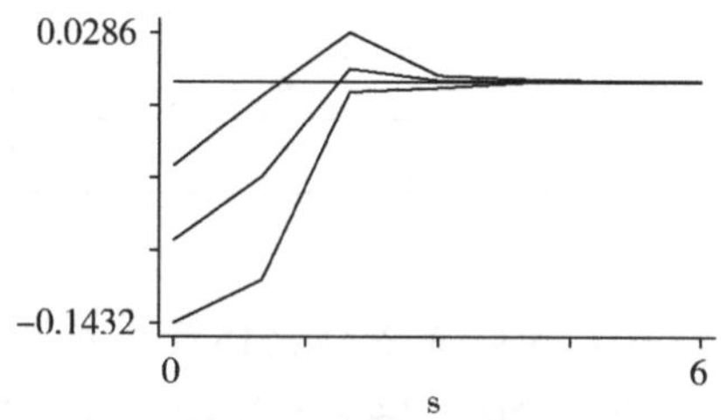

（4）美国货币政策不确定性对新兴经济体股市的影响

图5-1　新兴经济体变量的脉冲响应函数

说明：上下虚线分别表示5%和95%的置信区间。

为了更精确地考察美国利率对新兴经济体的经济增长、出口额、股票交易额和汇率等变量的影响，本章通过进行方差分解，得到不同向量自回归方程的冲击反应对这些变量的影响程度。表5-5和表5-6是实体经济渠道和金融渠道变量变动的方差分解结果。

表5-5　　实物经济方差分解结果

变量	时期	货币政策不确定性	出口	产出
货币政策不确定性	1	1.000	0.000	0.000
	2	0.992	0.008	0.000
	3	0.992	0.008	0.000
	4	0.992	0.008	0.000
	5	0.992	0.008	0.000

续表

变量	时期	货币政策不确定性	出口	产出
产出	1	0.012	0.375	0.612
	2	0.044	0.375	0.581
	3	0.044	0.377	0.579
	4	0.044	0.377	0.579
	5	0.044	0.377	0.579
出口	1	0.005	0.995	0.000
	2	0.075	0.919	0.005
	3	0.075	0.919	0.006
	4	0.076	0.919	0.006
	5	0.076	0.919	0.006

第 1 期，新兴经济体产出预测方差受到美国货币政策不确定性的影响达到 1.2%，随着时间的推移，其影响上升至 4.4%，而新兴经济体出口对产出的影响占 37.7%。新兴经济体出口方面，美国货币政策不确定性在第 1 期的影响为 0.5%，到第 2 期开始上升至 7.6%，并稳定在该水平上。

表 5-6　　金融渠道方差分解结果

变量	时期	货币政策不确定性	汇率	股票交易额
货币政策不确定性	1	1.000	0.000	0.000
	2	0.992	0.005	0.003
	3	0.992	0.005	0.003
	4	0.992	0.005	0.003
	5	0.992	0.005	0.003
股票交易额	1	0.046	0.100	0.855
	2	0.061	0.100	0.839
	3	0.062	0.100	0.838
	4	0.062	0.100	0.838
	5	0.062	0.100	0.838

续表

变量	时期	货币政策不确定性	汇率	股票交易额
汇率	1	0.018	0.982	0.000
	2	0.026	0.970	0.005
	3	0.026	0.969	0.005
	4	0.026	0.969	0.005
	5	0.026	0.969	0.005

在金融渠道方面，一开始新兴经济体股票交易额预测方差受到美国货币政策不确定性的影响达到4.6%，随着时间的推移，影响提升至6.2%。新兴经济体汇率对股票交易额的影响也达到10%。汇率方面，第1期，新兴经济体的汇率受到货币政策不确定性的影响为1.8%，之后影响上升至2.6%。新兴经济体汇率受到自身方差的影响达到96.9%。

四　结论与政策建议

美国实施量化宽松政策多年之后，有选择地退出量化宽松的货币政策。其中退出量化宽松政策的重要变化在于提高基准利率，回收国际金融市场的流动资金，以实现资产负债表的正常化。美国等发达国家在实施非常规货币政策以及退出的过程中对整个全球经济，尤其是对新兴经济体产生重要影响。本章重点研究美国货币政策不确定性对新兴经济体宏观经济的影响。这种影响来自两种渠道，一个是实体经济渠道，另外一个是金融市场渠道。本章选取新兴经济体的经济增长、出口作为影响实体经济的传导变量，选取新兴经济体的汇率和股票交易额作为影响金融市场的重要载体，并且采用面板VAR模型分析美国货币政策不确定性对新兴经济体的影响。

第一，实体经济渠道方面，美国的货币政策不确定性对新兴经济体的产出和出口的影响非常明显，在当期就会发生大幅度的负向冲击，之后随着时间的推移，缓慢恢复到原来的水平。

第二，金融渠道方面，美国货币政策不确定性对新兴经济体的股票交易额和汇率的影响也非常显著。美国货币政策不确定增加，新兴经济体的汇率出现贬值，股票交易额出现较大幅度的下降。经过 3—4 期之后，新兴经济体的汇率和股票交易额逐渐恢复到原有水平。

第三，从方差分解可以认为货币政策的不确定性无论在实体经济层面，还是在金融渠道层面，都会产生较大影响。由于部分新兴经济体采取的是固定汇率制，因此新兴经济体的汇率受到的影响要小于股票市场的影响。

综合上述分析，可以知道美国货币政策不确定性对新兴经济体的不同领域和渠道的影响是不同的。因此新兴经济体可以采取不同的针对性措施，以便将发达国家的货币政策对本国经济的影响最小化。

首先，新兴经济体需要关注美国货币政策的变动对实体经济的影响。美国的利率政策会对全球金融环境产生影响，大量国际资本可能会因美国的货币政策调整而流入或流出，这种货币政策的溢出效应可能会对新兴经济体的经济增长带来很多不确定性，加剧经济动荡的风险。国内经济基本面出现问题的新兴经济体需要格外注意。新兴经济体的经济疲软局面可能会持续到中期，因此基础设施建设、产业结构、宏观经济增长点培育和就业机制改革与政策等结构性改革仍然是新兴经济体需要实施的任务。

其次，新兴经济体需要完善本国金融市场体制，构建多层次的金融市场体系，应对包括股票市场在内的资本市场的动荡变化。新兴经济体不仅要随着形势变化，用货币政策积极应对，同时也要调整财政政策和结构，支持新兴经济体的复苏和长期增长。面对新兴经济体普遍出现资本市场风险加大，新兴经济体货币当局可以通过流动性工具放宽抵押要求，实施利率互换拍卖，管理好利率风险。为了金融市场的稳定，新兴经济体要强化金融监管改革。货币当局不仅需要进一步部署宏观审慎工具，也要密切注意跨国资本对本国金融市场的影响。随着美国货币政策的调整，新兴经济体的金融风险溢价可能出现逆转。当金融市场基调变化的情况下，可能突然面临金融条件的变化和资本流动的逆转。因此，新兴经济体要加强国际资本监控，企业要建立风险预防机制，并对财务风险进行预测和防范。

最后，不同新兴经济体面临的风险各不相同，新兴经济体要分别注意来自不同渠道的传导影响。具有良好经济基本面的新兴经济体仍然会受到国际资本的瞩目，但外部融资依赖性较大，国际收支恶化、对外债务比例比较高的新兴经济体则需要保持警惕。像南非、巴西、土耳其、印度、印度尼西亚等国家会由于本国基本面的脆弱和宏观经济的失衡而受到较大的冲击。充足的外汇储备、较低的通货膨胀、经常项目的平衡和灵活弹性的汇率机制等都将有助于缓冲来自全球经济环境的冲击。

第六章

人口老龄化风险下的新兴经济体改革

一 新兴经济体人口老龄化趋势

（一）新兴经济体人口老龄化趋势

全球人口正在步入老龄化阶段。根据联合国人口报告，世界上几乎每个国家的老龄人口数量和比例正在增加。人口老龄化有可能成为21世纪最重要的社会趋势之一，几乎所有社会领域都受其影响，包括劳动力和金融市场，对住房、交通和社会保障等商品和服务的需求、家庭结构和代际关系。老龄化现象对社会和经济方面的影响是深远的，老龄化以一种前所未有的方式，不仅会对老年人个人和其直系家庭产生影响，而且会触及更广泛的社会层面和国际社会。老龄人口数量及比例的增长速度比任何其他年龄组的增长都要快，而且这一现象出现在越来越多的国家中，从而引发了人们对于社会是否有能力应对人口结构变化所带来挑战的关切。

不同发展水平的地区和国家都面临人口老龄化问题。发展中国家的老龄化趋势是最快的，包括那些年轻人人口比例很高的国家。在现有的老龄人口数量超过1000万的15个国家中，7个是发展中国家。世界银行数据显示，2017—2050年，生活在发展中区域的60岁及以上人口预计将增加一倍以上，从6.52亿增至17亿，而发达国家将从3.1亿增至4.27亿。非洲老年人口的数量增长最快，其次是拉丁美洲和加勒比地区，之后是亚洲。从2015年到2034年，东亚地区65岁以上人口5年平均增速将为22%，仅次于中东和北非地区。到2060年，东亚65岁以上人口比重（22%）将接近经合组织及东欧与中亚国家；而在东亚地区的高收入国家和中国，这一比重将超过经济合作组织。2010年，全球65岁以上人口比例最高的25个国家中，东亚仅占1席，而到2060年，将增加至5个。预测表明，到2050年，世界近80%的老年人口将生活在欠发达国家。

人口老龄化即将成为新兴经济体的一个主要问题。预计21世纪上半叶，人口结构呈现非常明显的老龄化特征。在2050年年底以前，老人所占比例预计将由8%上升到19%，儿童所占比例将由33%下降到22%。

这种人口变化对于环境和资源是一项重大挑战。发达国家遇到的问题是老龄与失业及退休金制度的可持续性之间关系所造成的挑战，而新兴经济体则同时面临发展问题和人口老化问题。

发达国家和发展中国家之间还存在人口结构方面的其他重要区别。目前在发达国家，绝大多数老年人生活在划定为城镇的地区，但在发展中国家，多数老年人生活在农村地区。对人口结构的预测表明，到2025年，发达国家82%的人口将生活在城镇；而发展中国家生活在城镇的人口不到其人口比例的一半。在发展中国家，农村老年人比率超过城镇地区老年人比率。对于老龄化与都市化之间的关系还需要做进一步研究，但目前的趋势表明，今后许多发展中国家的农村地区老年人比率将会增加。

新兴经济体在人口老龄化方面进程各不相同，部分国家已经进入了老龄化社会。2021年，主要东亚和东南亚国家都进入老龄化的加速时期，多数新兴经济体会进入老龄化社会。

二　新兴经济体人口老龄化的总体特征

（一）新兴经济体普遍缺乏有效的社会保障体系

发达国家对人口老龄化有着较为成熟的制度建设，通过社会保障制度来确保社会可持续发展。但新兴经济体缺乏有效的社会保障体系，不少老年群体暴露在无保障的制度环境下，老年贫困现象较多，亟须完善养老保障制度体系。新兴经济体的养老保障体系普遍社会人口覆盖面有限，很多非正规部门没有纳入养老保障制度范围内，老年人在就业和退休等不同阶段无法享有合理的权益。

在一些新兴经济体中，中国、韩国、蒙古国的公共转移支付在减贫方面发挥的作用更为显著。以中国为例，如果取消公共转移支付，70 岁老人的贫困率将上升近 20 个百分点；如果没有私人转移支付，贫困率会上升 5 个百分点。而在菲律宾、泰国、越南，私人转移支付在老年人减贫方面发挥的作用更大，虽然泰国和越南的公共转移支付也发挥着重要作用。但不是所有的老年人都受益于大量的私人及公共转移支付。柬埔寨和印度尼西亚，私人及公共转移支付在减贫方面的作用都不显著。公共转移支付在老年人的生活来源中占比并不高，但关于国家、家庭和退休人员自身在退休后的供养中各自发挥多大的作用，社会预期正迅速发生变化。虽然家庭供养一直发挥着很重要的作用，但舆论调查表明，人们的预期正在迅速发生变化，认为应以自我供养和国家供养为主，而不是依靠成年子女及家人。如果不及时建立和完善养老保障制度体系，庞大的老年群体有可能沦为无保障的贫困老年群体。

（二）人口老龄化加剧社会不公平现象

在很多新兴经济体，政府相关部门的公务员或公共部门职员能够享受较为良好的养老保险，而民营部门和非正规部门的就业人群则缺乏一系列的制度保障。因此，人口老龄化趋势日益明显的背景下，缺乏完善的养老保障体系将导致严重社会不公平现象。另外，在很多情况下老年女性往往更容易受到歧视，包括难以就业及获得医疗保健，更容易受到不公平对待，在继承财产的权利方面受到排斥，以及缺乏最低限度的基本收入和社会保障。老年妇女的贫困率远高于男性。女性工作者，特别是老年女性工作者，受到工作自动化的严重影响，更可能因技术变革，包括人工智能的进步而掉队和下岗。养老金和社会保障制度中的性别偏见十分普遍，加剧了许多老年妇女的贫困和受排斥状况。老年男性，尤其是在退休后，有可能由于他们的社会支持网络受到削弱而变得脆弱，尤其是经济上的不公对待。这些差异对于制定公共政策和方案产生了重要的影响。

另外，一些新兴经济体的医疗服务体系有必要提高老龄人口的健康保障水平。一些新兴经济体的医疗服务系统的碎片化导致间断治疗和重复治疗，对于老年慢性病患者尤其如此。在大多数新兴经济体国家，慢性病与医疗服务体系有多个交汇点——诊断服务、专科治疗、急诊、门诊、药剂等。在中国和泰国等一些国家，政府通过医疗保险报销鼓励每年体检和门诊治疗。然而，柬埔寨、印度尼西亚、越南和新加坡的初级医疗研究报告表明，那儿的人很少每年体检，老年人指出费用是他们不体检的主要原因。根据世界卫生组织的报告，在柬埔寨、印度尼西亚和越南，贫困的老年人得了小病，一般找诸如私人执业的医生和民间医生以及地方药剂师治疗，而不去政府办的初级医疗保健中心，因为他们感到此类机构不方便也不可靠。在大部分国家，病人自付费用占医疗支出的比例很大，患者产生灾难性自付费用的发生率也很高，慢性病更可能导致灾难性支出。与无老人家庭相比，老年人家庭看病自付费用占整个家庭消费的比例一直都更高。

（三）人口老龄化与城镇化进程

新兴经济体普遍处于城镇化进程之中，整个国民经济中农业部门的产值仍然占据较大的比重。新兴经济体不少人口仍然集中在农村地区，养老需求巨大，但养老资源严重不足，养老需求与资源之间不相适应。随着城镇化的推进和年轻人大量进入城市工作，农村留守的老龄人口较多。由于农村养老资源配置的不合理，这些老龄人口更加倾向依靠子女养老，农村老人常遇到老无所养、养老困难，养老质量普遍低下。

虽然新兴经济体各国差异较大，一些国家老人与子女同住的情况大幅减少，但总体而言老人与子女同住还是比较普遍的现象，尤其是在亚洲新兴经济体。东亚地区老人与子女同住的比例比较高，而且一般是从中年到 65 岁左右这段时间同住比例上升。60 岁以上人口中，与子女同住的老人所占比例各国差异很大，与性别及居住地也有很大关系。低收入国家老人与子女同住的比例特别高，全球的情况也是如此，人均收入水平较高的地方，往往同住比例较低。中国、韩国、泰国老人与子女同住的比例迅速下降。根据世界银行统计数据，中国 65—70 岁老人与子女同住的比例从 20 世纪 80 年代初的 2/3 降到了 2011 年的 43% 左右。韩国 65 岁以上老人与子女同住的比例从 1980 年的 80% 降到 2010 年的远不足30%。

新兴经济体的老年人往往年纪很大了还在工作，但城乡之间和性别之间存在较大差别。城乡老年就业市场有明显差异。虽然一般情况下人们年纪很大了还在工作，但城市地区的很多老年人很早就不工作了。比如中国城市地区的女性退休较早，只有1/3左右的人60岁还在工作。几乎在所有地方，城市女性年纪大了还坚持工作的概率最低。男性和女性的劳动参与度也有较大差异。

（四）人口老龄化与人均收入的关系

几十年来，人口结构上的优势促进了很多新兴经济体的经济增长，这种情况在一些新兴经济体还将持续一段时间。总体上，人口老龄化对于人均GDP的影响还有赖于劳动力参与度和劳动生产率，而反过来这两者也会受到人口结构的影响。劳动生产率与老龄化通过几种方式相互作用。人口老龄化对人均GDP的净影响取决于各个年龄段的劳动生产率。有证据表明，年龄和个体的劳动生产率具有相关性，但是其中的关系非常复杂，取决于人类禀赋和实物资本。对于新兴经济体，低生育率以及寿命延长是老龄化的主要原因，也影响着各年龄段的劳动参与率和劳动生产率。从公共政策角度出发，人口结构是既定的，但劳动参与率和劳动生产率不是既定的。人口老龄化会对经济产生多大的影响，取决于政策如何影响劳动力参与度、储蓄、人力资本积累以及全要素生产率。

一般来说，人口老龄化程度与人均收入水平相关性密切，即人均收入水平会提高这个国家的人口老龄化程度。例如，2010年，发达国家平均老龄化水平为19.4%，不包括中国在内的发展中国家平均为5.8%，中国为9.4%。如果新兴经济体的老龄化程度早于相应的经济发展水平，可以称为“未富先老”。由于劳动力数量减少及其他方面的变化，一些新兴经济体正在经历快速老龄化，有必要认真应对老龄化所带来的影响。为此，有时需要进行艰难的政策改革，而人口结构较为年轻的国家还有很长的窗口期，但现在的政策选择会影响到未来这些国家进入老龄化的快车道后管理老龄化问题的能力。新兴经济体必须更快地适应人口老龄化状况，但与其他较早发展起来的国家相比，其国民收入、卫生和社会福利基础设施水平以及能力往往要低得多。

人口老龄化背景下，政府需要支付巨额财政费用以保障老年人口的稳定生活，而这对一个国家的经济承受能力构成重大挑战。对于经济基本面比较好、经济循环系统比较完善的发达国家而言，这或许并不构成巨大财政压力。发达国家由于人均收入已经处在较高的水平上，技术创新也处于前沿水平上，社会福利制度比较成熟和完整，因此，主要依靠生产率提高驱动的经济增长仍然是可持续的，政府可以应对老龄化危机。

但对经济发展还没有达到高水平的新兴经济体来讲，人口老龄化给国家财政带来很大负担。"未富先老"，也就意味着与其他国家相比，新兴经济体在应对老龄化问题时，面临着更多不同寻常的挑战。多数新兴经济体需要继续推动经济增长，不断提高人均收入和储蓄率，应对老龄社会带来的庞大资金支出。

三　案例：韩国人口老龄化应对经验[①]

（一）韩国社会的老龄化趋势

亚洲金融危机爆发之后，韩国很多企业经营出现恶化，不少企业停业或者倒闭，导致韩国社会收入差距进一步扩大。随着社会收入的不平衡加剧，韩国社会的人口增长率也出现明显的下降趋势。回顾韩国人口数量的变化，1971 年时韩国人口增长率曾达到 1.99%，然而随着生活水平的提高，人口增长率持续下降（参见图 6－1）。进入 20 世纪 80 年代后，人口增长率下降速度加快，1985 年首次跌破 1%。之后，韩国的人口增长率进入平稳状态，亚洲金融危机爆发后人口增长率又开始下滑，2015 年已达到 0.38%。按照这一趋势，到 2031 年韩国人口增长率将出现负增长，2040 年将达到 －0.39%。韩国的总人口数则在 2030 年达到最高值（5216 万人），之后将逐渐下降，2040 年韩国人口将达到 5109 万人。

---

① 本节部分内容发表在《东北亚学刊》2016 年第 6 期，收入本书时进行了补充与修改。

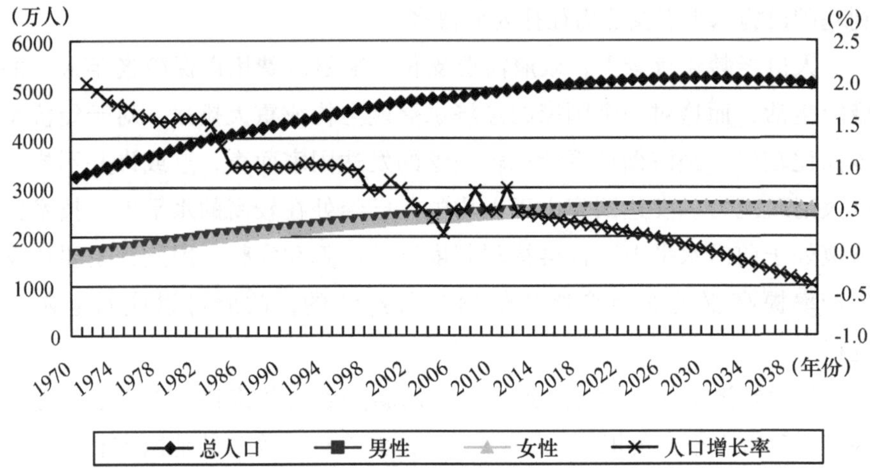

图6-1 韩国人口数变化与人口增长率

资料来源：韩国统计厅数据库。

韩国人口数量的变化背后是人口结构的改变。韩国统计厅数据显示，1965年15—64岁人口占所有人口的比重达到43.8%，而65岁以上人口比重为3.1%；1975年15—64岁人口占所有人口的比重达到38.6%，而65岁以上人口比重为3.5%；1985年这两种指标分别达到30.2%和4.3%（参见图6-2）。事实上直到1997年亚洲金融危机，韩国经济增长持续高速增长，人口老龄化现象还不明显。亚洲金融危机过后，2000年15—64岁人口占所有人口的比重达到71.7%，而65岁以上人口比重已经达到7.2%。2015年，15—64岁人口占所有人口的比重达到峰值（73.2%），2025年，该比重将下降至68.3%。而到2055年和2065年，65岁以上人口比重将高达51.5%和47.9%。

随着韩国劳动能力人口的减少，老龄化指数[①]也将出现较大幅度的变化（参见图6-2）。2000年韩国老龄化指数为34.3%，而2020年时达到124.2%，2040年将达到316.6%，2050年将达到415.7%。由此可见，韩国社会的老龄化进程正在不断加快，成为影响经济增长与收入差异的重要因素。面对韩国老龄化趋势，国际机构频频在报告中向韩国提出警告，提

① 老龄化指数是指同一人口总体中，老年人口数（65岁及以上）与少儿人口数（0—14岁）的相对比值。指数越高说明老龄化程度越深。

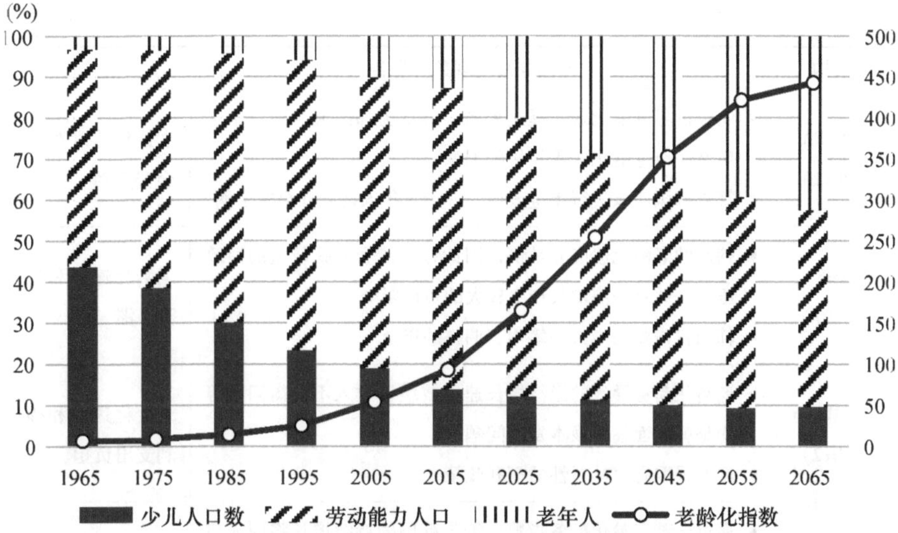

图6-2　韩国人口比重与老龄化指数

资料来源：韩国统计厅数据库。

醒社会老龄化现象不仅将带来经济增长的下滑，而且也将提高政府用于养老等项目的社会福利支出，从而加大政府财政负担（参见表6-1）。

表6-1　　　　国际机构对韩国老龄化现象提出的警告

机构	对韩国老龄化现象的警告	焦点
OECD (2004)	• 警告韩国是世界上老龄化速度最快的国家。老龄化的人口结构对经济与社会产生非常大的冲击 • 为了降低老龄化带来的冲击，韩国需要推动老年人的就业	老龄化速度和老龄化对社会与经济增长的冲击
OECD (2012)	• 2030—2060年，因人口老龄化问题，韩国经济的年均增长率将在OECD国家中处在最末位，速度将会降至1.0% • 老龄化现象持续时，劳动市场中的新生劳动力不断减少，潜在增长率将急剧下滑	老龄化速度和经济增长率的下滑
UN (2007)	• 因出生率的下降，韩国人口老龄化趋势将不断增强。由于人口老龄化速度过快，政府会受到来自老年人福利保障支出的财政压力 • 老年人福利保障所需财政负担（财政支出占GDP的比重）将从2005年的0.3%上升至2050年的4.7%	老龄化速度和财政负担

续表

机构	对韩国老龄化现象的警告	焦点
UNFPA (2012)	• 向全世界老龄化现象提出警告，并认为韩国成为继日本之后又一个老龄化进程加快的国家 • 警告韩国应该进行年金改革，并为老年人建立社会安全网	老龄化速度和社会安全网
IMF (2007)	• 韩国的老龄化速度非常快，因此很可能会面临较重的财政压力，并对经济增长产生较大的负面影响 • 韩国将需要相当大一笔用于调整的资金	老龄化速度和经济停滞
IMF (2012)	• 老龄化趋势导致的经济增长速度放缓和收入不均衡问题等均是韩国面临的根本发展问题 • 需要采取有序针对性的福利政策	老龄化速度和福利支出负担
CSIS (2012)	• 通过全球老龄化准备指数，警告韩国的持续增长将因人口老龄化而面临较大危机 • 财政稳健性将持续恶化，有必要进行年金改革	老龄化导致财政恶化
标普 (2011)	• 加快进行的老龄化使得韩国的老龄化相关预算支出较快上升，政府负债将超过财政债务危机中的欧洲国家水平。 • 年金和保险等老龄化相关的政府支出（占 GDP 的比重）将从 2010 年的 5.8% 上升至 2030 年的 10.8%，2050 年则上升至 17.2%	老龄化可导致财政危机

资料来源：［韩］崔南姬：《老龄化与地方财政之间的动态因果循环结构分析》，《地方财政》2015 年第 3 期。

总抚养比是少儿抚养比与老年抚养比之和，反映了社会总人口中非劳动年龄人口数与劳动年龄人口数之比，说明每 100 名劳动年龄人口大致要负担多少名非劳动年龄人口。韩国经济飞速发展的时候，总抚养比也比较高。韩国总抚养比在 1970 年高达 83.8%，之后每年呈急剧下降趋势，1980 年降至 60.7%，1990 年为 44.3%，2000 年降至 39.5%。未来韩国的总抚养比将重新上升，而出现这一变化的主要原因是老年抚养比会越来越大。从图 6－3 也可以看出，20 世纪 70 年代，韩国非常高的总抚养比主要是因为少儿抚养比，当时少儿抚养比高达 70% 以上，而老年抚养比只有 5% 左右。然而，随着婴儿潮的褪去，少儿抚养比急剧下降，取而代之的是老年抚养比在逐年上升。未来30年少儿抚养比基本上维持在20%的水平上，但老年抚养比将逐步从40%左右上升至50%以上。另外，如图6－3所示，韩国中位数年龄从2000年的31.8岁不断上升，2015年已经达到40.8岁，2030年将达到48.5岁，2040年将达到52.6岁。通过以上分析可以看出，韩国的老龄化社会正在悄然来临，而且随着时间的推移，老龄化特征将越来越明显，将对韩国经济增长和社会福利以及养老制度等产生重要影响。

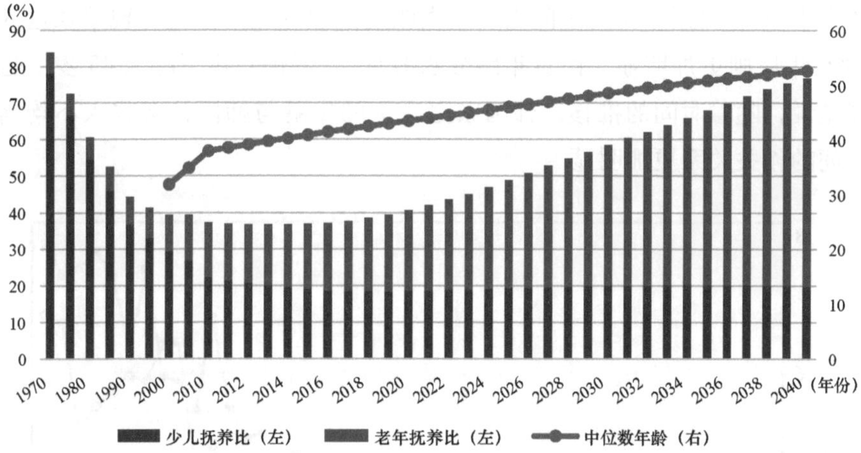

图6－3　韩国总抚养比、少儿抚养比和老年抚养比以及中位数年龄

资料来源：韩国统计厅数据库。

（二）老龄化社会结构与收入不平衡

老龄化社会结构通过各种渠道对社会收入差异产生影响。第一，社会老龄化人口比重的上升会从客观上导致老龄化人口的收入下降，而这些因素又将促使政府税收下降。第二，老龄化人口比重的上升必然会要求政府增加财政支出。因此，老龄化社会不仅对收入差异产生影响，而且也可能影响整个宏观经济的持续增长①。第三，社会老龄化意味着老龄化劳动力人数的增加和劳动力质量下降，从而导致生产效率下降。第四，

① 周贤：《低生育率与老龄化时期应加强产业政策》，《产业经济热点》2017年第15期。

韩国社会的老龄化趋势将加深青年失业问题①，削减社会消费需求和生产活动，也可能会导致资产价值的大幅下降。

从20世纪90年代后期开始，韩国社会的收入差距出现不断拉大的趋势，收入最低20%人群和收入最高20%人群之间的收入差距从1996年的4.74倍上升至2000年的6.75倍，2004年扩大至7.75倍，2008年达到8.41倍②。按所得收入和可支配收入分别计算的基尼系数之间的差异越来越大。

根据韩国家庭动向调查资料显示，1990年家庭户主的年龄在低于50岁的时候，各年龄人口的收入不均衡度并不显著（参见图6－4）。然而年龄高于50岁之后，家庭之间出现较大幅度的收入差异。这种现象在进入2000年后则更加明显，而且年龄分水岭从50岁进一步下降至45岁。也就是说，随着时间的推移，韩国家庭户主的年龄与韩国社会收入不均衡之间的相关关系更加明显。

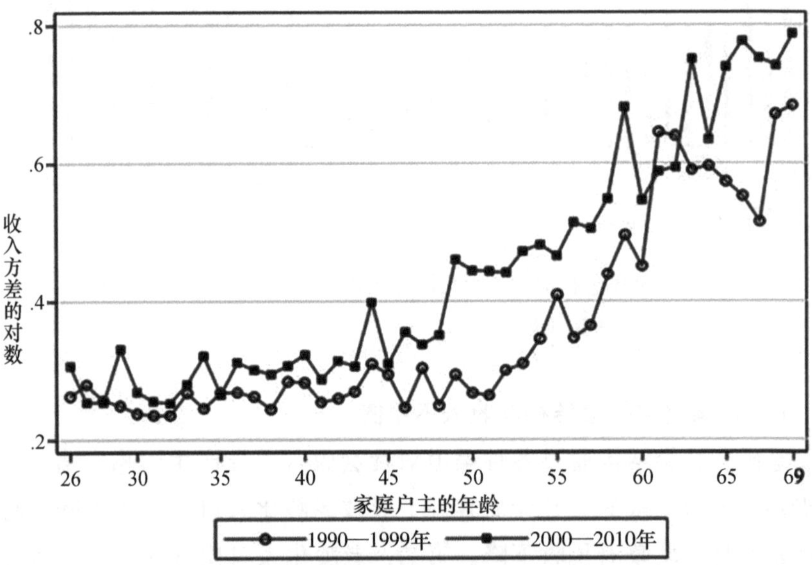

图6－4　不同年龄户主家庭收入不平衡趋势

资料来源：洪锡喆、全翰卿：《人口老龄化与收入不平衡》，《韩国经济的分析》2013年第1期。

① 详细内容可参见南国铉、李天国《韩国青年失业的原因：期望薪资的影响及其启示》，《人口学刊》2015年第3期。

② 崔长集：《民主化以后的民主主义》，Humanitas出版社2010年版。

为了缩小因老龄化人口结构带来的收入不均衡问题，韩国进一步提高转移支出比重，并且扩大老龄人口的就业。虽然韩国的国民年金制度覆盖人口不断扩大，但老年人获得年金的比重仍然较大。这些年，韩国国民年金制度的支出规模不断扩大，如果老龄化趋势继续蔓延下去，韩国国民年金也将受到严峻的考验。① 一味地提高年金的保险费用或推迟年金受领年龄无法有效地减轻国家的财政负担，而且也无法期待缓解长期收入不均衡。因此，韩国加快促进老年人就业，通过减税政策、劳动培训政策、医疗保障等政策来消除阻碍老年人就业的各种因素。

韩国制定了“第二次低生育率与老龄化社会基本计划（2011—2015）”，其投入规模达到75万亿韩元，比第一次低生育率与老龄化社会基本计划增加了79%。尤其，韩国增加了对老龄化领域的资金投入规模，并且由中央财政承担70%的资金，地方财政负担30%。

表6－2　　　第二次低生育率与老龄化社会基本计划情况

（单位：万亿韩元）

	2010年	2011—2015年					
		小计	2011年	2012年	2013年	2014年	2015年
低生育率	5.9	39.7	7.2	7.6	7.9	8.3	8.7
老龄化	5.0	28.3	5.4	5.5	5.7	5.8	5.9
增长动力	1.4	7.8	1.5	1.5	1.6	1.6	1.6
小计	12.4	75.8	14.1	14.6	15.2	15.7	16.2
中央	7.9	53.4	9.9	10.2	10.7	11.1	11.5
地方	4.5	22.4	4.2	4.4	4.5	4.6	4.7

资料来源：韩国政府第二次低生育率与老龄化社会基本计划（2011—2015），韩国保健福祉部，2010年。

面对老龄化趋势，韩国除了通过人口政策积极调整人口结构，还加强制度建设，为老龄劳动力市场提供各种便利条件。在过去，急剧扩大的人口规模曾经受到很多国家的担忧，然而随着经济水平的提升以及政

① 徐元济：《人口减少与经济系统性危机》，*KERI Insight* 2015年第45期。

府制度建设，这种担忧并没有成为现实。韩国正在通过政府的制度创新来有效应对社会老龄化现象，将老龄化带来的负面影响降至最低。政府不断调整和完善财政政策与社会保障制度来给予社会老龄化人口更多参与工作的机会。

（三）韩国社会保障政策的制度演变与安排

与其经济腾飞相比，韩国社会保障制度的形成相对较晚，但其发展速度非常快。韩国的社会保障制度在各方利益的相互影响下形成，从其诞生到发展，再到完善可以分成三个阶段。第一个阶段是1963—1986年；第二个阶段是从1987年至亚洲金融危机；第三个阶段是从亚洲金融危机结束至今。

第一阶段是1963—1986年。1963年，韩国社会保险诞生，社会保障制度进入发展初期。由于社会保障制度的不成熟，国民享受社会保障政策受到很多限制，因此能够真正享受社会保障制度带来的好处的国民是少数。由于朴正熙政府在国家发展战略上采取的是效率优先的原则，国家的财政重心放在经济建设上，而人民对社会保障的认识也非常有限。所以，可以看到社会保障制度的范围主要限制在国家公务员或大企业集团的员工。政府认识到在经济发展过程中，作为推动经济发展的重要主体——大企业财阀的重要性以及主导国家经济发展计划与建设的国家公务员的作用。从某种角度上讲，当时社会保障制度的建立是为了更好地推动经济建设，归根结底仍然是为了经济发展。在威权主义体制中，国民的生活水平缺少设计周全的制度保障，只能凭借较快的经济增长来间接保障。

第二阶段是从民主化运动高涨的20世纪80年代末至亚洲金融危机。此时韩国已经获得了非常大的经济增长成就。长期在威权主义下的国民渐渐关注生活质量，开始关心收入不平衡等现象。威权主义体制的缓慢瓦解使得人们开始表露出对社会福利的渴望。这一时期，韩国社会保障制度开始获得新的发展机遇，其内容不断得到补充。金泳三提出社会保障制度的多元主义构想，但国家对社会保障制度的认识和思路仍然没有发生根本性转变。

韩国在经历亚洲金融危机后，社会保障制度进入了完善期。在亚洲金融危机时期，韩国社会的失业、贫困、收入不平衡等社会问题纷纷暴露出来，使得政府开始在社会保障制度理念方面发生重大变化，着手构建全面多方位系统化的社会保障体系。金大中政府的国民参与型执政理念正好与当时韩国所处经济社会环境相吻合，韩国社会保障制度出现重大变化。在这一时期，国民健康保险、国民年金、雇用保险、财产保险等社会保障制度向全体国民覆盖。随着韩国政府理念的变化，人们对社会保障制度的观念彻底改变。

为了应对日益严峻的老龄化社会问题，韩国政府不断在实践中探索，摸索能够保障韩国老龄人口、低收入人群以及其他人群生活的保障制度。进入21世纪以后，韩国的社会保障制度进一步得到补充和完善，韩国政府投入社会保障领域的财政预算也不断增加，为缩小收入差距和缓解老龄化问题方面做出重要贡献。1990年韩国公共支出占GDP的比重不到3%，并且在整个90年代基本维持这一水平，并没有太多变化。亚洲金融危机之后，韩国公共支出有明显的增长，1999年韩国政府公共支出接近6%，创下历史最高水平。随着韩国经济的快速复苏，公共支出重新回落至5%以下，之后又开始逐步增长。当前韩国公共支出已经超过9%，表明韩国政府在社会保障制度方面的财政支持力度。

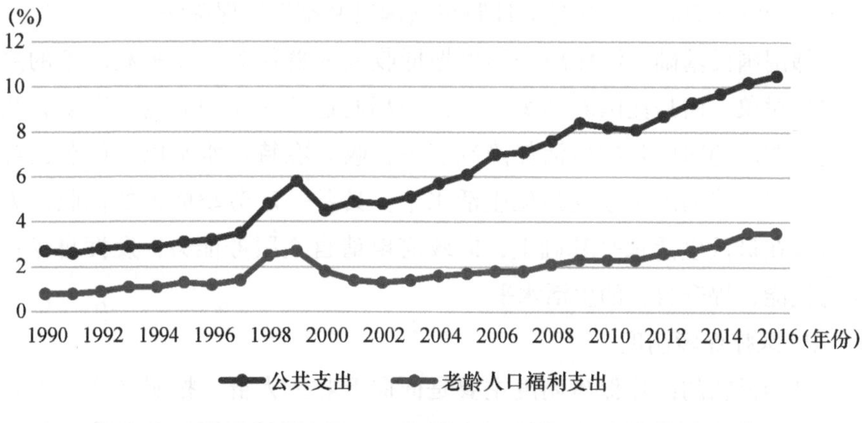

图6-5　韩国历年公共支出与老龄人口福利支出（占GDP的比重）

资料来源：根据韩国统计厅数据，笔者自行绘制。

韩国社会保障体系中，四种制度的建立与创新对韩国缩小社会收入差距和应对老龄化问题起到重要作用。

1. 生活保护制度

生活保护制度是为了保障低收入人群而引入的制度。韩国的生活保护制度始于1961年，为国家贫困家庭和人群提供资金支持。由于当时政府的资金有限，并未能给贫困人群提供足够的生活保障。为了弥补制度缺陷，韩国从单纯补助和救助转向提供劳动就业机会方面。韩国颁布了临时措施法规，并通过法规的形式让低收入人群优先拥有获得就业培训与咨询机会，为贫困人群创造更多就业与提供收入的机会。韩国对贫困家庭和人群的政策支持并没有只停留在向贫困人群提供资金和就业机会方面，而是从更长远角度出发，向贫困家庭提供教育费用。进入20世纪80年代以后，韩国对贫困人群的支持政策范围更加扩大，贫困人口获得的制度保障已经扩大至生育、教育、医疗、居住环境、自立能力培养以及生计融资等方面。韩国的社会发展目标也从单纯的经济增长转向建设福利型国家。

亚洲金融危机的爆发使得韩国政府深刻认识到原有《生活保护法》的不足，考虑将《生活保护法》升格为《国民基础生活保障法》，使得低收入人群获得的政策支持更加系统化和全面化。韩国政府组织不同阶层代表共同组建“国民基础生活保障推动准备团”，通过不同阶层的讨论与论证，最终于2000年10月1日颁布《国民基础生活保障法》。

韩国国民基础生活保障法不再把低收入人群作为国家福利政策的主要实施对象，而是让国家的每一个公民都通过该法律的规定来享受合法权利。在新的国民基础生活保障制度下，收入在特定水平以下的公民都可以按照法律的规定享受最低生活水平。具备一定劳动能力的低收入人群可以在最低生活水平基础上，向政府申请自立服务能力，发挥自身特长与技能，提升自身的生活水平。

2. 医疗保障制度

韩国最初的医疗保障制度主要是面向低收入人群，按照《生活保护法》向这些人群提供各种无偿医疗服务。1977年韩国政府将原来的医疗保障制度进行完善后推出《医疗保护法》，向低收入人群提供更加全面的医疗服务。韩国推出的医疗保护制度与医疗保险制度有着明显不同。医疗保护制度是用来保障低收入人群的医疗服务的制度，其受益对象限于收入水平处于低水平的贫困人群。韩国政府设立“医疗保护基金”，并负责承担低收入人群的全部或者部分医疗费用。当医疗保护基金承担低收入人群的部分医疗费用时，剩余费用根据医疗保护对象者的申请向医疗保护基金进行零利率贷款。按照法律规定，每个城市和道需设立医疗保护基金，而基金由国家专项资金、地方自治团体资金以及其他收入组成。为了进一步减轻居民医疗负担，2006 年、2009 年韩国政府先后颁布“医疗补助创新综合对策”和“医疗补助改善方案”，对低收入人群提供健康生活维持费用，并通过特定疾病集中治疗制度和资格管理系统来减轻治疗费用负担，提高就医的便利性。在完善的医疗保护制度下，2002 年韩国医疗补助受惠人群达到 142 万名，而到了 2005 年受惠人群扩大至 176 万名，2007 年达到 185 万名。之后，韩国又扩大了医疗保障范围，将核磁共振成像、疑难病治疗、大病治疗、超声波诊断、植牙等纳入医疗补助范围，并且进一步扩大补助对象。

3. 国民年金制度

韩国制定国民福祉年金法是在 1973 年。1986 年年末，韩国政府将国民福祉年金法修订为国民年金法，但国民年金制度覆盖范围有限，仅以一些较大规模的企业职工作为对象实施。随着国民年金制度的成熟，国民年金制度逐渐覆盖大片农村地区。1998 年 12 月，韩国终于实现了国民年金制度的全覆盖，使得全体国民均可根据国民年金法的规定依法享受国民年金制度（参见图 6－6）。韩国的国民年金制度不仅能够为老龄人口提供各种生活保障，而且具有收入再分配功能，对低收入阶层提供更加有利的资金支持①。韩国的国民年金制度从设计上注重让老年人维持退休前的生活质量，避免退休后生活水平的下降。为了保证韩国国民年金资金的可持续使用，韩国政府从 2003 年开始每隔五年实行财政计算制度，在考虑年金受惠人数、年金新加入人数、薪资上涨率与物价波动等因素后，对未来年金资金流进行科学计算与预测，并及时根据计算结果调整具体年金制度方案。韩国已经成功实施三次国民年金制度的修订，不断弥补国民年金制度存在的弊端，不仅完善了资金拨付和管理制度，也提

---

① 李天国、沈铭辉：《中等收入陷阱的成因及启示：基于拉美与韩国经验的比较》，《拉丁美洲研究》2018 年第 4 期。

高了国民年金使用的科学性。

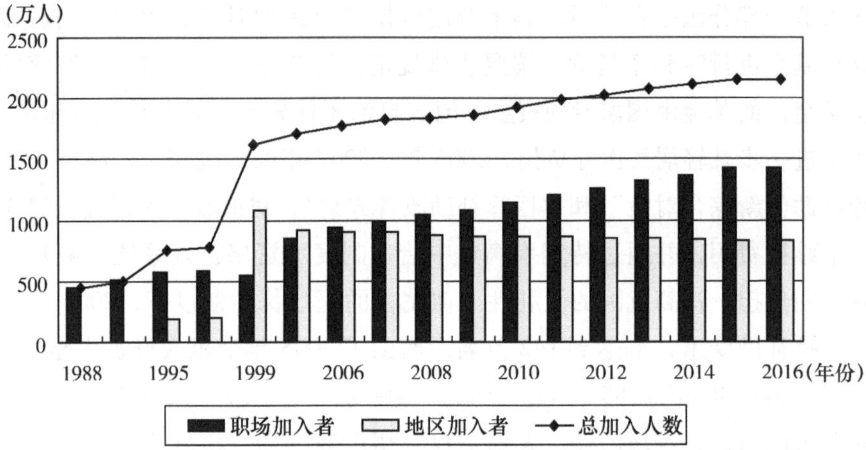

图6-6 韩国国民年金加入结构与人数的变化

说明：2016 年数据截至 2016 年 1 月末，单位为万人。

资料来源：国民年金研究院数据库，http：//institute. nps. or. kr/jsppage/research/resources/resources_05. jsp。

4. 医疗服务供给体系与医疗卫生环境

韩国的医疗保险法制定于 1963 年。刚开始，韩国的医疗保险对象范围并不宽，只提供给低收入人群、财团里的职工以及国家公职人员等。随着医疗服务体系的不断完善，农村地区的农渔民、小型规模的私人企业里的职工也开始能够享受医疗保险。到了 1989 年，韩国所有公民基本上都可以享受医疗保险制度。按照收入水平，除了绝大多数人群享受医疗保险政策以外，少数同时享受医疗保护制度。

为了减少医疗服务供给体系中的各种纠纷，韩国政府广泛听取全社会的意见，不断修订“医疗纠纷调整法”。韩国政府于 2012 年 4 月 8 日批准设立了韩国医疗纠纷调停仲裁院专门负责医疗事故以及各种纠纷事宜，并通过“医疗事故受害救助以及医疗纠纷调整等相关法”来履行相关职责。为了规范医疗卫生从业者的行为，保障患者的正当权益，韩国相继颁布《药师法》《医疗仪器法》《医疗法》等法律来维护医疗服务市场的正常秩序。为了弥补公立医疗服务机构的职能，韩国政府也鼓励民间医疗机构向民众提供各种医疗服务。

韩国规定高收入人群按收入水平缴纳更多保险费。除了劳动收入以外其他金融、租赁等收入超过7200万韩元的高收入人群需要因这些综合性收入多缴纳保险费。当前，韩国每年有3.5万人被认定为高收入人群，多缴纳的保险费每年多达2158亿韩元。而对于低收入人群，韩国则规定减低其保险费用。韩国规定了租房人群的保证金上限，保证金缴纳超过该规定的人群可以免缴保险费。2012年4月实施该规定以来，共有21万家庭享受这一政策，每年少交31亿韩元保险费。

为了加强公共医疗服务，韩国从2000年开始制定《公共保健医疗法》，并扩建公共医疗机构，完善韩国保健医疗体系。韩国用五年时间投入3.7万亿韩元，改善公共保健医疗体系，加强公共保健医疗的功能，建立预防为主的疾病管理体系，扩大保健医疗安全网络。2012年韩国大幅修订《公共保健医疗法》，进一步改进公共医疗理念，加强服务于大众保健医疗的根本宗旨。

目前，韩国的保健医疗体系已经形成以民间为主的医疗供应体系和由国家主导的财政管理体系。韩国医院级医疗机构已有3248家，床位数量达到505544个。其中民间医院达到3048家，占全部医院数量的93.8%，床位数量达到445280个，占所有床位数量的88.1%。

（四）韩国缩小收入差距的政策

一个成熟健全的市场经济体制能够将增长和分配这两个任务同时进行合理安排，而如果无法解决市场经济体制内部结构性矛盾，则可能会激化社会矛盾，甚至导致经济增长受到严重影响。过去数十年来，韩国政府在社会保障制度方面不断进行改革，试图缩小韩国社会的收入差距①。20世纪90年代，韩国的社会保障制度已经形成较为完整的体系，进入2000年之后，国民基础生活保障制度、基础年金制度、劳动奖励税制等主要收入保障制度进一步完善，投入社会保障领域的财政资金也持

---

① 李三植：《低生育率与老龄化现状与政策课题》，《保健福祉论坛》2016年第1期。

续扩大[①]。韩国政府将社会保障领域中的一半资金用于收入保障方面，可见收入保障在整个社会保障制度领域中的重要性。

第一，调整财政支出政策，注重培养中产阶层群体。韩国政府不断探索财政支出政策，通过调整税收体系，逐步有计划地改革公共社会支出规模与结构。一方面，韩国政府认为收入差距扩大的直接原因在于低水平的福利财政规模上。因此，公共社会支出规模的提升曾经是转型期韩国政府解决的首要问题。但如前所述，由于政府财政投入规模有限，必须同步进行财政支出制度改革。尤其面对低出生率与老龄化现象，韩国积极推进年金支付与医疗费用支付改革方案，适度提高了国民年金负担比率，加强年金加入者之间的收入再分配功能。另一方面，韩国政府不断调整财政支出结构，投入更多的财政资金用于提高就业机会上，避免具有劳动能力的人过度依赖社会保障政策。韩国于2006年修订了《租税特例限制法》，引入劳动奖励税制，加强对有劳动能力者的职业训练与就业资助。韩国政府鼓励与提倡对人力资源的开发与投资，为女性、学生、青年以及具有发展潜力的人群优先提供各类财政资金支持，培养这些人群的创业创新能力，进而促进韩国社会中产阶层的形成[②]。

第二，实现福利供给主体的多元化。随着经济发展水平的提高，韩国开始逐步建立由社会各主体共同参与福利供给的社会保障体系。正如前文所述，人口老龄化趋势不断增加政府负担，单靠韩国政府的财政力量很难保证日益提高的社会保障需求，而且政府很容易背负巨额财政负担。为了保证各主体更加有效地发挥各自功能与作用，政府扮演中介者、协调者以及提供者等多重身份。政府在面对多种不同社会需求的时候，如果无法有效地快速提供各种服务，福利受惠者则会沦为被动的接受者。而民间组织的参与可以有效地弥补政府在资金和项目上的不足。

例如，从20世纪80年代中期开始，韩国的社区老年人福利政策由民间组织来实施。80年代中期，家庭老年人护理必要性凸显的情形下，

---

① 朴纯一：《经济危机后韩国社会福利制度的评价与效率化方案》，《韩国社会政策》2001年第2期。

② 详见南国铉、李天国《韩国青年失业的原因：期望薪资的影响及其启示》，《人口学刊》2015年第3期。

1987 年由韩国老人福祉会与殷川老人福祉会向老年人提供家庭护理服务。1989 年 12 月，政府在第一次修订老年人福祉法时，首次使用了“家庭护理工作”等用语。1991 年韩国开始大规模推广家庭护理项目，并通过各种形式来向老年人提供护理服务，并于 1992 年正式获得政府财政预算。进入 2000 年后韩国政府将家庭老年人福利领域列为地方社会的重点工作，并统一福利设施名称，建立老年人长期疗养保险制度，通过法律制度来为老年人提供长期疗养服务，逐渐形成保障工作的制度化。韩国老年人福利制度的发展过程正是体现了福利供给主体多元化思路。

第三，充分重视地方政府的作用。韩国中央政府将部分社会保障职能转向地方政府，让地方政府能够灵活地根据当地实情制定和执行福利政策，不断降低社会收入差距，并调整和管理福利资源。尤其在卢武铉政府时期，政府推行国家均衡发展战略，大大强化了地方政府权力。政府将 67 项社会福利工作转移至地方政府，规定地方政府有义务建立地区社会福祉协议会，要求地方政府制定地区福祉计划，为居民提供生活支援服务，并对地方自治团体实行福祉综合评价。政府通过设置指标和现场评估的方式对地方自治团体实施福祉综合评价，并将优秀典型案例推广至全国其他地区。为了鼓励社会保障事业，中央政府对获得优秀评价的地方自治团体提供 40 亿韩元的特别资金，以此调动地方政府对社会保障事业的积极性。

第四，改革就业制度，完善就业相关法律法规。为了创造更加平等的就业机会，尤其维护女性的就业权益，韩国政府制定了《男女雇佣平等法》。2008 年 6 月韩国政府进一步将该法案修订为《男女雇佣平等及工作家庭支持法》，并将该法案落实为长期规划项目来实施。此后，韩国又相继出台《工作中断女性经济活动促进法》《工作中断女性经济活动促进基本计划》以及《女性科技人培养支持基本计划》等法案与计划来保障就业过程中的女性权益，提高职场女性收入①。

第五，社会福利政策明显体现人口老龄化特征。自 1960—2000 年的 40 年韩国平均寿命增加 23.1 岁，是同期 OECD 国家中增幅最高的国家。

① 关于韩国女性就业相关研究，可参见南国铉、李天国《子女教育对韩国妇女就业影响的实证研究——基于 8700 户家庭的调查》，《人口与经济》2014 年第 1 期。

作为世界上老龄化速度最快的国家之一，韩国政府针对老年人的社会保障政策显得非常重要。因此，韩国在老年人的收入保障、老年人保健医疗服务以及长期护理等问题上，投入非常多的财政资金。当前韩国政府专门针对老年人的保障制度包括收入保障制度、医疗保障制度、居住保障制度以及福祉服务等。韩国除了通过国民年金制度来为全体国民提供保险以外，还建立了《基础老年人年金法》。该法从 2008 年 1 月正式实施，主要向 65 岁以上老年人提供资金资助。除此之外，韩国政府于 1992 年制定了老年人雇用制度，通过法律的形式规定“政府有义务为老年人雇用与职业开发等提供各种政策”。多年来，韩国推行的老年人相关就业与其他保障制度不仅大幅改善了老年人生活居住环境，同时也在提高老年人收入水平方面起到非常积极的作用。

（五）对韩国社会保障制度创新的评析

第一，韩国社会保障制度设计的主要理念。

韩国的社会保障制度以“国家调整论”为基础，政府的首要目标放在经济发展方面，而福利则从属于经济增长。韩国政府寄望于市场机制来实现社会保障目标，只有市场机制无法配置社会保障资源时，政府才会通过各种法律与其他行政渠道介入市场①。韩国社会保障模式形成的理论依据在于，福祉国家无法避免地会大量消耗社会资源，并且容易形成财政危机。在经济高速增长时期，社会支出和福利水平也随之扩大，但经济增长速度一旦放缓，巨额的福利支出可能会增加政府财政负担。

韩国在制定社会保障制度的过程中，并不提倡很多高收入国家那样的过度福利，而是注重控制好财政支出规模，把重心放在效率上。因此，韩国的社会保障政策虽然重视低收入人群和老年人生活，但并非一味采取资金补助措施。尤其，韩国对低收入人群的政策注重与就业政策的有机结合，使得低收入人群能够通过政府政策的帮助提高生活自立能力。从韩国政府的角度，主要是为国民做好基本保障，在基本生活收入、基本医疗、基本教育和基本居住方面依法享受相应权利。

---

① 崔光、李永焕、李成奎：《福祉政策的根源考察》，韩国经济研究院 2013 年版。

第二，福利供应的制度设计与供应体制上的创新。

良好的社会保障制度不仅表现在其投入的财政资金，更重要的是其资金使用效率与科学管理。多年以来，韩国旨在降低收入不平衡以及服务老龄化的社会保障制度频繁进行修订的情况。每次修订都会广泛听取社会各界人群的意见，并及时将现实需求反映到社会保障制度上。韩国把儒家文化传统与社会保障制度结合起来，从制度上鼓励尊老爱幼、孝顺父母，提倡夫妇优待制。韩国鼓励地方政府参与社会福利事业，同时欢迎企业参与社会保障建设[①]。政府通过一系列政策帮助大型企业建立职工社会保障体系。以企业为基础建立的社会保障制度成为韩国社会保障制度的重要特征与创新。

为了克服福利制度的市场失灵与缺陷，韩国不断完善福利供应的制度设计与供应体制。社会保障各部门之间避免重复设计，统一规划与管理，保持社会福利制度的高效性，提高大众对福利制度的满意度。同时增强公共部门与民间部门福利资源之间的有效联系，加强对特定申领者福利服务管理。社会保障制度只有从政策制定环节、执行环节到事后管理等各个阶段做到有效衔接，才能化解社会保障带来的矛盾，为经济稳定与健康发展提供更好的社会发展环境。

从社会保障支出角度而言，韩国的社会保障支出在 OECD 成员国家中垫底，2016 年公共社会支出占 GDP 的比重只有 9%，不仅远低于比利时（29.3%）和丹麦（29%）等欧洲国家，也低于土耳其（13.4%）和斯洛伐克（18.1%）等新兴国家[②]。即使投入的财政支出较少，但韩国用较少的财政支出获得了比较好的社会福利效应。韩国的社会支出比重和变动规模显示，韩国以最小的社会支出费用获得了最大的社会福利效果，用一切可利用的资源进行调配，即以国家经济增长的外溢效应来获得社会保障效果。韩国依靠市场和经济增长为主导的社会保障模式并非完全改变欧洲式的社会保障模式，而是对自由主义社会保障制度进行韩国式创新。增长优先主义、家庭中心主义以及民间协作主义等特征降低了国

---

① 许文求等：《老龄化时代高增长地区增长特点与决定因素分析》，产业研究院 2016 年版。

② OECD, Social Expenditure Database (SOCX) Update, 2016, pp. 1 - 2.

家财政负担和责任[①]。实践证明，韩国的社会保障制度为韩国经济发展提供了有利的社会环境，为实现经济中高速增长做出重要贡献。

第三，韩国社会保障制度设计突出对老年人与低收入人群实际需求的满足。

如前所示，韩国的社会保障制度通过生活保护制度、医疗保障制度和年金制度等保证低收入人群基本的生活与医疗权利，而且很多制度设计力图缩小收入差异，平衡城市与农村地区。低收入人群和老年人可以从年金制度、住房制度、医疗制度和就业制度等方面享受到各种倾斜政策[②]。从韩国实施的社会保障政策可以看出，政府对贫困人群的扶持政策并不局限在提供资金补助上，而是为贫困人口生活的方方面面都提供各种不同层面的帮扶。尤其人均收入快速增长到一定水平之后，防止中产阶层的减少以及应对低生育率与老龄化趋势是韩国政府在社会保障领域的首要课题。

韩国的社会保障制度的主要政策目标包括，稳定的老年生活、降低贫困与保障生活、鼓励生育与保障抚养、维护健康以及扩大就业等。2017 年，韩国文在寅政府提出地方扩大老年病支持中心，做到早期发现疾病，形成医疗、护理、疗养与其他社会保障服务一体的保障体系[③]。同时，政府将长期向老年家庭提供福利用住房，并且将住房福利服务与医疗服务结合起来，保障老年人正常生活。文在寅政府还提出扩大老年人就业岗位 80 万个。让老年人更多参与社区公共服务，不仅能够维护社区秩序、方便社区居民生活，同时也能提高老年人收入。长期以来，韩国政府制定的针对低收入人群和老年人的社会保障政策在提高老年人生活质量，保障低收入人群的生活、就业与教育方面起到积极作用。

四 对中国的启示

第一，注重社会保障政策的执行效率。

---

① 张宝仁、张慧智：《韩国的社会保障制度分析》，《人口学刊》2000 年第 4 期。

② 李天国：《经济转型、收入差距与社会保障政策：韩国政府的探索》，《东北亚学刊》2016 年第 6 期。

③ 李天国：《韩国经济处在结构性危机边缘?》，《世界知识》2019 年第 5 期。

近些年，中国在社会保障政策的改革方面取得重大的成绩，但是仍然存在一些问题。中国需要从提高基本社会保障管理水平入手，逐步扩大服务领域，注重实效，避免过于重视推出新政策，而忽略政策的后续实施与管理。社会保障制度的高效运行与政府部门的行政管理体制分不开。要加强社会保障部门之间的协调和配合，理顺不同部门之间的关系，避免上下级部门之间和跨部门之间的管理制度的冲突，形成与社会居民良好高效互动的制度网络。

第二，统筹城乡的社会保障制度。

城乡之间的社会保障制度仍然有较大差异是加大城乡收入差距的重要因素。中国要把完善农村基本养老、基本医疗和最低生活保障作为重点，提高农村社会保障水平，平衡城乡间社会保障差异。地方政府虽然在打破本地区城乡社会保障制度界限方面能够起到主导作用，但地区阻隔很难让地方政府在财政资源方面跨区使用。因此打破社会区域阻隔与不平衡需要中央政府统筹协调。对于城乡居民社会保障标准地区差异过大问题也需要中央政府进行适度干预，确保一些低收入人群与老年人的基本社会保障权益得到维护。

第三，充分调动民间力量，推动社会保障模式的创新。

多年来，韩国实施社会保障政策的重要经验是一直把与民间机构的协同与合作当作社会保障制度的重要内容来看待。韩国大力提倡企业背负更多社会责任，与中央政府、地方政府、社区以及家庭共同构建社会保障网络。中国需要在明确政府与民间的社会保障责任的基础上，充分调动民间机构参与社会保障建设，提供各种社会保障公共服务，有效地弥补政府行政机构的部分功能缺失，进一步堵住社会保障制度网络的漏洞，提高居民，尤其是低收入人群和老年人的生活水平。

第四，鼓励社会保障制度的创新，建立完善的中国特色社会保障制度。

韩国的社会保障模式是基于韩国文化传统以及现实经济增长需求发展而来的。中国也要根据中国的发展国情，制定出较为完善的具有中国特色的社会保障制度。长期以来，中国在社会保障领域一直是从上而下的政策推行模式，基层组织缺乏主动性与创新意识。导致这种模式的原因在于中国在社会保障治理方面强调政策控制，而对激励却相对忽视。

然而，社会保障领域很多现实需求必须依靠实践，因此需要加强基层与民间机构的主动性，而中央则需要鼓励地方政府和民间机构的政策创新，提升社会保障制度的创新动力，不断完善和补充社会保障制度的中国模式。

第七章

新冠疫情对东亚新兴经济体的影响及其对策

一　新冠疫情对国际经济与秩序的挑战[①]

自2020年年初新冠疫情大暴发以来，全球范围内215个国家和地区陆续受到疫情不同程度的影响。当前中国疫情防控已经取得重大战略成果，但在全球范围内疫情仍然没有明显好转，全球各国和地区面临史无前例的严峻挑战，曾有60多个国家因疫情严重而宣布进入国家紧急状态。在新冠疫情冲击下，东亚地区的中日韩及东盟等国家陆续采取严格防控措施，并通过联防联控机制来确保东亚生产网络的安全。这次新冠疫情不仅给世界经济造成严重冲击，同时也促使东亚权力格局进一步发生变化，并对东亚区域秩序产生深远影响。

新冠疫情对世界经济带来的影响堪比1929年的全球经济危机和2008年的国际金融危机。此次疫情不仅使全球生产体系遭受严重冲击，以致整个世界经济出现大面积衰退，而且也在一定程度上打破了现有国际力量格局，对整个国际秩序产生深远影响。

第一，世界经济遭受冲击，不平衡发展进一步加剧。受新冠疫情影响，全球多数经济体生产活动被迫中断，世界经济遭到强烈冲击，全球资本金融市场随之发生剧烈动荡，世界各国经济面临前所未有的严峻考验。

---

① 本节部分内容发表在《当代世界》2020年第8期（合作者：沈铭辉），收入本书时进行了补充与修改。

随着新冠疫情的蔓延，许多国家，特别是新兴经济体和发展中国家面临复合型危机，不仅包括公共卫生领域的危机，还涉及国内需求与供给的削减带来的对产业链的冲击、价格动荡、失业增加以及大量国际资本的外逃等困境。为应对日益严峻的疫情，全球很多发展中国家出台了关闭工作场所、停止生产等措施，而这一系列措施直接导致劳动力供应锐减。据世界贸易组织2020年上半年的统计，全球劳动力第一季度的总工作时长环比缩短4.5%，当时预计第二季度总工作时长降幅将扩大到10.5%，这相当于缩减了全球3.05亿全职工人每周48小时的工作时间，该影响已超过2008—2009年金融危机时期。

在疫情影响下，美国证券市场指数和能源价格出现暴跌，尤其是美国股市多次促发熔断机制，宏观经济出现严重动荡。在这一突如其来的"黑天鹅"事件下，各国企业特别是中小企业受到严重冲击，面临巨大资金周转压力，数千万人失去工作。部分中等收入国家和低收入国家政府财政压力上升，低收入家庭被迫大幅减少消费，社会贫富差距进一步拉大。

值得注意的是，新冠疫情对发展中国家带来的问题不单是经济增长率的下降，贫困人口的增长成为更大的威胁。非洲、拉美以及印度等地的贫困问题也将进一步加剧。根据世界银行的统计，新冠疫情或将造成全球多达6000万人陷入"极端贫困"，按照每天5.5美元的贫困标准，这次疫情预计将新增贫困人口1.77亿人，其中大量新增贫困人口集中在东亚和太平洋地区。疫情导致的贫困人口的增长将抵消近年来发展中国家在减贫方面取得的成果。在疫情控制最差的情景下，全球人均收入将下降20%，挣扎在极端贫困线上的人口数量将增至4.34亿人。受疫情冲击较大的发展中国家的经济甚至可能倒退30年，尤其像印度等人口大国，如果疫情持续大规模扩散，感染人数可能会急剧攀升，全球卫生危机将进一步加剧。新冠疫情对非洲国家的经济威胁更为严重。由于非洲部分经济体背负着巨额债务，疫情将使这些国家进一步消耗外汇储备，造成大量失业，工业化建设受到严重打击，对包括妇女和儿童等最脆弱人群造成严重后果。迄今为止，全世界超过100个国家已经申请了国际货币基金组织的援助，国际货币基金组织也采取了增加流动性等一揽子措施。世界银行和其他多边开发银行也向面临流动性约束的发展中国家提供巨额资金，防止这些国家出现更加严重的经济危机。

为了缓解疫情带来的经济冲击，世界主要发达国家和新兴经济体中央银行纷纷采取积极的财政政策和货币政策，如降低贷款利率、减免企业税收、提供优惠信贷资金等方式帮助企业度过资金周转困难。2020 年 3 月疫情蔓延之际，美联储将利率下调至近零水平，并推出了旨在保持信贷流向企业和家庭的紧急贷款工具。美联储还推出了开放式资产购买计划，购买公债和抵押贷款支持证券等资产，以改善市场运作。欧盟宣布设立总额为 250 亿欧元的投资基金用于抗击疫情，并释放其中 75 亿欧元用于失业补偿、援助中小企业。欧洲各主要国家相继推出援助计划，包括保障中小企业资金流动性、减免或延缴税费与社会费用等。中国政府则采取了最严格、最彻底的政策措施，统筹一切政策手段和资源，迅速有效地控制了疫情。同时，中国第一时间分享信息并向国际社会提供援助，为全球疫情防控做出了巨大贡献。中国中央银行还采取多种货币政策手段来缓解疫情带来的冲击，包括：通过降准和中期借贷便利的措施来释放整体流动性，确保了国内金融市场足够的流动性，稳定了股票市场价格；重点支持普惠金融和中小微企业融资，增加企业的信贷供给，降低融资成本；下调金融机构的超额存款准备金利率，推动银行提高资金使用效率，促使商业银行向实体经济、特别是中小微企业注入资金。在做好疫情防控的前提下，中国政府采取的一系列宏观政策推动了国内企业及时复工复产，促进国内经济迅速回升。这次疫情使得全球多数经济体的经济增长变为负增长，比 2008 年国际金融危机造成的损失更大。总之，疫情的暴发使世界变得更加不平衡，特别是发展中国家的发展环境面临更多挑战。

第二，全球化进程遭受重大挫折，国际格局出现诸多不确定性。经济全球化是当代世界经济的重要发展趋势和特征。数十年来，经济全球化促进了生产要素的跨国、跨地区流动，推动了世界各国市场分工与协作以及各经济体的经贸发展，也使得世界经济成为紧密联系的整体。但疫情之下，原本就趋于放缓的全球贸易额遇到更大的挑战。根据世界贸易组织数据显示，在全球疫情暴发前的 2019 年，全球贸易总额同比下降 0.1%，是 2009 年以来的首次下跌，在新冠疫情的影响下，2020 年全球贸易总额进一步大幅萎缩。面对来势汹汹的新冠疫情，世界不少国家停止对外航线，关闭和封锁边境，限制对外人口流动，对本国居民也提出限制开展大规模聚集性活动的要求。全球范围内很多大型跨国公司被迫停止了生产和运营，运输与物流行业也受经济活动停滞影响，水、陆、空货运量大大缩减，企业盈利能力短期内受到巨大压力。

新冠疫情暴发后，货物、人员和资本在全球范围内的流动受到了极大阻碍，全球化进程遭到严重干扰。例如，欧洲国家面对疫情各自为政，甚至有些措施相互排斥，几乎成为分解全球化的力量。① 众多经济体防疫措施不力，导致疫情不断扩散，各国采取的封锁国界等措施又对全球生产体系与供应链格局产生重大影响，不仅扰乱了全球化各构成要素优化配置的运作模式，更进一步强化了一些国家的民粹主义与自我封闭，全球化进程遭遇大动荡和大调整。事实上，世界各国应对疫情的政策影响着未来全球资源配置格局。从全球层面看，此次疫情将引发全球化加速重构，东亚、欧盟与北美三大区域一体化趋势更加明显。与此同时，全球力量平衡被打乱，公共卫生安全保障措施完善的国家必然受到全球资源的青睐，进而能够稳步提升国际地位和声望，这些都使国际格局的演变充满不确定性。

第三，公共卫生等非传统安全议题的重要性提升。疫情的全球蔓延引起了国际社会对非传统安全治理的高度重视。与传统安全相比，非传统安全涉及传染性疾病、经济金融安全、恐怖主义、海盗活动、环境安全、非法移民、贩毒走私和信息安全等多领域。尽管非传统安全威胁表面上不像战争那样具有直接破坏性，但其实际危害程度并不亚于战争。在全球化背景下，非传统安全问题已经构成对世界发展和人类生存的严重威胁。此次新冠疫情涉及人口数量占世界人口总量的比例约为 85%，影响到的经济体的国内生产总值（GDP）和国际贸易额分别占全球 GDP 和全球国际贸易比例均超过 96%②。新冠疫情成为第二次世界大战结束以来全球经济体系面临的最大系统性威胁。在全球治理面临严重赤字的背景下，此次新冠疫情和此前的埃博拉病毒疫情、中东呼吸综合征疫情等，

---

① 李海东：《疫情如何深刻影响国际关系格局》，《人民论坛》2020 年第 11 期。

② 卢锋：《迟来的警报与逼近的风险：新冠全球流行的经济冲击》，2020 年 3 月 16 日，搜狐网，https：//www. sohu. com/a/381440636_330810。

越来越凸显传染病等公共卫生事件日益成为一个严重的全球性问题，防治传染病等越来越需要国际社会的共同协作。在后疫情时代，公共卫生等非传统安全议题在全球治理中的重要性将进一步提升。

第四，疫情暴露出国际组织协调不足等全球治理中的诸多问题。全球治理体系是第二次世界大战结束以后国际秩序发展进入 21 世纪的标志性特点，其依附于国际机制的产生和发展。此次新冠疫情不仅严重干扰国际正常的经贸活动，同时也给全球治理体系带来严重冲击。疫情暴发初期，各国面临疫情扩散及其导致的经济衰退困境。疫情防控本应需要国际组织以及全球各国共同应对，但亟须的国际合作却迟迟未能出现。联合国、二十国集团等当前全球治理的主要载体不同程度地暴露出短板和缺陷。因美国退出和大国竞争，世界卫生组织作为专业性国际机构更是难以完全发挥作用。新冠疫情虽然不会立即改变国际组织或治理机制运作分配格局，但已经动摇了各国对于开展国际合作、相互提供公共产品的信心，不可避免地会带来全球治理方面的大调整。当前，全球性问题只增不减，全球治理合作也不会消失或停止，但依靠大国提供公共产品的模式已难以持续，下一阶段以何种形式呈现将是各国共同面临的课题。

第五，西方国家将推动以“再工业化”为主要特征的世界经济再平衡战略。第二次世界大战结束后，西方发达国家逐渐将本国低端产业链转移至发展中国家，自身则专注于技术研发与创新等高附加值产业，打造了高度依赖国际分工体系的经济发展模式。[①] 在这一过程中，凭借在基础设施以及熟练廉价劳动力方面的优势，中国成功地承接了发达国家的转移产业，并在国际分工体系中发展成为全球制造业的中心。然而，伴随着西方发达国家国内收入分配极化，特别是疫情暴发后原有的经济发展模式越发暴露供应链断裂的风险，西方发达国家正在深刻审视其供应链的脆弱性，重新评估高度依赖“中国制造”的问题，尤其强调要在事关国计民生、国家安全等重要领域做出相应调整。在后疫情时代，西方发达国家势必会推动部分产业链回流，并实施以“再工业化”为主要特

① 刘延辉：《新冠疫情影响下欧美经济政策走向的几点思考》，2020 年 3 月 21 日，经济观察网，http：//m. eeo. com. cn/2020/0321/378967. shtml。

征的世界经济再平衡战略。这些重大战略调整可能会导致部分产业“逆全球化”趋势更加明显，使得发展中国家和新兴经济体利用出口导向战略中所蕴含的“出口中学习”“学习曲线”“技术转移溢出”等效应受到严重影响。①

二 新冠疫情对东亚区域经济与秩序的冲击②

（一）新冠疫情对东亚区域生产网络的冲击

在全球蔓延的新冠疫情给全球经济带来重大影响。在疫情不断蔓延的背景下，东亚生产网络也正在经历前所未有的考验。把握新冠疫情对东亚生产网络的传导机制与影响，不仅有助于维护东亚区域供应链安全，也有利于研究制定东亚地区各经济体共同应对方案，降低疫情带来的冲击。

1. 疫情暴发前的东亚生产网络格局

东亚生产网络与美国与墨西哥之间的北美区域生产网络、德国与东欧国家之间的中东欧区域生产网络一同被认为是全球最重要的三大区域性国际生产网络。东亚生产网络的形成始于20世纪90年代。随着经济全球化的蓬勃发展，东亚经济体之间的经济依赖程度不断加深，逐步形成遵循产品在价值链上不同生产环节展开的地区性分工，并通过产业内贸易和产品内贸易形成多层次、网络状的新型区域生产体系。东亚生产网络使东亚经济体抓住国际产业链分工的关键发展机遇，实现了区域经济体之间分工格局的重塑，对东亚区域地缘经济利益、地缘政治利益和对外安全产生深远意义。特别是，中国经济地位的提升与国际分工体系上的作用极大地拓展了东亚制造业发展空间，不断推动东亚生产体系的发展。

第一，东亚区域产业链表现出较强的完整性和不可分割性。东亚区

① 张莱楠：《后疫情时代的全球科技变局：博弈与对策》，2020年4月22日，华夏时报网，https://www.chinatimes.net.cn/article/96209.html。

② 本节部分内容发表在《江西社会科学》2020年第7期（合作者：沈铭辉），收入本书时进行了补充与修改。

域对区域内部市场的依赖程度要大于对外部市场的依赖程度，而且这种依赖在不断增强，东亚经济体凭借自身要素比较优势使中间品和零部件贸易在区域内贸易中的比例不断上升①。尽管大多数东亚经济体仍然需要对欧美国家在前后向关联中形成的“上游依赖”，但无论从东亚地区整体而言，还是从东亚单个经济体而言，东亚区域的“外部依赖”呈降低趋势。东亚生产网络的完整性和不可分割性一方面提升了东亚生产体系在全球经济中的地位，但另一方面也造成对疫情的脆弱性。在经济全球化时代形成的这种“一体式”的跨国产业链之下，无论哪一个环节出现断供，通过上下游传导，产业链上的其他环节最终都将无一幸免，尽管各个环节受冲击的速度和程度可能存在差异②。

第二，东亚经济体基于产业价值链具有较高的经济同步性。东亚产业内贸易通过生产分割或外包等方式提高了经济周期的同步性③。东亚经济体之间垂直专业化程度较高，最终商品的需求变化更容易使这些经济体产生同方向的生产和贸易变化，外部经济冲击更容易使这些经济体形成协同效应，而这种协同效应提高了东亚经济体的经济周期同步性。东亚经济体之间的贸易品种的增加和产业内贸易程度的提高也不断强化了东亚经济周期的同步性④。此外，经济体在分工体系中形成的即时生产体系也是增加东亚经济体周期同步性的重要原因。一般而言，一个经济体的物流绩效指数与生产体系的效率密切相关，越高的物流绩效指数代表更高的区域生产网络发展程度和更高效率的生产体系。十多年来，东亚多数经济体的物流绩效得到明显提升，一方面提升了区域生产体系的交易效率，另一方面增强了东亚区域经济体的经济增长同步性。根据世界银行的数据，2018 年东亚主要经济体的物流绩效相较 2010 年都有明显提

---

① Fukunari Kimura and Mitsuyo Ando, “Fragmentation and agglomeration matter: Japanese multinationals in Latin America and East Asia”, *North American Journal of Economics and Finance*, No. 14, 2003.

② 罗仪馥：《疫情冲击之下，跨国产业链面临重构压力》，2020 年 4 月 8 日，凤凰网，http://ishare.ifeng.com/c/s/7vVArydqpfz。

③ 成新轩：《东亚区域产业价值链的重塑——基于中国产业战略地位的调整》，《当代亚太》2019 年第 3 期。

④ 刘恩专、刘立军：《东亚经济周期协动性的贸易传导——贸易三元边际视角的一个实证》，《国际贸易问题》2014 年第 3 期。

升，如中国从第 30 位上升至第 26 位，印度尼西亚从第 49 位上升至第 46 位，老挝从第 117 位上升至第 82 位，缅甸从第 147 位上升至第 137 位，菲律宾从第 65 位上升至第 60 位，越南从第 53 位上升至第 39 位。较高的区域经济周期同步性导致面对新冠疫情等外部冲击时，东亚区域生产网络可能面临一系列连锁反应，生产网络中的每个经济体都无法幸免。

第三，中日韩三国在东亚生产网络的多数产业中扮演着共同枢纽角色。过去由日韩提供中间产品，在中国市场组装加工成最终产品出口世界各地，已经成为东亚区域三角贸易的突出特征。三国共同构建互利共赢的区域产业链、创新链、物流链，既是东亚生产网络的亮点，也是全球产业链中的最具活力的组合①。特别是，随着“一带一路”建设的推进，中国制造业附加值大幅提升，与东亚经济体的区域内部的后向关联度有不同程度的上升。日本与韩国在东亚区域生产网络中长期占据上游，而中国作为东亚区域的上游供给者的角色不断增强，三国成为东亚区域生产网络的共同枢纽。因此，疫情暴发的背景下，中日韩三国政府的宏观政策协调与全方位产业合作的战略性和全局性凸显。

2. 新冠疫情对东亚生产网络的冲击

新冠疫情暴发后，给东亚及全球经济造成全方位和严重的冲击。在疫情的影响下，中日韩三国的汽车、电子、钢铁、化工等领域企业不得不宣布停工，三国企业位于泰国、马来西亚等东南亚地区的工厂以及相关下游企业也宣布暂时关停。在疫情的冲击下，中国采购经理人指数从 2020 年 1 月的 53.0 下降至 2 月的 28.9，日本从 47.0 下降至 36.2，韩国制造业 PMI 也跌至 50 水平以下。而东亚其他经济体的经济影响更多地出现在 3 月。东亚许多经济体的制造业产出出现前所未有的急剧下降，中国台湾和韩国的产出下降分别是自 2009 年 12 月和 2009 年 1 月以来的最大幅度，而新加坡、越南、缅甸和菲律宾的 PMI 产出指数也处于较低点。

对于东亚生产网络来说，本次新冠疫情的经济影响可以从供给侧、需求侧、供应链和金融领域等几个方面进行分析。第一，新冠疫情形成

① 姜跃春：《中日韩合作的新机遇》，《东北亚学刊》2020 年第 2 期。

供给侧冲击直接影响东亚区域的实体经济。新冠疫情影响东亚区域网络的不同路径中，从供给侧传导的冲击对东亚区域制造业的负面影响最为直接。与从房地产领域最先暴发，并最后再通过金融领域传导至实体经济的2008年次贷危机不同[①]，新冠疫情的冲击直接作用于供给侧。疫情暴发后，为了避免大面积传染，企业按照政府指导意见暂时中止生产，大量生产线工人和管理人员不得不暂别各自工作岗位，导致各产业投入劳动力不足，生产产量显著下降。制造业方面，由于生产恢复日期不断推后以及原材料供给不足等原因，纺织、服装、家具、造纸等劳动密集型产业受到较大冲击。受消费产业的传导影响，食品制造、酒水饮料制造也受到影响。

第二，新冠疫情从消费、投资与进出口方面影响总需求。

新冠疫情暴发后，东亚区域生产网络的消费、投资和进出口均面临不同程度的负面冲击，其中受冲击最大的是消费，而投资和进出口在宏观政策的影响下抵消部分冲击。消费方面，因受居家隔离、交通管制等因素影响，旅游、餐饮住宿、交通运输、教育培训等服务消费受影响较大。根据中国国家统计局数据，2020年一季度中国社会消费品零售总额同比下降19.0%，达到7.86万亿元。虽然互联网购物一定程度上能够弥补整体消费的低迷，但无法完全替代线下消费。住宿、餐饮等消费也难以在疫情过后获得等量补充。疫情影响下，医疗卫生相关服务需求出现大幅增长，增加对医药品和医疗设备与医疗服务的消费。

在投资方面，资金流动不畅对东亚地区企业生产活动影响很大，房地产、基础设施建设等陷入停滞，同时由于投资品供应难以保障，企业设备购买与更新、存货投资等投资活动也受到影响。市场需求大幅下降的情况下，中小型企业面临资金周转困难，对于资金链原本就紧张的中小企业而言面临更多风险。中小企业资金链脆弱，新冠疫情使供应链上下游需求变得不再稳定，导致运营产能出现变数，现金收入急剧下降。中小企业的资金链依赖生产周期的稳定，一旦生产周期被打乱，很可能造成资金链断裂。若疫情引发对未来增长的负面预期，那么投资期望收

---

① 盛斌：《COVID－19对全球价值链的冲击及政策启示》，《国际经济评论》2020年第2期。

益率将会降低，企业不得不调整投资计划，被迫降低投资。在进出口方面，由于国内外生产与消费受到影响，东亚市场进出口需求相应下降。东亚企业在延迟开工或产能利用率不足的情况下使大量出口订单延期而违约，引发部分出口订单退单或转移至东亚区域外。

第三，新冠疫情通过供应链传导形成二次冲击。通过供应链传导的冲击不同于供给端直接冲击，而是一种二次冲击。上游企业原材料供应受到限制时，将通过供应链条逐步传导至下游。同时，下游企业的生产直销也使得冲击逆流而上影响上游企业生产。由于中日韩在东亚区域供应链中的重要地位，中日韩受到的产出影响随即通过供应链传导至东亚其他区域。

图 7－1 显示了全球纺织品产业的供应链枢纽情况①。气泡的大小反映了所考虑贸易流量中经济体的大小，连接箭头的粗细表明了特定双边贸易的相对重要性。为了更加清楚地表现贸易关系，将小流量清零。从图中可以看出，中国大陆处在全球纺织品领域生产与贸易的核心位置，其纺织品生产和贸易将很容易通过供应链传导至其他国家和地区。在东亚区域生产网络中，韩国、日本、中国台湾、印度尼西亚等国家和地区是仅次于中国大陆的重要纺织品生产方。另外，全球供应链分析也表明各区域最重要的生产基地，如意大利是欧洲纺织品的制造工厂，而美国处于北美地区纺织品供应链的核心位置。由于印度、越南等主要的纺织品服装出口国高度依赖中国的生产材料供应，2020 年 2 月，在中国纺织工厂全面停工的情况下，东亚地区的服装加工制造都面临材料短缺，无法按原进度生产的困局。3 月开始，在中国境内的疫情得到有效控制，产能逐渐恢复的同时，新冠疫情却在世界其他地区迅速蔓延。

图 7－2 则反映了信息通信技术产品领域供应链结构。在信息通信技术领域，我们看到了中国大陆的中心地位，但也有一些细微差别。首先，在信息通信技术产品方面，中日韩三国构成了东亚生产网络的共同枢纽。作为东亚区域制造业枢纽，中日韩三国对美国的出口占美国总进口额的

---

① WTO，"Global Value Chain Development Report 2019：Technological Innovation，Supply Chain Trade，And Workers in A Globalized World"，Geneva：WTO，2020.

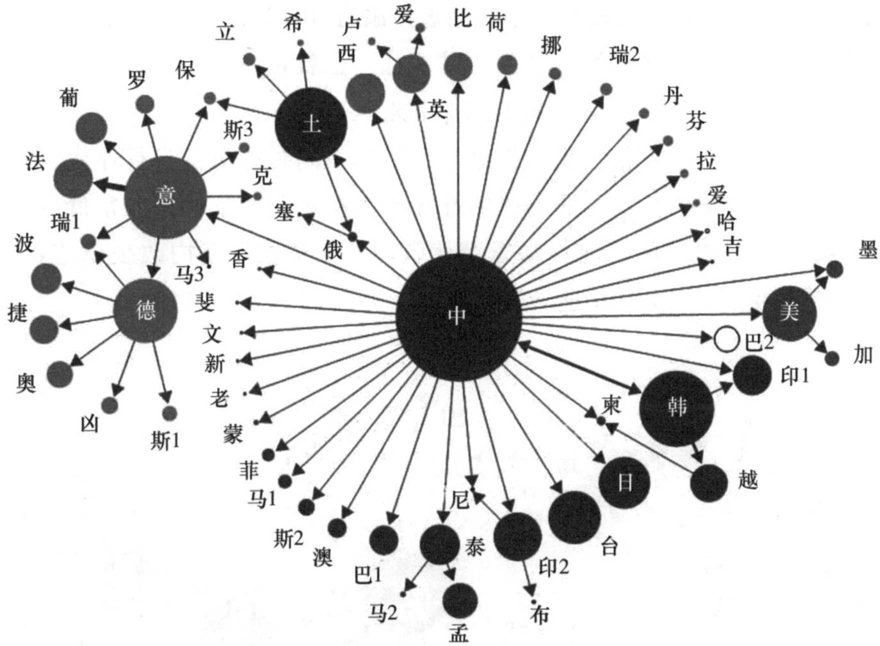

图7－1　纺织品领域全球供应链格局

资料来源："Global Value Chain Development Report 2019：Technological Innovation，SupplyChain Trade，And Workers in A Globalized World"，WTO，p. 28.

说明：图7－1中"中"代表中国大陆，"土"代表土耳其，"意"代表意大利，"德"代表德国，"美"代表美国，"韩"代表韩国，"日"代表日本，"台"代表中国台湾，"印2"代表印度，"西"代表西班牙，"卢"代表卢森堡，"英"代表英国，"爱"代表爱尔兰，"比"代表比利时，"荷"代表荷兰，"挪"代表挪威，"瑞2"代表瑞典，"丹"代表丹麦，"芬"代表芬兰，"拉"代表拉脱维亚，"爱"代表爱沙尼亚，"哈"代表哈萨克斯坦，"吉"代表吉尔吉斯斯坦，"墨"代表墨西哥，"加"代表加拿大，"巴2"代表巴西，"印1"代表印度尼西亚，"越"代表越南，"柬"代表柬埔寨，"布"代表布丹，"尼"代表尼泊尔，"泰"代表泰国，"孟"代表孟加拉国，"马2"代表马尔代夫，"巴1"代表巴基斯坦，"澳"代表澳大利亚，"斯2"代表斯里兰卡，"马1"代表马来西亚，"菲"代表菲律宾，"蒙"代表蒙古国，"老"代表老挝，"新"代表新加坡，"文"代表文莱，"斐"代表斐济，"香"代表中国香港，"俄"代表俄罗斯，"塞"代表塞浦路斯，"希"代表希腊，"立"代表立陶宛，"斯3"代表斯洛文尼亚，"保"代表保加利亚，"克"代表克罗地亚，"罗"代表罗马，"葡"代表葡萄牙，"法"代表法国，"瑞1"代表瑞士，"马3"代表马耳他，"波"代表波兰，"捷"代表捷克，"奥"代表奥地利，"匈"代表匈牙利，"斯1"代表斯洛伐克

25% 以上，占美国计算机和电子产品进口额的 50% 以上[①]。其次，信息通信技术中的供应链区域性特征强于纺织品。也就是说，东亚区域纺织品的供应中断更容易波及世界其他国家和地区的纺织品生产。最后，不同行业受到冲击影响不仅受供应链结构的影响，同时也与自身行业生产特点有关。信息通信技术行业的脆弱性在于生产企业通常保持非常低的库存水平，而且许多电子元件缺乏替代资源，无法在短期内改变供应链，因此受到冲击之时无法快速转移供应链。

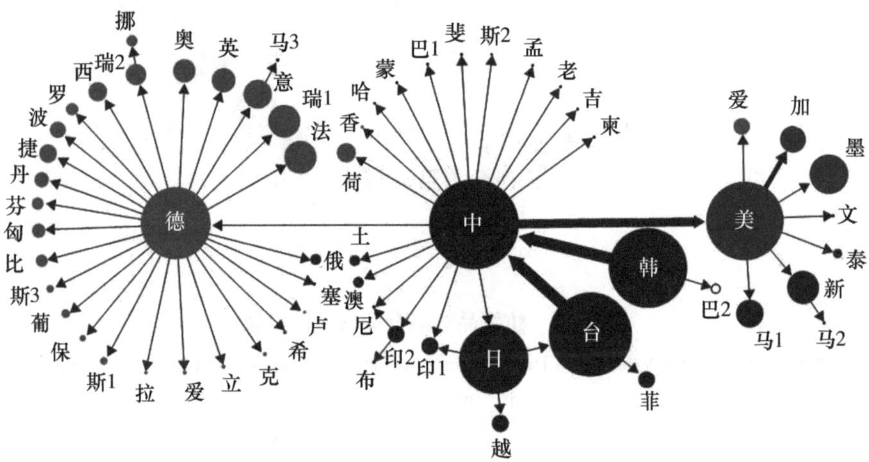

图 7－2　信息通信技术产品领域全球供应链格局

"Global Value Chain Development Report 2019: Technological Innovation, Supply Chain Trade, And Workers in A Globalized World", WTO, p. 27.

说明：简称同图 7－1。

作为东亚重要制造业领域之一，汽车制造业也是因国际供应链破裂而受到严重影响的领域。在汽车制造业领域，韩国现代汽车从中国大规模采购的汽车零部件出现断供，该公司将暂停其在韩国的生产。受此影响，2020 年 2 月韩国汽车总产量与出口量同比下降约 26.4% 和 16.6%，而这发生在韩国暴发大规模疫情之前。到 4 月，中国大规模复工复产的

---

① Richard Baldwin and Beatrice Weder di Mauro, *Economics in the Time of COVID－19*, London: CEPR Press, 2020.

情况下，韩国、日本以及东亚其他区域发生的疫情重新影响中国汽车工厂的生产，这对跨国产业链的运转与维系无疑又是一大重击。

第四，新冠疫情阻断了正常资本流动，导致金融市场发生动荡。面对新冠疫情的冲击，金融市场非常敏感和脆弱，而且传导速度也非常快。即使新冠疫情没有真实传导到实体经济，或者对实体经济没有太大影响，仅仅是预期就可以影响到金融市场。疫情防控与金融市场的稳定存在“悖论”，适度的“恐慌”有助于提高居民的防控意识，但这却将加重对金融市场的冲击。因此，一些国家的疫情并没有达到极为严重的情况下，仍然出现金融市场的动荡。另外，部分国家的政府应对疫情的措施不够及时，这降低了投资者的风险偏好，导致他们集体抛售风险资产、追逐避险资产。美国道琼斯股市在10余天内4次触发熔断机制后，东亚地区的菲律宾、泰国、韩国、印度尼西亚等国股市也纷纷熔断，可见疫情对金融市场的影响程度。受到疫情影响，新兴经济体的大量资本外逃，其外逃规模达到1000亿美元，造成有史以来新兴经济体最严峻的资本外流，对这些经济体的金融市场稳定造成重要影响。

（二）新冠疫情对东亚区域秩序的冲击

新冠疫情来势汹汹，但东亚国家相对较早地采取了针对性的防控措施，较好地控制住了国内疫情，并且在确保安全的情况下开始复工复产。值得注意的是，东亚各国应对新冠疫情的政策将直接影响其在当下与未来全球资源再配置格局中的地位。因此，在后疫情时代，东亚国家综合实力将出现明显变化，东亚区域秩序也将得到相应调整。

第一，实力对比对现有体系产生冲击，促使东亚区域权力结构发生变化。在新冠疫情的冲击下，东亚各国政府都采取各种紧急措施应对这场危机，在此过程中不同的应对方式对国家间综合实力对比产生重要影响。中国、日本和韩国等经济体最先受到疫情影响，但迅速采取防控措施，较早地着手复工复产，应对疫情表现较好。面对这次疫情，相比西方国家，东亚国家抗疫情况较好，东亚国家个体以及东亚地区整体实力均将出现明显提升。在后疫情时代，东亚区域经济体综合实力变化将对现有东亚区域体系产生冲击，推动东亚区域格局的重塑，促使东亚区域权力结构发生调整和变化，特别是将对美国作为域外重要影响因素的东亚权力格局产生重大影响。后疫情时代，美国国家实力的相对衰落意味着其将更多地关注国内事务，减少国际安全公共产品的供应。美国在组织国际合作和冲突管理等方面的国际领导力也将随之衰减，其在东亚地区的影响力将进一步下降。东亚地区中日韩及东盟部分国家综合实力的相对提升将进一步促进东亚区域权力格局从单极向多极发展。

第二，疫情影响下东亚国家之间的博弈加剧。美国在地理上不属于东亚，但从权力分配、历史、文化，特别是为广大东亚国家提供出口市场等因素考虑，其长期插手东亚地区事务，被东亚地区国家视为在该地区占有重要利益的“常驻强权”，对东亚权力格局产生重大影响。这次新冠疫情暴发以后，中美两国本应开展政策协调与合作，及时共享医疗信息、交换流行病学和临床数据、合作研发疫苗，确保重要商品和服务的正常跨境流动、努力解决全球供应链中断等问题。然而，美国特朗普政府为了转移国内矛盾，不断制造分歧和对立，并将这些对立扩散到社会、文化等其他领域。即便在疫情最严重的时候，美国挑起的大国竞争也有增无减，并以政治化、污名化的形式延伸至公共卫生领域。美国在全球抗疫中顽固坚持“美国优先”的单边逻辑和举措，甚至利用“溯源”“追责”“索赔”等政治化、污名化手段不断诋毁中国，并且凭借自身的影响力迫使东亚国家在中美两国之间选边站队，导致东亚国家不适感增加。美国不断对外呼吁要重建产业链、维护国内产业链安全的政策，使中美产业面临“脱钩”风险。当前东亚国家与中国产业链合作紧密，并且东亚各国多年来凭借中国的世界制造基地不断巩固和壮大东亚生产网络，并不情愿任由美国强权意志所左右。疫情之下，中美博弈加剧，使东亚国家关系与区域局势变得更加错综复杂。

与中美关系相比，中日及中韩在抗击疫情、克服各种障碍的过程中，双边关系并没有出现下滑，而是保持了稳定。这次疫情对中日两国经贸合作特别是加工贸易带来了一定冲击。为了更加有效地防控疫情，中日两国政府积极商讨对策，两国民间团体也互相给予援助，拉近了中日两国人民的感情，为中日经贸合作营造了良好的环境。此外，作为相邻国家，中韩相互施以援手体现了人类命运共同体的精神，为全球抗击疫情树立了良好典范。但是，中日和中韩之间仍然存在一些困难和挑战。随着美国政府将中美竞争从经贸领域扩大至意识形态领域，日本也逐渐表露出“依美制华”的政策趋向，积极与美国推动构建排他性的供应链网络，谋求与美国建立将中国排除在外的国际规则与标准。这种做法给中日关系带来诸多不确定性。中韩关系方面，自 2022 年尹锡悦当选韩国总统后，迅速拉近与美国的关系，不断对外宣扬价值观外交，使得东亚地缘格局变得更加复杂。

第三，疫情进一步推动东亚区域治理中的制度建设。新冠疫情暴发后，尽快控制疫情蔓延、尽早恢复企业生产和经营成为东亚各经济体的共同目标。在中国疫情暴发初期急需医疗物资时，韩国、日本以及东盟多国及时向中国援助医疗器械和防护用品；当中国国内疫情基本得到控制后，中国也向东亚各经济体提供了必要的医疗物资，并及时分享病毒传播特点与抗疫经验。疫情期间东亚各经济体的协商与合作，为东亚区域治理中的制度建设带来新的机遇。2020 年 2 月，中国—东盟关于新冠疫情问题特别外长会举行。4 月 14 日，东盟与中日韩（10 +3）举办了抗击新冠疫情领导人特别会议。在会议中，东盟与中日韩等国家认识到“10 +3”合作为东亚和平、安全与繁荣发挥了重要作用，同时充分肯定了“10 +3”和中日韩卫生合作平台自疫情暴发之初即采取的积极措施，并表示要在“10 +3”机制下确保粮食安全，保持物流网络顺畅和持续运作，增强东亚地区供应链韧性和可持续性。6 月 4 日，东盟—中日韩经贸部长特别会议在东盟轮值主席国越南主持下以在线会议的形式举行。会议通过了《东盟与中日韩（10 +3）经贸部长关于缓解新冠疫情对经济影响的联合声明》，重申“10 +3”国家齐心协力、团结应对疫情挑战的坚定信心，表明各方稳步提升产业链供应链水平，凸显应对疫情和后疫情时代经贸合作的重要性。在此次应对新冠疫情过程中，东亚国家采取了以实践推动制度建设的过程导向型路径。作为经验层面的制度性实践，东亚国家采取了发展导向、循序渐进、多层互动和平等包容的方式，对未来东亚区域合作机制的深化和完善具有重要的示范效应。[①]

---

① 郭剑峰：《新冠疫情下的东亚区域合作机制建设》，2020 年 5 月 12 日，搜狐网，https://www.sohu.com/a/394569881_777705。

三 后疫情时代的新兴经济体合作

（一）新冠疫情下中国与新兴经济体合作情况

新冠疫情凸显中国与新兴经济体之间贸易的重要地位。2020 年前 5 个月，中国对外贸易伙伴情况也出现较大幅度的变化。特别是，中国与亚洲国家之间的贸易比重明显上升。美国、欧洲等地区因疫情以及其他因素的影响，对华贸易出现较大幅度下降。中国与欧盟的贸易额达到 1.6 万亿元，同比下降 4.4%，中美双边贸易额则达到 1.29 万亿元，同比下降 9.8%。但是中国与东盟国家之间的贸易额同比上升 4.2%，占中国对外贸易总值的比重上升至 14.7%，一跃成为中国最大的贸易伙伴。从具体国别来看，越南、泰国、马来西亚等国家与中国的贸易出现不同程度增长。2020 年 1—5 月，中国与越南双边货物进出口额为 4516 亿元，同比增长 16.7%。其中，中国对越南出口商品总值为 2687.8 亿元，中国自越南进口商品总值为 1828.6 亿元。2020 年 1—5 月，中国与泰国双边货物进出口额达到 2597 亿元，同比增长 8.1%，中国与马来西亚双边货物进出口额则达到 3210 亿元，同比增长 0.9%。事实上，中国和东盟在经贸领域签订多份协定，为双方贸易快速增长提供了制度红利。中国—东盟自由贸易区是中国对外谈判的第一个也是最大的自由贸易区。2019 年 10 月，作为中国—东盟自由贸易区升级谈判成果文件，《中国—东盟自由贸易区升级议定书》全面生效。在中国—东盟自由贸易区框架内，中国和东盟 90% 以上的商品实现了零关税，该协定为中国与东盟国家贸易提供了重要制度保障。

中国与亚洲其他主要贸易对象国的进出口情况也好于全球对外贸易的平均水平。日本、韩国市场需求恢复相对较快，中国对日韩两国出口均实现大幅增长。另外，值得关注的是，2020 年 1—5 月，中国企业在“一带一路”沿线对 54 个国家非金融类直接投资达到 458.4 亿元人民币，同比增长 20.4%。对外承包工程方面，中国企业在“一带一路”沿线的 63 个国家新签对外承包工程项目合同 1846 份，新签合同额 3298.3 亿元人民币，占同期中国对外承包工程新签合同额的 54.8%，同比增长 3.9%。

很多亚洲经济体努力与新冠肺炎作斗争的同时，还要应对严重的经济冲击，其中一些国家商品出口下降，产业链条被打断，旅游业面临危机，资本大规模外流，外汇汇入严重减少。但是亚洲经济体表现出较强韧性，庞大的消费市场和快速增长的中产阶层成为支撑国家经济的重要因素，国际收支平衡和财政状况也得到不断改善。亚洲地区的市场需求和产业生产为区域乃至全球经济复苏做出了重要贡献。

（二）新冠疫情下亚洲区域合作机制的进展

回顾过去数十年，全球经济的快速增长很大程度上归功于区域经济一体化趋势的发展。特别是，亚洲国家在区域经济一体化进程中，不仅壮大了区域产业生产能力，提高了亚洲国家企业的国际竞争力，同时也推动了亚洲区域稳定与发展。当前，全球范围内已经形成了比较稳定的贸易产业链区域：欧洲、亚洲和北美，其中尤以亚洲的发展速度最快。2008 年国际金融危机后，亚洲科技产品占所有出口产品的比重迅速扩大，成为全球最重要的制造业基地以及中间品贸易中心。尽管当前国际上出现逆全球化声音，亚洲各国都须更加努力维护亚洲区域贸易秩序，通过进一步的投资与贸易便利化，推动亚洲区域经济合作与交流。虽然新冠疫情对贸易谈判工作造成了一定的影响，但亚洲区域各国最终签署了区域全面伙伴关系协定（RCEP）。

作为以东盟为中心的一个高质量、互惠的区域贸易协定，RCEP 经过多年的艰辛谈判修成正果。当前，东盟、中国、日本、韩国、澳大利亚和新西兰等 15 个成员国完成协议的签署工作。尽管印度因担心过快的市场开放给自身经济带来冲击而暂缓加入协定，但是当前的 RCEP 成员已经涵盖 30% 的全球人口，其经济规模占全球经济比重达到 29%，形成成员结构多元的巨型自由贸易协定。统合亚洲区域贸易架构的 RCEP，作为全球最具潜力的区域贸易协定，将进一步整合亚洲区域生产性资源，促使亚洲形成庞大的生产网络，极大地推动区域经济一体化进程，对全球范围内的双边与多边合作产生积极示范效应。

整体上看，RCEP 与现有亚洲其他自由贸易协定相比，在贸易与投资自由化水平方面采取了较高的标准，有望成为亚洲区域最重要的自由贸易协定。RCEP 协议最大限度兼顾各成员国的诉求，既包括了知识产权、政府采购、电子商务、竞争政策等新一代贸易规则议题，以满足发达国家对高标准的关切，又规定了 90% 以上适中的整体开放水平和经济技术合作的落实安排，以兼顾发展中国家的实际需求。

在服务贸易方面，RCEP 实行较高质量的金融和电信等领域规则，推动相关行业市场开放。特别是在金融领域，RCEP 强化对金融服务的供应规则，推动 RCEP 地区的金融投资业务，同时确保各成员国拥有足够的政策和监管灵活性，以维护区域及成员国金融系统的稳定。RCEP 还对投资、竞争政策、知识产权、政府采购、电子商务等领域的内容进行了规范。例如，在投资领域，RCEP 对成员国投资者采取非歧视性原则，并对投资者的核心投资进行保护。RCEP 要求当东道国不得不没收投资时，以公平和公正待遇向投资方支付相应赔偿；同时，RCEP 也要求东道国向投资者赔偿因冲突和内乱造成的损失，并规定投资者拥有自由转移投资有关的资本权利。RCEP 也保留成员国在特别敏感的领域进行监管的权利，保留其为国家利益筛选投资的权利。RCEP 成员国还将保留当前的政策目标灵活性，以实现包括公共卫生安全在内的公共福利目标。在电子商务方面，RCEP 为成员国企业跨境传输数据制定规则，并禁止政府对此施加各种限制，同时允许要求企业对数据进行本地化或存储。

伴随着 RCEP 的不断发展，亚洲合作整体进程加速将对本地区抵御疫情负面影响产生重大意义。随着 RCEP 的顺利生效，不仅能够顺应各国家和地区急于恢复经济的期待，而且能够提振市场信心，有助于提升亚洲国家抵抗逆全球化与抵抗全球经济衰退的能力，进一步提升亚洲地区生产活力，对亚洲地区经济实现迅速、强有力复苏具有重要意义。除此之外，多个东亚合作机制如东盟—中日韩合作机制、中国—东盟自由贸易协定、中日韩自由贸易谈判等，都需要得到更大的关注。传统上危机推动型的东亚合作，是从 1997 年亚洲金融危机爆发后才开始崭露头角的。伴随着此次疫情的发生，东亚各经济体再次团结起来，有望推动亚洲区域经济一体化向更深层次发展。

（三）后疫情时代新兴经济体合作展望

新冠疫情先后对作为全球经济中心和产业链枢纽的东亚、欧盟和北美地区造成严重冲击，且影响仍在持续。在后疫情时代，东亚国家应继续加强经贸合作，维护东亚生产体系与生产网络，共同为全球及东亚区域经济繁荣做出贡献。

第一，区域新兴经济体应进一步加强政治互信，降低外部因素对区域合作的干扰。

在全球经济增速放缓、逆全球化和民粹主义思潮抬头的背景下，新冠疫情大幅提高了全球经济陷入严重衰退的可能性，尤其是经济全球化进程倒退可能会造成东亚产业链出现断裂，并给东亚经济体带来无法挽回的损失。在来势汹汹的疫情面前，中日韩以及东盟等东亚经济体已经成为名副其实的“命运共同体”，而此时也是东亚经济体摒弃前嫌、携手应对、全面修复和改善关系的最佳时机。尤其是新冠疫情暴发后，国际力量对比深刻变动，国际体系和国际秩序深度调整，大国关系的竞争性更加凸显。后疫情时代，东亚国家有必要进一步增强政治互信和互动，本着平等互信、相互尊重的原则，继续巩固和发展东亚区域双边及多边关系，深化在东亚区域事务中的合作，努力取得更多积极成果。东亚各国需要降低外部因素对区域合作的干扰，基于各自经济社会利益的内生性需求，携手并肩，同舟共济，共同推动合作与互利共赢，实现东亚地区经济增长、社会稳定与繁荣。

第二，加强东亚区域应急卫生合作，建立高水平的公共卫生合作机制。

后疫情时代，东亚经济体有必要在本地区建立高水平的疫情防控协调机制，对东亚区域公共卫生应急事件做出及时的反应，提高突发公共卫生事件响应速度，共同维护区域生产供应体系。通过东亚疫情防控协调机制，东亚经济体共同促进区域内产业链、供应链畅通，推动东亚地区尽快恢复经济增长。东亚各经济体有必要加强各国卫生、海关、交通、移民等部门之间的协调配合，就疫情信息、防控措施、出入境人员管理等进行密切沟通，形成防控合力，遏制疫情蔓延。同时，加强流行病学科研合作，共享科研数据和信息，积极开展药物、疫苗等研发合作，有效防止疫情跨境传播。

东亚各经济体应当就医疗物资的生产、需求和供给保持协调，为企业采购相互提供便利。东亚各经济体有必要共同设立抗击疫情特别基金，通过中国—东盟合作基金和“10+3”合作基金等渠道提供必要支持，使其发挥更大作用。充分发挥国际组织的作用，在世界卫生组织支持下加强信息沟通、政策协调、行动配合，共同维护好地区和全球的公共卫生安全。

第三，加强东亚区域宏观政策的协调。

在新冠疫情全球蔓延的情况下，东亚的产业链和供应链受到巨大冲击。东亚区域以及全球各国需要在宏观政策上进行密切协作，共同降低疫情对区域经济造成的负面影响。2020 年 2 月以来，东盟与中日韩等国家多次通过电视电话以及视频会议商讨共同应对之策，并于 4 月 14 日发表《东盟与中日韩抗击新冠疫情领导人特别会议联合声明》。该声明体现了东亚国家共担风雨、共克时艰的决心和意愿。声明中的一系列共识不仅着眼于当前，也为疫后合作指明了方向，对恢复地区经济活力、推动区域一体化加速发展具有重要积极意义。在宏观政策协调上，东亚经济体政府可以共同向市场发出信号，协调一致地采取包括宏观刺激政策在内的适当和必要措施。强有力的多边合作对于克服疫情影响至关重要，包括帮助面临卫生与融资双重冲击的一些经济体克服资金约束，以及向医疗体系薄弱的经济体提供援助。警惕可能影响地区金融稳定的潜在风险，密切区域金融合作，加强政策协调，密切监控本地区经济金融情况，及时进行风险评估，并协商研究应对方案。

第四，中日韩密切协作维护制造业供应链安全和稳定，加快推进中日韩自由贸易协定谈判。

中日韩作为东亚生产网络的共同枢纽，有必要加强中日韩战略性产业合作。如前所述，中日韩三国在制造业领域的垂直专业化程度较高，从原材料和零部件到中间品的生产与供应关系紧密，外部经济冲击更容易使这些经济体形成协同效应，因此凸显中日韩三国强化关键制造业领域合作的必要性。在新冠疫情给中日韩制造业供应链带来冲击的背景下，中日韩应以共同维护制造业供应链安全稳定为重点，推动形成三国制造业分工合作新机制①。中日韩有必要在汽车制造、电子通信、化工、钢铁、机械设备、工业机器人等制造业领域形成分工合作新机制，提升三

① 迟福林、何冬妮：《携手维护中日韩制造业供应链安全》，《经济参考报》2020 年 4 月 7 日。

国在这些产业领域的贸易投资自由化和便利化水平，推动三国制造业向全球价值链的上游发展。在当前疫情严重妨碍跨境货物、资本与人员流动的背景下，保持物流网络顺畅和持续运作，增强地区供应链韧性和可持续性，特别是保证食品、商品、药品和医疗等必要物资供应，进一步消除贸易壁垒或干扰地区供应链的障碍，必要时对货物与往来人员采取绿色通关方式，打造更具韧性、更可持续、更不易受冲击的供应链，保障中日韩制造业供应链畅通，确保在疫情期间开展正常经贸活动。

这次新冠疫情引发全球各国转移和调整产业布局，进而对现有全球产业链格局带来重大变化。应对全球经济发展形势的新变局，中日韩有必要积极应对全球贸易环境变化，争取中日韩自由贸易协定的尽早签署。中日韩自由贸易协定不仅能够巩固中国在全球产业链地位，还能有效应对逆全球化趋势①。中日韩三国构建自由贸易区，一方面有助于进一步优化东亚区域的资源配置，削减贸易壁垒，② 增强抵御新冠疫情带来的外部冲击的能力，降低其对东亚生产网络造成的负面影响；另一方面有利于东亚地区在汽车、半导体、造船、石化等重化工业领域形成全球重要制造中心，构建东亚区域大市场，减少对欧美国家市场的依赖，促进东亚区域经济的可持续发展。③ 中日韩三方可先考虑搁置利益冲突集中的最敏感领域，在货物、服务、投资便利化等宽领域优先实现高水平的阶段性协定④，并逐渐、持续推动三国经济深度一体化，实现规制融合，探索三国共赢的合作新增长点。中日韩自由贸易协定谈判加速将会降低新冠疫情带来的区域贸易政策的不确定性，防止在这一特殊时期区域内保护主义的进一步蔓延。中日韩自由贸易协定通过构建制度化合作机制，规范各国市场准入、明确争端解决机制，有利于营造稳定的市场准入环境，为东亚地区各国经贸安全提供全面保障。同时，中日韩可以务实推进公共卫生、医疗、健康、养老、环保、科技研发等产业合作，大力发展中

---

① 李天国：《后 TPP 时代中日韩 FTA 的机遇与挑战》，《东北亚学刊》2018 年第 2 期。

② 李钟林、李天国：《中日韩自由贸易协定对区域内贸易影响的实证研究》，《经济管理》2008 年第 16 期。

③ 李天国：《后 TPP 时代中日韩 FTA 的机遇与挑战》，《东北亚学刊》2018 年第 2 期。

④ 金香丹、刘雅君：《前景理论视域下中日韩 FTA 建设的动力与挑战》，《亚太经济》2020 年第 1 期。

日韩数字贸易，加快落实“中日韩+X”早期收获项目清单，为东亚共同体建设奠定坚实的基础。

第五，推动东亚地区人文交流与合作。在这次抗击新冠疫情过程中，中日韩及东盟等东亚各国和地区组织体现出与西方迥然不同的“东亚文化共性”，为东亚区域联防联控提供了重要社会文化基础。[①] 人文交流成为维护东亚区域国家政治互信、经贸往来与民心相通的重要手段与保障。[②] 在后疫情时代，东亚各国不仅要继续扩大贸易往来和产业投资，还要继续扩大人文交流，增进对彼此文化的理解。2019 年，日本全年吸引外国游客 3188 万人次，其中中国游客达到 959. 4 万人次[③]，而中国游客赴韩人数则达到 602. 3 万人次。人才交流方面，截至 2019 年年底，韩国在华留学生约 7. 1 万名，中国在韩国留学生 6 万人，均居对方国家留学生人数之首[④]。韩国还开设了 23 家孔子学院和 5 家孔子课堂。[⑤] 中国与东盟的人文交流合作也蓬勃发展。双方通过部长级会议、论坛研讨、人员培训、文明对话、艺术展演等形式开展合作与交流，增进了对彼此文化的了解和欣赏，加深了双方友谊。中国已成为东盟第一大旅游客源国。截至 2019 年，双方互派留学生超过 20 万人。中方着手打造“中国—东盟菁英奖学金”人文交流旗舰项目，开展“未来之桥”中国—东盟青年领导人千人研修计划，未来 5 年拟邀请 1000 名东盟优秀青年来华培训。未来，东亚地区国家要进一步丰富人文交流的领域和内容，拓展更加多元化的交流平台；进一步挖掘旅游资源，扩大旅游规模与市场，不断推动旅游业态的创新；进一步推动人员流动便利化谈判，为实现人员自由流动提供制度保障。同时，要积极发挥民间组织与团体的作用，通过更加多元化与更接地气的人文交流来不断推动区域民众的相互认知，促进东亚区域关系的可持续良性发展，打造实现东亚民心相通的坚实基础。

---

① 卢昊：《疫情下的日韩关系及中日韩三边互动》，《世界知识》2020 年第 10 期。

② 尹允镇、李文娇：《试论中日人文交流的演变、特征及发展趋势》，《东北亚论坛》2020 年第 3 期。

③ 《2019 年中国游客访日 959. 43 万人次，同比增长 14. 5%》，2020 年 1 月 21 日，腾讯网，https：//new. qq. com/omn/20200121/20200121A04C8P00. html？pc。

④ 韩国统计厅网站，http：//kostat. go. kr/portal/korea/index. action.

⑤ 朱锋：《以“东亚力量”呼应世界潮流》，《光明日报》2019 年 12 月 22 日。

第八章

新兴经济体风险形成机制分析

一　新兴经济体风险形成机制分析

（一）国际金融风险形成机制

从国际金融危机爆发到现在，世界很多国家都实行需求管理政策刺激经济增长。美国作为世界经济的重要引擎，它的宏观经济政策往往通过溢出效应影响全球资本流动，对新兴经济体国家形成金融风险。2018年美国货币当局加息了4次，货币政策逐步回归正常化。随着美国退出非常规量化宽松，有必要对该项政策进行研究，这对新兴经济体更好地使用宏观经济政策、实现全球经济的稳定有着重要的现实意义。

美国货币当局把联邦基金利率设定为短期政策工具，在选定一个特定基准利率目标以后，通过公开市场操作来实现其利率政策目标。美联储如果严格按照泰勒规则进行操作，那么稳定通货膨胀是货币政策最重要的目标，但在金融危机出现时，美联储非常关注资产价格的波动情况。当传统的货币政策工具无法实现中央银行的既定目标时，特别是名义利率碰到下限的情况下，中央银行会选择非常规的货币政策。量化宽松实际上是通过量化规模来实现信用的创造。与传统的公开操作不同的是，量化宽松的重点工具是中长期国债，调节的目标是准备金的数量。

美国等发达国家的非常规量化宽松政策导致各方面的后果，这些后果反映在金融系统、实体经济和新兴经济体的冲击。

1. 美国等货币政策冲击下新兴经济体金融风险形成机制

大多数新兴经济体在货币政策独立性、国际资本自由流动与汇率的稳定三个政策目标中会选择通过外汇市场干预来坚守货币政策的独立性，而对本国汇率采取盯住制度，对国际资本采取部分管制的政策。前些年，新兴经济体在实现高速经济增长时，在外汇市场进行了大量干预措施，导致形成大量外汇储备。IMF 的统计显示，新兴经济体的外汇储备在 2021 年时已经高达 7 万亿美元。新兴经济体的中央银行面对国际资本的流入，一般会试图通过冲销式外汇市场来确保货币政策独立性。但由于流入的外国资本量庞大，新兴经济体无法通过抛售债券或提高法定存款准备金率的方法来抵消本币的供应，货币供应量也会提升本国的通货膨胀率。虽然新兴经济体也在改革汇率制度，但多数新兴经济体还没有完全转型成功。

美国等发达国家实施的量化宽松政策释放的货币和信用，主要涉及三个目的地，分别是全球金融货币市场、大宗商品市场和新兴经济体的资本市场。大量的国际投机资本的流入将提升资产价格，市场中催生资产泡沫，加大新兴经济体的经济系统风险。国际货币基金的统计数据显示，国际金融危机过后，世界金属市场、粮食市场和原材料市场均出现了价格上涨，这些都是发达国家量化宽松政策的直接后果。

量化宽松货币政策的退出会导致形成加息预期，国际资本流动方向发生改变，大规模的国际资本流出新兴经济体，将对新兴经济体的经济与金融体系产生重大影响。有证据表明，发达国家量化宽松政策退出以来，美国股票交易所交易基金在各类投资者当中的欢迎程度大幅提升，数千亿美元资本流向美国股票交易所交易基金。2014 年，美国股票交易所交易基金的市场规模突破了 2 万亿美元。

量化宽松货币政策的退出会降低新兴经济体的资金流动性，大宗商品价格下降，促使房地产市场与股票市场加速泡沫破灭。自美国等发达国家宣布退出量化宽松政策之后，标普高盛商品指数中的大豆、铁矿石、黄金和铜等为代表的 14 种商品价格出现大幅下降，对新兴经济体经济产生负面影响。曾经流入新兴经济体的房地产市场和金融市场的资本快速流出，导致房地产市场大受影响，直接影响新兴经济体的银行和金融系统，影子银行和地方政府融资平台的风险放大。由于国际资本回流到美国，新兴经济体的货币汇率贬值，而美元则出现升值趋势。为规避风险，新兴经济体进一步抛售本币，而购买美元资产，导致加剧新兴经济体货币贬值的预期，对新兴经济体的流动性和资本市场的资产价格带来影响。

2. 新兴经济体系统性金融风险形成机制

面对国内外不确定性事件的冲击，新兴经济体内部要实现稳增长与防风险的双重目标。有效防范系统性金融风险是新兴经济体长期面临的课题之一。后国际金融危机时期，新兴经济体的金融风险形成机制有些新的变化。经济繁荣提升了投资者的风险偏好，加之外部投资约束宽松，带来更加活跃的投资活动，这些都提升了金融杠杆，风险在系统中酝酿。当新兴经济体遇到负面冲击时，金融系统承受重大压力，有可能引发金融危机。

新兴经济体的风险形成过程可以分三个过程，分别是风险的积累、风险的扩散、风险的爆发。第一个阶段是风险积累阶段。新兴经济体受到的冲击会包括一些正向冲击，如技术创新、宽松的宏观政策等。技术的创新会使生产部门的边际产量增加，带动经济的快速发展。政府部门也推出各种利于经济主体生产与投资活动的刺激性宏观政策，加快经济系统的循环。很多新兴经济体经历了这一阶段，表现为全球市场上的群体性崛起。以中国、俄罗斯、印度、巴西和南非等国家为代表的金砖国家在世界经济中的份额增长，推动发展中国家经济整体迈向繁荣。正向冲击也不断向其他部门传导，会提升社会投资总量，影响企业实际债务水平，提升市场信贷总量等。宽松的宏观经济政策带来金融市场上信贷约束条件的弱化。投资者的风险偏好和宽松的信贷约束大幅推动投资活动，金融个体的杠杆率上升。面对新兴经济体市场的巨大资本需求，金融机构也不断进行金融创新，市场风险逐渐被低估。宽松的金融监管环境和银行信贷政策让银行等金融机构的资本充足率不断下降。新兴经济体的经济快速增长使得经济行为主体对未来经济发展形成乐观预期，而通胀带来的实际债务水平下降，这会鼓励企业不断扩大企业的资产负债表。企业的盈利能力和融资条件提升了市场流动性的充裕程度。大量资本流入投资回报率高的股票和房地产等市场，推高资产价格。较高的资产价格会降低资金使用者的抵押品净值和外部融资溢价，扩大银行信贷。市场中对冲性金融机构和投机性融资机构的数量不断增长，提高金融体系的脆弱性。金融风险将在金融系统中不断积累，并在遇到一些冲击事件时准备爆发。

第二个阶段是风险扩散阶段。在经济周期性的波动中，经济结构问题会带来新兴经济体的产能过剩和有效需求不足等，这些会降低投资，引起总资产和就业人数下降。新兴经济体资本市场中的资产价格在不确定中进行波动，这容易导致金融的失衡，降低消费支出。国内的消费支出和投资资金的下降会引起通货紧缩，这会提升实际债务水平。资本充足率的下滑和资产价格的上升，会引起金融机构风险监管部门的注意，信贷政策由宽转向紧，货币政策或财政政策都会趋紧，原来的正向冲击转向负向冲击。在风险不确定性上升和外部风险溢价上升的环境下，一些企业开始缩小资产负债表回避风险。市场投资者也会注意到市场流动性的变化，投资者的风险偏好下降，银行等部门的信贷规模也会下降。曾在经济繁荣时同质地增加杠杆行为，在经济环境出现变化时，变化为同质的去杠杆行为。同质性的去杠杆行为加强了金融系统中的投资者之间的关联性，使得他们对经济系统的影响扩大。当共同宏观风险暴露导致违约风险或破产清算事件时，小的负向冲击可以通过共同风险交叉敞口放大成金融系统大规模的风险暴露。当一些发达国家通过货币政策对新兴经济体产生溢出效应时，金融风险的脆弱性立即显现。

第三个阶段是风险爆发阶段。风险爆发之前，新兴经济体的资产价格通常已经在高位，企业和政府部门的债务负担也较重，经济运行波动加剧，对外贸易的经常账户也出现异常变化。金融风险的传导扩散可能有三种后果。第一是金融风险得到控制，系统性风险得到缓解。第二是金融系统受到负面影响，金融机构盈利被破坏，但还没有达到发生金融危机的程度。第三是金融危机爆发，金融部门的冲击影响到实体经济。新兴经济体的投资、消费和进出口贸易都受到负面影响，宏观经济出现全面衰退。自2008年国际金融危机后，新兴经济体的系统性金融危机出现新的变化。比如，基于金融机构本身的流动性渠道，可转债市场的流动性是重要的传导渠道，市场流动性和资本流动性之间的互动效应容易将风险放大引发危机。另外，在信息不对称和对新兴经济体的金融机构清偿力出现非理性判断时，也会出现挤兑行为，通过“羊群效应”不断放大，最后导致金融系统发生重大动荡。

（二）人口老龄化风险形成机制

人口老龄化是一个国家人口结构的一种深刻变化，它主要是通过改变一个国家的劳动力供给来对经济产生重要影响。人口老龄化可以改变新兴经济体的资源配置关系，降低生产活动，通过实体经济和虚拟经济的背离，可成为引发新兴经济体系统性风险的因素。人口老龄化是一些新兴经济体的重大现实问题，需要高度重视人口老龄化带来的潜在风险，积极采取政策。

1. 人口老龄化与经济系统性风险

经济系统可以分为实体经济和虚拟经济。与由成本和技术支撑定价的物质价格系统不同，资产价格系统是以资本化定价方式为基础的一套特定的价格体系，这就是虚拟经济。对于新兴经济体经济增长而言，虚拟经济和实体经济的发展同样重要，而且需要相互协调发展。人口老龄化对实体经济和虚拟经济的影响不平衡，这导致可能发生经济系统性风险，这是因为人口老龄化对实体经济和虚拟经济部门的储蓄的影响不同造成的。在一个经济系统中，储蓄实际上决定积累与消费的关系。在实体经济中的储蓄是实物量的概念，涉及宏观经济的核算问题，而虚拟经济的储蓄是名义量的概念，涉及货币统计问题。在虚拟经济中的资金层面，人口老龄化意味着个人的消费时间变长而提高储蓄，但实体经济中，人口老龄化对应着消费的上升和储蓄的下降。不管新兴经济体采取哪些养老社会保障制度，养老制度最后必须要由实体经济体来提供产品和服务。但由于金融资产存在贬值风险，养老资产无法在未来实体经济中得到偿付。这样的风险表面上是金融型养老资产的保值问题，实际上是实体经济与虚拟经济之间的协调发展问题。在新兴经济体，虚拟经济不能脱离开实体经济，不然会对实体经济造成严重影响，甚至会发生金融风险。

2. 人口老龄化与新兴经济体的经济资源配置关系

每个人都具有消费者与生产者双重属性。一方面，人口代表一个社会的劳动力，向经济社会提供产品供给，形成总供给；另一方面，人口又是产品的消费者，能够影响经济社会总需求。人口数量与结构的变化，意味着一个国家的需求和供给发生变化，因此对经济有着系统性影响。人口老龄化意味着老年人口的比重上升，而劳动人口的比重下降。这种人口结构的变化会引起投资与消费比例发生改变，从而影响经济资源配置关系。

在一个国家发生人口老龄化的时候，如果劳动力人均资源配置不变，那么人口老龄化就表明该国的劳动力资源总量降低，而非劳动力的资源总量则相应地上升。由于非劳动力无法参加生产过程，也不能产生一些产出，因此他们只属于消费者。非劳动力数量增加会让劳动力人均资源配置上升，而非劳动力的人均资源配置水平下降。人口老龄化会提升个人一生收入中的养老费用比重；家庭要承担更多养老支出，企业也需要缴纳更多养老金，国家也需要提高养老社会保障支出。

新兴经济体的人口老龄化会导致社会产出及政府财政收入减少。一方面，人口老龄化将直接导致年轻劳动力的供给不足，劳动力的平均年龄越来越大。新兴经济体的生产率水平相对较低，大多数为劳动密集型国家，劳动者体力的好坏对劳动生产率的提高有重要的作用。老年人口是非劳动人口，人口老龄化将导致劳动生产率的下降，社会产出及财政收入的减少。另一方面，人口老龄化的加剧将促使政府采取推动老龄产业发展的政策，以财政补贴的方式对老龄人口相关产业进行扶持，如对养老金给予各种税收上的优惠或减免、对一些养老服务机构给予政策上的优惠等，这也将带来财政收入的减少。

3. 人口老龄化与新兴经济体的“未富先老”

新兴经济体的经济增长潜力主要是靠资本、劳动和技术等生产要素决定。人口老龄化程度加深对资本积累、劳动力的供给以及技术进步都产生不利影响，从而影响新兴经济体的经济增长。首先，人口老龄化程度加深时，由于老年人的比例上升，而老年人又属于消费型人口，因此整个社会可用于生产投资的产出比例相对越小。人口老龄化会降低新兴经济体的储蓄率，提升消费率，这不利于提高新兴经济体的资本积累，进而影响投资活动。另外，人口老龄化意味着非老龄人口比重的增加，也就意味着劳动力供给的下降。最后，人口老龄化也对技术进步产生不利影响。由于人口老龄化会增加经济资源的占用，会降低技术进步相关投入。技术的研发活动具有明显的年轻化特征，而老龄化降低了新兴经济体年轻劳动力的供给，不利于技术的创新与研发。人口老龄化还意味着社会收入水平的下降，而老年人由于不参与国民收入初次分配，无法直接获得经济增长带来的益处。

对于像中国这样拥有庞大人口的新兴经济体而言，人口老龄化更加值得警惕。在中国，无论是人口结构，还是经济结构以及社会结构都在迅速走向老年化，出现“未富先老”的特征。大多数新兴经济体的社会发展都处在初级阶段，人均收入水平与发达国家存在较大差距。面对人口老龄化趋势，发达国家可以通过吸引外部资源和资本以缓解人口老龄化带来的问题，如接受外来移民，还可以把一些实体经济部门向世界的其他地区进行转移，缓解自身资源的耗竭。但对于多数新兴经济体而言，这样的方式可能会恶化或在一定的条件下激化人口社会矛盾。新兴经济体的社会经济系统还不够完善，系统风险的抵抗能力仍比较脆弱，这会让新兴经济体相对于发达国家面临更大的挑战。

（三）逆全球化风险形成机制

逆全球化思潮实际上代表了全球化进程中利益受损集团的意志。逆全球化并不是脱离于全球化，而是根植于全球化，是全球化发展到一定阶段之后的必然产物。

1. 逆全球化的形成逻辑

第一，在特定历史环境下，部分发达国家出现治理危机。这是逆全球化的内在根源，一些国家的公共政策出现失效现象，国家治理能力不足，制度的创新能力和活力降低。一些发达国家的经济治理的适应性降低后，遇到了来自制度性的困局，很难回应国家民众的诉求。这些国家的政府无法承担起应有的政治责任，导致很多民众对国家治理和国家决策层不满。英国决定公投脱离欧盟和美国特朗普击垮民主党候选人上台执政，表明了这些发达国家的民主政治乱象，体现了国家精英阶层与普通民众之间的两极分化。

第二，一些全球大国的霸权主义和责任缺失。美国在国际事务中坚持国家本位主义和民族主义，缺乏国际责任观念，越来越表现出急功近利，为了美国国家利益最大化不惜损害其他贸易伙伴国家的利益，以国家安全为借口，频繁发起对他国的贸易审查，以期保护本国产业和产业工人。美国的霸权主义战略和行为对全球经济的公平正义合作秩序带来重大负面影响。美国的霸权任性和责任缺失做法在国际金融危机过后，尤为突出。由于经济实力的下降，美国不愿为本国利益受损群体承担相应责任，而是将这种成本转嫁给其他国家，推行贸易保护主义政策，宣称要复兴美国制造业，抵制外国强势产品的进口。美国也相继退出全球治理相关组织，不愿意提供全球公共产品，大幅度削减对外援助。

第三，全球各国之间发展不平衡更加严重。经济全球化给全球各国带来了经济与贸易活动的繁荣，也让很多新兴经济体实现了群体性崛起，提高了新兴经济体在全球治理中的地位和声音。但与此同时，相对地降低了一些发达国家的国际地位。这些国家在经济全球化中的获利并没有像过去那么多，遇到的国内外风险和压力也持续上升，导致与世界其他经济体之间的差距拉大，损坏了这些国家的政治经济社会生态。由于发达国家与新兴经济体的实力此消彼长，双方在全球秩序上的矛盾越来越激烈。新兴经济体将经济全球化的发展趋势充分利用了起来，不断获得新的发展动力与机遇，成为全球经济治理体系中的重要主体。但西方发达国家经济增长并不顺利，经济实力相对下降。新兴经济体在全球经济治理中发挥更大作用，也在寻求更多发言权，而传统的西方发达国家不希望新兴经济体夺走更多权力，于是国际治理体系与秩序中的主导权之争拉开帷幕。

第四，自由主义国际秩序面临挑战。逆全球化趋势使得原有的全球治理体系面临崩塌，发达国家向世界其他国家提供国际公共产品的意愿下降，全球治理体系遇到不得不改革的境地。世界经济形势需要相适应的全球经济治理体系，全球经济治理需要更好地反映全球经济局势，新兴经济体需要更多的代表性和发言权，国际经济关系需要权利、机会和规则上的平等。

2. 逆全球化风险对新兴经济体的危害

第一，引发全球性的经济收缩和金融贸易风险。逆全球化增加了全球经济增长的不确定性，阻碍了不同经济体之间的正常经贸活动与资本市场联系。部分国家单方面的货币政策和贸易政策让新兴经济体的宏观调控政策面临失效境地，引发不同经济体之间的贸易争端，逐渐形成了贸易保护主义壁垒。一些国家对国际货币与资本市场的干预加大了全球汇率的波动，甚至导致一些新兴经济体面临货币与金融危机的风险。2008 年国际金融危机爆发后，以美国为代表的发达国家实施非常规的量化宽松政策，这不仅危害了一些新兴经济体的货物出口，也提升了新兴经济体的国内成本和金融风险发生的可能性。

第二，重构全球价值资源配置。逆全球化是一些发达国家人为地干预自由贸易的结果，会对全球市场的公平竞争秩序产生严重的影响。一些发达国家的贸易保护主义政策严重削弱了自由贸易体系的信任基础，扩大了不同经济体之间的矛盾，严重影响了全球资源配置和价值链格局。由于这些发达国家的单边主义政策，超国家行为体在全球价值配置中的作用被大幅削弱，国际治理机构对这些发达国家的行为失去了约束作用。

第三，激化社会矛盾。逆全球化的本质是经济全球化损害了一些国家的利益，而这些国家为了维护本国利益发动各种逆全球化的政策。这些政策导致了一些国家的社会分裂，出现秩序的动荡，激化了全球性的政治生态危机。英国实施的脱欧公投及其引发的政治危机表现出了逆全球化对国内治理与秩序的冲击作用。美国的民主党和共和党之间的不同政治观点和造势活动，加剧了本已严重的社会分化现象，撕裂了美国社会。

第四，国际关系受到严重冲击。逆全球化促使西方发达国家和新兴经济体之间的矛盾加剧，加深了国际关系的分裂。为了谋取更多利益，西方发达国家采取保守的对外经贸政策，并且频频向新兴经济体施压，破坏了发达国家与新兴经济体共同合作发展的格局。同时，在新兴经济体和发达国家之间的国际主导权之争也加剧了两种势力之间的战略不信任。西方发达国家担心新兴经济体要挑战现行全球秩序，而这会严重损害本国的政治和经济利益。新兴经济体则面临发达国家的抱团遏制，为新兴经济体的发展设置各种障碍，加深了国际关系的裂痕。

（四）中等收入陷阱风险形成机制

1. 经济增长动力与“中等收入陷阱”

从经济增长理论来看，古典经济学和发展经济学强调资本积累对经济增长的促进作用，因此一个新兴经济体想要经济增长，就需要提升投资。内生增长理论则把重点放在了技术进步和人力资本。索罗为代表的经济学家强调，资本和技术需要相互促进和融合，共同推动经济的增长。从经济增长理论的发展历程可以看出，经济学家认为资本和技术均具有重要作用。

对于新兴经济体而言，其经济增长会涉及三个阶段。第一个阶段是

“要素驱动阶段”，第二个阶段是“投资驱动阶段”，第三个阶段是“创新驱动阶段”。如果新兴经济体在成功进入“要素驱动阶段”后，无法过渡到下一个阶段，那么就相当于该新兴经济体陷入了“中等收入陷阱”。特别是，大多数新兴经济体比较容易地进入“要素驱动阶段”和“投资驱动阶段”，通过投入更多的生产要素和投资来实现经济的快速起飞和发展。但是新兴经济体的这种经济发展属于粗放型经济增长模式，在持续一段时间的经济增长后，很难继续实现经济快速发展。随着经济的增长，新兴经济体出现某种生产要素的短缺时，就无法持续经济增长，国民经济陷入低增长或停滞增长的状态①。

除此之外，在向创新驱动转型过程中，技术创新的制度性环境对经济增长的促进作用也至关重要。伴随着经济增长，习惯于技术模仿或引进的拉美国家曾遇到自主研发技术的重要历史阶段，但由于习惯于保护国内企业，使得拉美国家错失创新机遇。例如，墨西哥虽然与美国和加拿大签署了自由贸易协定，但有限的贸易投资自由化措施对墨西哥企业的技术创新与研发活动没有太大帮助。墨西哥通过国有化手段建立了一批国营企业，并由政府强制性规定钢铁、石化和电力等部分重点产业由政府来经营，这样国家控制了国民经济，公共部门在总产值比重上不断扩大。墨西哥通过贸易政策、汇率政策和税收政策来帮助国内企业降低进口成本，并对不少企业提供各种形式的直接或隐性补贴，扭曲了市场价格，导致本国企业缺乏技术创新的动力。长期补贴国内企业的做法导致政府部门的赤字不断增长，成为墨西哥政府的沉重负担。为了摆脱巨额赤字困扰，墨西哥政府通过大量发行货币和对外借款的方式弥补财政资金的不足，然而政府增发货币政策不断推高物价，无助于经济增长，最终出现债务危机。

其他拉美国家在实行市场开放后，也并未出现期待的长期高速经济增长，以至于部分学者急于做出市场开放无助于经济增长的结论。一般来说，市场开放对于一个国家或地区的经济增长而言是具有积极意义的。然而，只是开放市场还无法确保一些资源得到最有效的利用和配置，因

① 纪玉山、关丽洁：《浅析“中等收入陷阱”形成机制及跨越对策》，《政治经济学研究》2013 年第 14 卷。

为这里涉及国家的市场经济秩序和政府的制度建设以及公共政策等一系列相关因素。如果对外开放导致高生产率部门的劳动力和资本流失，那么这种结构性调整无法显现出改革的真正效应。鼓励创新和推动技术进步的激励体系才会使工业部门不断孕育出具有强大生命力的新兴产业部门，并成为持续推动国家经济的新动力。

研发创新技术不仅需要大量的资本投入，而且也需要能够推动技术创新的机制与制度。在滞后的制度下，拉美国家技术创新与研发受到很大干扰。1988 年，巴西政府曾公布新工业政策法令，试图通过技术研发来推动工业化，但 20 世纪 90 年代之后，巴西政府的新自由主义改革缩减了用于科技与创新的支出，不少技术研发机构很大程度上被弃置，错过了技术研发时机。而且，巴西政府的全面开放政策也让巴西本土企业失去必要的保护，削弱了巴西本土企业技术创新能力。技术创新需要投入的资本和人才都无法得到有效保障。科技人才无法得到有效的经费支持与重用，资本无法有效地通过资本市场得到最优配置。创新思维受到压制，人才没有充分施展才华的空间，出现人才的流失与埋没，这些因素使得拉美国家技术创新进程缓慢。

2. 经济发展的结构平衡与“中等收入陷阱”

古典经济学把主要精力放在劳动、资本和技术等要素上，而钱纳里等人提出的结构性增长理论打破了这种惯性思维。结构性增长理论强调经济增长过程中的结构性均衡，如果出现结构性失衡，可能无法持续高速经济增长。

经济社会系统包括经济、社会和资源环境等维度，这三个维度平衡才能让新兴经济体的经济长期持续增长。这三个维度中一旦出现经济结构的失衡、收入不平衡、资源枯竭或环境污染等现象，那么国民经济无法持续增长下去。具体而言，经济结构包括产业结构、投资消费结构、国际收支结构等。投资消费结构反映的是国民经济系统的循环，反映了人们的消费需求和消费倾向以及投资者的投融资活动。健康的国民经济系统中，这些结构都相互影响和相互促进，形成良性循环过程。实体经济和虚拟经济也需要在均衡的状态下相互影响相互促进，经济系统才能健康稳定持续地运行下去。

当新兴经济体出现结构性失衡时，如产业结构失衡、收入差距扩大、资源环境遇到瓶颈，那么结构均衡就会被打破，经济运行效率将会降低，经济系统中的每个要素无法发挥正常功能，经济无法长期可持续地增长下去。新兴经济体在发展过程中，经历社会制度的变革，而传统制度与新制度之间将出现冲突与对抗。传统制度包括土地制度、城乡财富分配结构与税收制度、政府行政制度与法律制度、社会阶层体系与社会秩序等。经济发展水平要求城镇化改造，而农村地区的生产方式与产业结构以及劳动力并不容易适应这种变化。经济增长并不必然意味着制度的改善，政府的宏观经济调控制度与能力均需要相应的调整。社会阶层的收入差异和流通渠道等均体现了社会制度的完善程度，并且直接影响经济的可持续增长。拉美国家的贫富差距显著，基尼系数长期居高不下。哥伦比亚、巴西、智利等国家的基尼系数长期在 0.50 以上，个别年份甚至高达 0.6。在收入分配严重失衡的情况下，社会矛盾容易激化，政局出现动荡，影响正常的经济发展秩序。除了基尼系数以外，一些拉美国家贫困人口比重也比较高。2004 年哥伦比亚的贫困人口比重高达 47.4%，同年委内瑞拉的贫困人口比重达到 53.9%，近些年虽然有下降趋势，但至今仍然处在比较高的水平。

收入差距不断加大、贫富差距明显实际上与政府公共政策的效率和设计密切相关，这种公共政策无法对社会有效资源进行收入再分配，也无法消除阻碍经济增长的不确定因素，无法起到经济增长助推器的作用。政府官员的腐败、低效率的行政制度、对行业垄断的漠视、寻租行为的泛滥、社会阶层的严重对立与分化、贫富差距的加大等社会现象进一步搅乱市场秩序，不利于国民经济健康持续发展下去。

3. 国家发展战略与“中等收入陷阱”

经济全球化的发展提升了国际产业分工合作水平。对外开放战略，尤其是从进口替代到出口导向战略的实施被视为亚洲新兴工业化国家成功发展的重要原因。事实上，亚洲之外的一些新兴经济体也同样先后实施过进口替代与出口导向型战略，并且外部需求也确实为这些国家经济增长发挥了非常积极的作用。在发展后期，新兴经济体也开始积极参与国际分工，并鼓励本国产品的出口，出口一度成为推动这些国家经济的重要手段。但是这些国家的出口导向战略并没有给国家带来长期高速经济增长与工业转型。

长期依靠出口初级产品的对外贸易结构使一些新兴经济体无法摆脱全球价值链最低端。按照比较优势理论，新兴经济体如果按照自身禀赋优势，生产具有比较优势的产品则有益于国际分工，能够增加本国产品出口。由于多数新兴经济体产业技术相对于发达国家较低，因此新兴经济体具有比较优势的产业集中在劳动密集型和资源密集型产业上。例如，拉美国家长期以初级产品作为自身主要出口产品，而这些产品的特点在于附加值和需求弹性均比较低，因此拉美国家在全球市场中始终处于极为被动的局面。拉美国家被定位在全球价值链中的初级产品供应地，而无法更多地享有全球价值链中的经济收益。例如，智利、圭亚那的初级产品出口依赖度高达20%以上，而伯利兹、哥斯达黎加、洪都拉斯、牙买加、巴拉圭、厄瓜多尔等国家的初级产品出口依赖度也在10%以上。

初级产品出口与经济增长之间的强相关关系使得拉美国家不得不依附于国际初级产品市场，其经济增长易遭受国际市场环境变化的影响。国际初级产品价格趋于上升时，拉美国家经济增长呈现加快趋势，而初级产品价格持续走低的时候，拉美国家经济增长则陷入低谷，与以出口初级产品为主的部分东南亚国家的情况比较相似。在长期经济发展过程中，虽然拉美国家试图摆脱依赖初级产品出口的局面，但并没有出现根本性改观。

另外，技术进步服从不规则传播，而这种传播特点造成由欧美等少数发达国家为中心和以大量发展中国家为外围的国际经济格局。在这种体系下，处在外围的很多新兴经济体很难将技术应用到工业或服务部门，技术应用只会触及初级产品领域。技术不断提升中心国家的劳动生产率，并且降低工业生产成本，国际贸易地位不断增强。而外围发展中国家技术进步缓慢，贸易条件不断恶化。这种不平衡的国际经济格局不利于发展中国家摆脱中等收入陷阱。

二　防范各类风险的建议

（一）防范国际金融风险的建议

第一，新兴经济体需要完善本国金融市场体制，构建多层次的金融市场体系，提高新兴经济体金融体系的稳定性，应对包括股票市场在内的资本市场的动荡变化。新兴经济体的金融体系完善程度与其抵御金融冲击的能力密切相关。在相同的金融部门冲击下，一些新兴经济体所受到的负面影响明显不同。因此，深化金融部门改革是从源头上降低金融脆弱性的重要方法。新兴经济体要加强金融市场基础设施建设，建立统一的金融交易市场，避免债券市场等机构内和机构间被分割的情况。

第二，新兴经济体要强化金融监管改革。货币当局不仅需要进一步部署宏观审慎工具，也要密切注意跨国资本对本国金融市场的影响。建立检测金融脆弱性波动的信息系统，增强对金融脆弱性的监管能力，强化金融监管部门的监控责任，建立问责制，对于监管缺失的行为则要严肃处理。随着美国货币政策的调整，新兴经济体的金融风险溢价可能出现逆转。当金融市场基调变化的情况下，可能突然面临金融条件的变化和资本流动的逆转。因此，新兴经济体要加强国际资本监控，企业要建立风险预防机制，并对财务风险进行预测和防范。

第三，新兴经济体不仅要随着形势变化，用货币政策积极应对，同时也要调整财政政策和结构，支持新兴经济体的复苏和长期增长。政府公共债务负担、汇率变动等因素会对新兴经济体的金融稳定性产生影响。各新兴经济体应完善宏观审慎管理制度框架，及时推行宏观政策组合实现逆周期调控，避免金融脆弱性的积累。面对新兴经济体普遍出现资本市场风险加大，新兴经济体货币当局可以通过流动性工具放宽抵押要求，实施利率互换拍卖，管理好利率风险。

新兴经济体需要关注美国货币政策的变动对实体经济的影响。美国的利率政策会对全球金融环境产生影响，大量国际资本可能会因美国的货币政策调整而流入或流出，这种货币政策的溢出效应可能会对新兴经济体的经济增长带来很多不确定性，加剧经济动荡的风险。国内经济基本面出现问题的新兴经济体需要格外注意。新兴经济体的经济疲软局面可能会持续到中期，因此基础设施建设、产业结构调整、宏观经济增长点培育和就业机制改革与政策等结构性改革仍然是新兴经济体需要完成的任务。

第四，不同新兴经济体面临的风险各不相同，新兴经济体要注意来自不同渠道的传导影响。具有良好经济基本面的新兴经济体仍然会受到国际资本的瞩目，但外部融资依赖性较大，国际收支恶化、对外债务比例比较高的新兴经济体则需要保持警惕。像南非、巴西、土耳其、印度、印度尼西亚等国家会由于本国基本面的脆弱和宏观经济的失衡而受到较大的冲击。充足的外汇储备、较低的通货膨胀、经常项目的平衡和灵活弹性的汇率机制等都将有助于缓冲来自全球经济环境的冲击。

（二）防范人口老龄化风险的建议

新兴经济体的人口老龄化进程虽然还未像一些发达国家那样严重，但新兴经济体正在主导世界人口老龄化的发展方向。2015—2050 年，全球老年人口净增加量的 90% 来自发展中国家，这个值在 2050—2100 年会扩大到 98%。新兴经济体和发展中国家老龄人口占世界老龄人口的比重在不断上升，加深世界人口老龄化的发展趋势①。

第一，及时制定养老及社会保障政策，应对人口老龄化趋势。随着人口老龄化程度的加深，新兴经济体的养老保障制度面临来自各方面的挑战，新兴经济体养老保障制度改革势在必行。当前，新兴经济体的养老相关社会保障政策尚不完善。尽管部分新兴经济体出台了一些老年人相关的政策，但很多新兴经济体仍未形成完整和系统的法律体系。例如，印度政府在 1999 年出台《国家老年人政策》，2006 年出台《计划委员会工作组的建议》，2007 年出台《维护父母和老人福利法》，还于 2010 年颁布《国家老年人保健计划》，但印度的养老金政策仍呈现碎片化特征，享有完全保障的人员只占到全部应享有养老保障人员的 7% 左右，93% 的就业者来自所谓非组织部门，很难保证职工养老金到位。新兴经济体要加快制定和完善老龄化法律体系和政策，保证老年人的社会权益。

第二，延迟退休年龄，扩大养老基金缴费人群。一些新兴经济体的养老保障制度面临严峻挑战，由于保险缴费不足，养老保障制度亟须改革。例如，俄罗斯面临人口老龄化危机导致劳动人口数量急剧下降，加重了政府的养老负担，使得养老基金面临财政困境。俄罗斯政府的财政资金对联邦养老基金的转移支付水平达到俄罗斯养老保障预算的 50%，养老保障资金系统严重失衡。由于养老金水平低，80%—90% 的老年人

---

① 原新、王晓宇：《发展中国家主导世界未来人口老龄化趋势》，《中国老年报》2017 年 4 月 12 日。

在退休后选择继续工作。延长退休年龄将有助于提高俄罗斯的劳动参与率，有助于改善养老金的长期收支平衡。

第三，注重社会保障政策的执行效率。不少新兴经济体的社会保障政策仍然存在执行效率低的问题。例如，中国在社会保障政策改革方面取得重大成绩，但是仍然存在政策执行效率等方面的问题，需要从提高基本社会保障管理水平入手，逐步扩大服务领域，注重实效，避免过于重视推出新政策，而忽略政策的后续实施与管理。社会保障制度的高效运行与政府部门的行政管理体制分不开。要加强社会保障部门之间的协调和配合，理顺不同部门之间的关系，避免上下级部门之间和跨部门的管理制度产生冲突，形成与社会居民良好高效互动的制度网络。

第四，统筹城乡的社会保障制度。新兴经济体城乡之间的社会保障制度仍然有较大差异是加大城乡收入差距的重要因素。例如，印度的社会保障制度中的最大问题是二元经济结构。弥合二元经济差异，必须将完善农村基本养老、基本医疗和最低生活保障作为重点，提高农村社会保障水平，平衡城乡间社会保障差异。地方政府虽然在打破本地区城乡社会保障制度界限方面能够起到主导作用，但地区阻隔很难让地方政府在财政资源方面跨区使用。因此打破社会区域阻隔与不平衡需要中央政府统筹协调。对于城乡居民社会保障标准地区差异过大问题也需要中央政府进行适度干预，确保一些低收入与老年人的基本社会保障权益得到维护。

第五，充分调动民间力量，推动社会保障模式的创新。多年来，韩国实施社会保障政策的重要经验是一直把与民间机构的协同与合作当作社会保障制度的重要内容来看待。韩国大力提倡企业背负更多社会责任，与中央政府、地方政府、社区以及家庭共同构建社会保障网络。新兴经济体需要在明确政府与民间的社会保障责任基础上，充分调动民间机构参与社会保障建设，提供各种社会保障公共服务，有效地弥补政府行政机构的部分功能缺失，进一步堵住社会保障制度网络的漏洞，提高居民，尤其是低收入人群和老年人的生活水平。

（三）防范逆全球化风险的建议

第一，继续倡导自由贸易，加强经贸投资与技术合作。当前全球多边贸易机制停滞不前的情况下，反全球化与贸易保护主义在兴风作浪，不利于新兴经济体开拓国际市场。新兴经济体在改善国际贸易环境和提升全球价值链等方面有着共同诉求。新兴经济体之间的贸易商品所处价值链地位低，对其他国家的原材料以及零部件的进口依赖较高。很多货物出口主要是对原材料的加工、装配等劳动密集型生产环节，缺乏自身的核心产品竞争力。新兴经济体要最大限度地利用和吸收全球生产要素，推动产业资源整合，提升产业的国际竞争力。新兴经济体间互相开放市场，削减关税与非关税壁垒，探索经贸技术合作与交流，不仅可以实现优势互补与互利共赢，而且也有助于改善贸易条件，推动新兴经济体之间的产业升级与技术创新。

新兴经济体在要素禀赋方面各自具有鲜明特点与优势，形成较强的货物与资源互补性。例如，中国在制造业领域具有较为完善的工业生产基础与相对丰裕的熟练劳动力，印度则在服务业与软件外包领域具有很强的国际竞争力，俄罗斯在石油、天然气等能源技术与航空航天技术等方面位列世界前列，巴西在现代农业资源与技术方面具有较强优势，而南非在自然矿产方面具有资源与技术优势。新兴经济体国家各有特色的要素禀赋是构建多层次宽领域经贸合作制度安排的重要现实基础。尽管技术进步和经济全球化可能带来收入差距的扩大，但必须看到其为全球经济做出的贡献。新兴经济体需要做的并不是摒弃经济全球化，而是通过一些政策手段来弥补经济全球化可能带来的负面影响。新兴经济体应着眼于全球经贸形势与贸易机制艰难发展局面，加快经贸合作，从国家、行业与企业等不同层面探索合作机制，加强经贸投资与技术合作，并通过互惠协商机制解决贸易摩擦，提升新兴经济体在全球经贸体系变革中的地位与作用，为长期对外贸易与投资增长提供良好制度基础。

第二，通过加强金融合作机制化建设来抵御金融风险。新兴经济体所处的发展阶段决定了在经济运行特点与所面临的问题上具有不少共同特点。面对类似的发展问题，新兴经济体有必要在经济与其他领域加强制度化合作，分享与借鉴经验与教训，共同应对国内经济社会矛盾与全球经济环境带来的各种挑战。全球金融冲击带来的风险是新兴经济体共同面临的重要问题之一，新兴经济体国家之间已经通过银行间合作与货币互换、货币结算与贷款业务等方面合作尝试应对风险。尤其是，金砖国家成立金砖国家新开发银行，为金砖国家的基础设施建设和可持续发展项目提供资金便利。金砖国家新开发银行的扁平化治理结构和高效的业务将有助于成员国之间的资金融通与贸易往来，为金砖国家进一步拓宽融资渠道。除此之外，金砖国家应急储备安排也是对冲各国国际收支变动带来的风险的一种实践。

未来新兴经济体应继续探索金融合作机制来减轻外部资本流动造成的冲击，妥善控制好短期流动性风险问题，提高金融系统稳定性，这将有助于新兴经济体降低必要的外汇储备持有量。要加强金融机构网络化建设，在会计准则和审计监管、本币债券市场、货币互换与结算等领域深化合作，促进金融市场的互联互通。另外，要持续提升金砖开发银行的融资能力和项目质量，增强应急储备安排、应对和处置风险的能力。新兴经济体需要继续推动金融改革与政策协调，通过构建国际规范的国际金融治理制度与运行模式来确保金砖国家新开发银行资金的高效使用与运转，不断推出适合新兴经济体国情的创新型公共产品，为金砖国家和其他新兴经济体的经济增长提供有力保障。

第三，推动新兴经济体国内产业结构升级与结构性改革。新兴经济体普遍进入工业化中期阶段，国民经济得到较快发展，人均收入提升速度也较快，而这一阶段恰恰是需要经济转型与加快经济结构性改革的关键时期。新兴经济体的环境资源面临更多的约束，技术创新与升级任务十分紧迫。从发达国家的经济增长经验来看，新兴经济体需要将适用性先进技术应用于传统产业，对传统产业不断进行本土化经营改造，为传统产业的技术升级与创新提供良好基础。适用性先进技术有助于继续保持金砖国家在能源、劳动力以及其他要素方面的比较优势，改变新兴经济体国家原有传统产业的生命周期，为长期经济增长奠定基础。

新兴经济体需要加强经济基本面建设，提高抵御金融风险能力，控制好财政债务规模与贸易逆差规模，充分挖掘市场需求，提高潜在增长率。一些新兴经济体拥有庞大的人口与广阔的国内市场，为推动内需型内生经济增长提供极为有利的发展条件。然而，新兴经济体要想实现内需型内生经济增长需要建立稳固而健康的产业循环体系和产业结构。只有健康的产业循环体系和不断更新的产业结构才能为经济提供源源不断的增长动力。尤其在全球市场需求疲软的情况下，新兴经济体更加需要挖掘国内市场需求与生产潜力，有效地应对全球需求缩小带来的冲击。新兴经济体需要推动结构性经济改革，提高潜在产出，调整生产和出口商品结构，增强抵抗外部冲击的能力。

新兴经济体要进一步完善政府财税体制改革，规范收入分配行为。尤其，中国和印度等国家虽然经济增长速度在金砖国家和其他发展中国家中名列前茅，但劳动报酬占 GDP 比重低于俄罗斯、南非和巴西等新兴经济体。因此，中国和印度等新兴经济体要确保居民收入增长与经济增长同步，劳动报酬与劳动生产率需同步提高。新兴经济体需持续通过制度改革，提高初次分配效率，实现公平与效率的有机统一。新兴经济体要继续健全社会保障制度，深化收入分配体制改革，一方面提高劳动报酬，另一方面减轻新兴经济体企业税收负担，完善收入分配与再分配制度。

第四，推动新兴经济体合作在全球治理制度上的创新。当前全球失衡与国际经济治理之间存在内在联系。由于国际金融架构的缺陷，资本流动与经常账户余额经常反方向变化。面对金融安全网的漏洞，各国都在积极探寻稳定金融市场的方法，防止投资者为短期利益而进行投机活动，构建牢固而有效的金融安全网。在全球经济治理方面，新兴经济体已经取得了一些成果。在国际货币基金组织与世界银行等国际组织中，金砖国家的发言权得到一定提升。人民币正式被国际货币基金组织纳入特别提款权，扩大了特别提款权的货币篮子。实践证明，新兴经济体在资本流动、跨境投资与贸易等方面的多边合作与治理有助于全球经济稳定与长期可持续经济增长。为了提高全球治理参与度，新兴经济体的首要任务就是要熟悉全球治理规则与现实需求，增强自身经济治理能力，把握全球治理体系发展方向与趋势。

在全球治理制度设计上，新兴经济体要积极探索能让世界各国接受的制度框架体系，要让全球治理体系具有更多现实基础，同时又要不失前瞻性与灵活性。一个具有包容性与合理性的全球治理体系才能获得全球各国更多支持与呼应，并且为全球经济以及发展中国家带来裨益。新兴经济体要在承认现有国际治理体系的基础上，推动重要国际经济组织的改革，提高国际组织的实际效率以及这些组织在全球经济治理中的作用。中国提出的“一带一路”倡议也是一种参与全球经济治理的尝试。

“一带一路”作为一种全球公共产品，是对原有全球治理体系的重要创新，将对全球化进程与全球经济治理产生重要影响。另外，新兴经济体对全球经济治理体系的参与和改革必然牵扯到其他经济体的利益，也可能会引起各种矛盾与冲突。新兴经济体要把全球经济治理体系创新过程作为长期重要使命来看待，对于一些潜在矛盾需利用集体力量去化解，在全球经济治理体系创新问题上努力实现帕累托改进。

（四）防范中等收入陷阱风险的建议

不少新兴经济体正在面临“中等收入陷阱”的威胁甚至已经落入“中等收入陷阱”。一些新兴经济体的经济出现停滞，同时也遇到收入差距加大等社会问题。新兴经济体的“中等收入陷阱”是由各种内因和外因相互作用形成的，需要从多角度去分析并解决。

第一，调整对外贸易战略。不少新兴经济体在把对外贸易结构从初级产品向高技术产品转换时，遇到各种问题。过度依赖初级产品的出口产品结构不仅不利于产品附加值的提升，而且可能会延误经济转型时机。长期未形成新的结构与竞争力的话，则将重复着消耗资源的旧模式，经济失去长期发展的动力。中高技术产品带动的出口结构能够更加主动地应对国际市场需求的变化，容易形成持续提升国际竞争力的良性循环发展模式，能够让中等收入国家较为迅速地摆脱收入陷阱。同时，为了形成出口导向型发展战略的良性循环，需要进一步探索缩短社会收入差距的方法，不断培养出熟练劳动力，提高生产能力供给，这也有利于形成强大的国内需求。

第二，技术创新与创新驱动增长模式。为了从要素投入型为主的经济增长方式转变成为以创新驱动为主的增长方式，新兴经济体需要坚持技术创新，不断通过创新来获得经济的增长。如果新兴经济体单纯靠资源配置来推动经济增长，将无法持续下去。以基础研究为中心的研发战略是从引进技术转向技术创新的重要基础，也是新兴经济体增强自我技术创新能力的重要渠道。要加强政府财政科技经费对技术研发的调节作用，尤其加大对基础研究的支持力度，提高自主原创性技术项目的资助，同时也要提升科研经费的使用效率，为技术创新提供良好保障。

第三，健全和完善国家治理体系。新兴经济体要想持续稳定地实现长期经济增长，必须改善国家治理体系，才能确保长期经济发展动力。要维护公平公正的市场秩序，约束大企业的垄断地位和内部交易，不断推出鼓励中小企业发展的政策来维护公正的市场秩序。通过强化公平竞争的市场环境来提高经济运行效率，反对行业长期低效垄断，改革政府行政管理体系，进一步为企业提供良好发展环境。新兴经济体的经济改革过程中必定会遇到既得利益集团的阻挠与反对。经济改革不仅需要在经济领域进行，而且也需要在国家治理体系中取得重大进展[①]。政府要不断提升国家治理水平，推进收入分配制度改革，形成“橄榄型”分配格局，同时通过健全的制度来约束和规范市场行为，提升经济政策的效率。新兴经济体要想实现创新驱动型增长，就必须为技术创新提供良好的孕育空间，不设过多政策条框，不设过多行政审批与干涉。制度并不是对微观主体不做任何约束，而是为微观主体公平和有序竞争提供保障，维护和尊重微观主体的利益，打破特权和寻租行为，鼓励微观主体发挥更多能动性。

第四，优化产业结构，发展高端制造业。新兴经济体要优化产业结构，改造传统产业，支持发展新兴产业，推动产业结构升级与调整。要把过去单纯以工业为主的结构转向服务业为主的结构，并将工业结构从中低端制造业为主转向中高端制造业为主，要逐步推动制造业的高端化、高附加值化。要改变新兴经济体在全球价值链中的位置，集中优势科技资源，推进新兴产业的发展。产业结构的调整要与能源供求结构调整同步进行。要提高能源效率，推广低碳技术，支持节能降耗，通过市场准入和碳排放政策来提高高耗能产业的生产成本，淘汰落后产能。政府对市场的调节以及对产业的扶持，最宜于从提供国际市场信息、消除制度性障碍，为企业提供良好的发展环境开始。如果通过政府的政策方向引导，企业在经营中获得积极回报，那么这种政府的产业政策无疑是比较成功的。

第五，培育中产阶层。为了形成有效的乡村购买力，就需要提高乡村居民生活水平，形成消费需求旺盛的中产阶层。经济结构的调整与中

---

① 胡鞍钢、任皓、鲁钰锋、周绍杰：《中国跨越中等收入陷阱：基于五大发展理念视角》，《清华大学学报》（哲学社会科学版）2016 年第 5 期。

产阶层的培育需要同时进行。当前新兴经济体社会阶层结构普遍不均衡，低收入阶层较多，而中产阶层比重过小，无法形成国民经济的消费群体。新兴经济体的高收入阶层虽然消费较高，但所占比重非常小，而且他们的边际消费倾向比较小，不利于带动全社会的消费。要想提高中产阶层的比重，需要从制度上为中产阶层的形成提供各种有利环境。要改善税收结构，从机制上为中产阶层提供各种收入增长渠道。

第六，关于国际分工与全球价值链战略。经济全球化为新兴经济体实现资源的跨国配置、从技术引进过渡到技术创新提供了良好的外部环境。一些新兴经济体仍处在全球价值链的中低端，产品低附加值是关键问题。全球价值链正在主导全球贸易格局的深层次改变。全球价值链的兴起对传统贸易理念与政策提出了新的挑战，对全球贸易与投资的规则提出了新的要求。新兴经济体要把全球价值链作为重要的国家战略，增强与全球经济的协同作用，根本上扭转处于全球价值链纵向分工体系中的不利地位。

（五）防范疫情风险的建议

新冠疫情对全球经济增长造成严重冲击，关于新冠疫情风险，本书第七章已有详细论述。尽管新冠病毒的疫苗已经得到研发，但变异病毒的出现让全球经济仍然充满不确定性。后疫情时代，逆全球化政策与贸易保护主义政策依然阻碍全球自由贸易的发展，新兴经济体面临严峻考验。面对疫情风险，新兴经济体应在以下几方面采取措施。

第一，加大宏观政策力度，支持疫情防控和经济复苏。各新兴经济体的货币政策和财政政策需要加强协调配合。货币政策侧重在流动性上，可以调整需求，而财政政策时效快、目标明确，可以增加结构性供给。财政政策要结合普惠性和精准性特点，开拓收支空间，发挥政策优势。加大转移支付的力度，对于受疫情影响严重的地区重点推行转移支付，保障民众的基本民生。新兴经济体可以通过加大减税力度的方式，减免相关产业或企业的相关税费，鼓励企业承担更多社会责任。货币政策上，加大逆周期调控力度，保证充足的市场流动性，通过结构性工具来扶持受疫情影响大的产业发展，为相关产业或企业降低融资成本。鼓励金融机构创新金融工具，扩宽企业融资渠道，改善企业的现金流期限结构。

第二，完善政府应对社会突发事件的能力。在疫情中，新兴经济体完善重大疫情防控救助机制、公共卫生安全防控体系等机制显得尤为重要。对于突发疫情事件应积极干预，包括医疗资源统筹调配、增强信息披露和防治过程的全面监管。要完善各级社会公益组织尤其是慈善机构的信息公开机制，增强其公信力，衔接好社会资源与疫区的通道。

第三，保障有效就业，缓解就业压力。在疫情冲击下，如何避免高失业率是每个新兴经济体都需要关注的问题。政府要强化困难人员就业援助，及时将受疫情影响人员纳入援助范围。鼓励中小企业吸纳就业，对符合条件的企业可以给予就业补贴。创新优化就业服务模式，为疫情防控期间企业和劳动者提供有力的就业政策保障。

第四，确保产业链和供应链的稳定。疫情导致很多国家关闭边境或加强对物流和人员流动的检查，很可能对产业链和供应链产生不利影响。尤其是经济全球化进程倒退可能会造成产业链出现断裂风险，并给新兴经济体带来无法挽回的损失。新兴经济体在防止疫情扩散的同时，也要通过政策措施确保这些产业的运转，将损失降到最低。

第五，加强联防联控，建立高水平的疫情防控协调机制。为了应对这次疫情冲击，新兴经济体有必要建立高水平的疫情防控协调机制，对区域及全球公共卫生应急事件做出及时的反应，提高突发公共卫生事件响应速度，共同维护区域生产供应体系。通过疫情防控协调机制，共同促进产业链、供应链畅通，推动尽快恢复经济增长。同时，加强流行病学科研合作，共享科研数据和信息，积极开展药物、疫苗等研发合作，有效防止疫情跨境传播。充分发挥国际组织的作用，在世界卫生组织支持下加强信息沟通、政策协调、行动配合，共同维护好地区和全球的公共卫生安全。

第六，加强国际卫生及经贸合作，共同追求全球经济复苏。在后疫情时代，新兴经济体应加强宏观经济政策协调和经贸合作，尽力推动全球经济的复苏，防止出现更多人陷入困境。在全球经济增速放缓、逆全球化和民粹主义思潮抬头的背景下，新冠疫情大幅提高了全球经济陷入严重衰退的可能性，在后疫情时代，新兴经济体应继续加强经贸合作，共同为全球及区域经济繁荣作出贡献。后疫情时代，新兴经济体有必要进一步增强政治互信和互动，本着平等互信、相互尊重的原则，继续巩固和发展区域双边及多边关系，深化在区域事务中的合作，努力取得更多积极成果。

第七，加强国际宏观政策的协调。在新冠疫情全球蔓延的情况下，新兴经济体需要在宏观政策上进行密切协作，共同降低疫情对经济造成的负面影响。在宏观政策协调上，新兴经济体政府可以共同向市场发出信号，协调一致地采取包括采取宏观刺激政策在内的适当和必要措施。强有力的多边合作对于克服疫情影响至关重要，包括帮助面临卫生与融资双重冲击的一些经济体克服资金约束，以及向医疗体系薄弱的经济体提供援助。警惕可能影响地区金融稳定的潜在风险，密切区域金融合作，加强政策协调，密切监控本地区经济金融情况，及时进行风险评估，并协商研究应对方案。

参考文献

安辉、丁志龙、谷宇：《“金砖国家”流动性冲击风险的影响因素研究》，《国际金融研究》2016 年第 5 期。

安辉、秦伟广、谷宇：《美国量化宽松货币政策对黄金价格的影响研究——基于政策宣告时点和政策实施区间的经验分析》，《国际金融研究》2016 年第 11 期。

边卫红、陆晓明、高玉伟、陶川：《美国量化宽松货币政策调整的影响及对策》，《国际金融研究》2013 年第 9 期。

卞靖、李松健：《跨越：“中等收入陷阱”的国际比较与启示——从供给侧结构性改革的视角》，《当代经济管理》2017 年第 11 期。

蔡春林、丁畅：《经济增速放缓背景下强化金砖国家合作机制的对策》，《国际商务研究》2014 年第 5 期。

蔡昉：《从中等收入陷阱到门槛效应》，《经济学动态》2019 年第 11 期。

蔡昉：《跨越“中等收入陷阱”唯有改革》，《红旗文稿》2016 年第 7 期。

蔡昉：《通过改革避免“中等收入陷阱”》，《南京农业大学学报》（社会科学版）2013 年第 5 期。

蔡松锋、张亚雄：《跨大西洋贸易与投资伙伴协议（TTIP）对金砖国家经济影响分析——基于含全球价值链模块的动态 GTAP 模型》，《世界经济研究》2015 年第 8 期。

曹杨、宋璐佳、肖金雨、娄莉萍：《积极应对人口老龄化背景下长期照护保险制度试点的成效、挑战与发展方向——以成都市为例》，《残疾人研究》2020 年第 3 期。

陈昌兵、张平：《突破“中等收入陷阱”的新要素供给理论、事实及政策选择》，《经济学动态》2016 年第 3 期。

陈春根、胡琴：《FDI 对金砖国家经济增长影响的实证研究》，《经济问题探索》2012 年第 11 期。

陈丹妮：《人口老龄化对家庭金融资产配置的影响——基于 CHFS 家庭调查数据的研究》，《中央财经大学学报》2018 年第 7 期。

陈虹、马永健：《美国量化宽松货币政策与退出效应及其对中国的影响研究》，《世界经济研究》2016 年第 6 期。

陈杰：《人口老龄化、产业结构调整与经济增长——基于江苏的实证分析》，《华东经济管理》2020 年第 2 期。

陈磊、张军：《金砖国家经济周期协同性及其传导机制》，《数量经济技术经济研究》2017 年第 3 期。

陈明华、仲崇阳、张晓萌：《中国人口老龄化的区域差异与极化趋势：1995—2014》，《数量经济技术经济研究》2018 年第 10 期。

陈秋霖、许多、周羿：《人口老龄化背景下人工智能的劳动力替代效应——基于跨国面板数据和中国省级面板数据的分析》，《中国人口科学》2018 年第 6 期。

陈瑞、曾英、王景乐、黄映红：《货币、资产价格变动对估值效应的影响研究——来自金砖国家数据的实证分析》，《价格理论与实践》2017 年第 1 期。

陈诗一、郭俊杰：《新冠肺炎疫情的经济影响分析：长期视角与短期应对》，《经济理论与经济管理》2020 年第 8 期。

陈习琼：《云南省人口老龄化地区差异主要影响因素》，《中国老年学杂志》2018 年第 18 期。

陈亚琦：《基于供求视角的“中等收入陷阱”分析与对策——来自日本与韩国的经验》，《河北经贸大学学报》2014 年第 5 期。

程实：《构建“双循环”与跨越“中等收入陷阱”》，《企业观察家》2020 年第 9 期。

程文、张建华：《产业创新升级视角下“中等收入陷阱”的跨越》，《产经评论》2018 年第 4 期。

程文、张建华：《收入水平、收入差距与自主创新——兼论“中等收入陷阱”的形成与跨越》，《经济研究》2018 年第 4 期。

程文、张建华：《“中等收入陷阱”的定量识别与跨越路径》，《统计与决策》2019 年第 1 期。
程志强、马金秋：《中国人口老龄化的演变与应对之策》，《学术交流》2018 年第 12 期。
崇泉：《新冠疫情对经济全球化与 WTO 的影响及中国的对策建议》，《国际贸易问题》2020 年第 6 期。
春燕、郭海生、王灿：《上海人口老龄化如何影响经济社会发展》，《上海经济研究》2019 年第 8 期。
春燕：《新型城镇化背景下地区人口老龄化与人口缩减叠加的问题及应对：日本经验与启示》，《城市发展研究》2020 年第 1 期。
崔俊富、陈金伟、崔伟：《中国必将跨越“中等收入陷阱”的原因分析》，《管理现代化》2020 年第 3 期。
崔岩：《新冠疫情冲击下的日本经济与社会经济政策的新课题》，《现代日本经济》2020 年第 6 期。
代金辉、马树才：《人口老龄化对经济增长影响路径的统计检验》，《统计与决策》2019 年第 3 期。
代燕、梁海艳：《人口老龄化对区域社会经济发展影响——以曲靖市为例》，《中国老年学杂志》2019 年第 12 期。
戴金平：《美国量化宽松货币政策的退出与当前国际金融形势》，《中国高校社会科学》2014 年第 6 期。
邓翔、张卫、万春林：《人口老龄化与技术进步：凛冬将至吗——来自 OECD 国家的经验证据》，《广东财经大学学报》2019 年第 6 期。
丁伟国、安添金、何宁：《量化宽松货币政策的影响与应对策略》，《山东社会科学》2013 年第 12 期。
丁一凡：《新冠肺炎疫情下的世界经济形势与中国新发展格局》，《当代世界》2020 年第 11 期。
董克用、张栋：《人口老龄化高原背景下加快我国养老金体系结构化改革的思考》，《新疆师范大学学报》（哲学社会科学版）2018 年第 6 期。
董学智：《信息化时代下发展中国家经济安全困境与出路——以“金砖国家”的合作为例》，《江苏大学学报》（社会科学版）2017 年第 5 期。
窦菲菲、田素华：《美国量化宽松货币政策退出与人民币汇率波动——基于市场套利行为和央行货币政策因素的实证研究》，《上海经济研究》

2016 年第 5 期。
杜江、赵伟霖：《疫情时期中国金融政策对提升社会经济恢复力的效果分析》，《河北学刊》2020 年第 6 期。
杜婕、朱欣乐、赵宣凯：《美国量化宽松货币政策对中国宏观经济的冲击——基于世界石油价格为传导路径的分析》，《当代经济研究》2014 年第 6 期。
杜娟：《中东欧国家关注“中等收入陷阱”的原因》，《学术交流》2016 年第 11 期。
杜焱：《金砖国家经济制度变迁对经济增长影响的比较》，《经济社会体制比较》2014 年第 2 期。
杜宇玮：《中国何以跨越“中等收入陷阱”——基于创新驱动视角的考察》，《江海学刊》2018 年第 4 期。
杜玉慧、施学忠、张卫萍、王莹、贾晓灿、程志伟、夏振华、杨永利：《中国人口老龄化时间空间变化趋势分析》，《中国卫生统计》2018 年第 4 期。
范德胜：《美国量化宽松货币政策逻辑、影响和中国对策研究》，《国际贸易》2013 年第 1 期。
范和生：《后疫情时代与经济社会高质量发展》，《山东社会科学》2020 年第 9 期。
范逸男、陈丽娟：《人口老龄化背景下康养小镇发展研究》，《技术经济与管理研究》2020 年第 10 期。
方显仓、张卫峰：《人口老龄化与货币政策：研究进展与政策启示》，《上海财经大学学报》2019 年第 1 期。
方显仓、张卫峰：《人口老龄化与货币政策有效性——理论演绎与跨国证据》，《国际金融研究》2019 年第 7 期。
方行明、张蓓、付莎、苏梦颖：《疫情对经济的影响与“灾害适应型经济”的转型》，《经济理论与经济管理》2020 年第 9 期。
方毅、于大力、张筱婉：《石油冲击对“金砖国家”经济增长和通胀的影响》，《世界经济研究》2013 年第 5 期。
冯剑锋、陈卫民、晋利珍：《中国人口老龄化对劳动生产率的影响分析——基于非线性方法的实证研究》，《人口学刊》2019 年第 2 期。

冯俏彬、王莹莹、杨光普：《新冠疫情冲击下各国经济救助政策比较》，《地方财政研究》2020 年第 9 期。

冯玉军：《“后疫情时代”的世界秩序与俄罗斯的战略选择》，《亚太安全与海洋研究》2020 年第 5 期。

冯月：《人口老龄化对西部地区服务业发展的影响研究》，《商业经济研究》2019 年第 6 期。

付宇珩、李一平：《反全球化与金砖国家合作——一种跨层次理论分析》，《厦门大学学报》（哲学社会科学版）2017 年第 4 期。

傅沂、梁利：《人口老龄化、科技创新与新型城镇化的关系研究——基于省际面板数据的 PVAR 实证分析》，《管理现代化》2020 年第 1 期。

盖骁敏、张双双：《人口老龄化对中国经济增长的影响研究——基于劳动力供给和资本投资视角》，《山东社会科学》2018 年第 6 期。

高飞、赵净：《亚洲金融危机对“中等收入陷阱”国家（地区）的传染性研究——兼论中国未来摆脱“中等收入陷阱”之道》，《中央财经大学学报》2013 年第 6 期。

高京平、齐佳楠：《巴西为什么落入“中等收入陷阱”》，《人民论坛》2017 年第 19 期。

高笋元：《试论中国应对“中等收入陷阱”的策略》，《商业时代》2014 年第 36 期。

高小红、董思远、王萌：《美国宽松货币政策对中国通货膨胀影响的实证研究》，《国际贸易问题》2015 年第 5 期。

高越、李荣林：《人口老龄化如何影响出口技术复杂度》，《当代财经》2018 年第 6 期。

格里高利·克拉埃、索尔特·达瓦斯、刘兴坤：《超宽松货币政策的金融稳定风险》，《国际经济评论》2015 年第 3 期。

格泽高兹·W. 科勒德克、廖舟：《疫情后的世界政治和经济》，《国外社会科学》2020 年第 5 期。

谷祖莎、许维杰：《金砖国家合作的贸易效应研究——基于合成控制法的实证分析》，《价格月刊》2020 年第 7 期。

管涛、陈之平：《美联储退出量化宽松货币政策与金融稳定》，《国际经济评论》2014 年第 6 期。

郭东杰、唐教成：《人口老龄化、养老保险改革与劳动参与率研究》，《财经论丛》2020 年第 6 期。

郭栋：《灾难风险经济冲击效应与货币政策机制选择研究——基于 DSGE 模型的新冠肺炎疫情经济模拟》，《国际金融研究》2020 年第 8 期。

郭福春、潘锡泉：《欧洲央行量化宽松货币政策的有效性分析》，《浙江学刊》2015 年第 6 期。

郭金兴、包彤、曹亚明：《中等收入陷阱有关争论及其对中国经济的启示》，《江淮论坛》2020 年第 2 期。

郭金兴、胡佩选、牛牛：《中等收入陷阱的经验证据、理论逻辑及其对中国经济的启示》，《经济学动态》2014 年第 1 期。

郭金兴、胡映：《典型地区跨越中等收入陷阱的比较研究》，《亚太经济》2016 年第 5 期。

郭涛、刘瑞：《疫情冲击对国民经济运行的影响：机制、证据与策略》，《上海经济研究》2020 年第 9 期。

郭熙保、朱兰：《中等收入陷阱”存在吗？——基于统一增长理论与转移概率矩阵的考察》，《经济学动态》2016 年第 10 期。

郭英彤、张屹山、赵晓波：《跨越“中等收入陷阱”之辩——基于增长潜力研究的回答》，《经济问题探索》2016 年第 12 期。

哈青梅、张晓光：《中国跨越“中等收入陷阱”探析——基于 2016 年中国政府工作报告论证》，《改革与战略》2016 年第 12 期。

韩保江：《论疫情冲击下的中国经济韧性》，《理论探索》2020 年第 5 期。

韩晶、孙雅雯、陈曦：《后疫情时代中国数字经济发展的路径解析》，《经济社会体制比较》2020 年第 5 期。

韩平、梁谱：《“中等收入陷阱”的判定标准及测度方法：一个综述》，《哈尔滨商业大学学报》（社会科学版）2018 年第 1 期。

韩平、赵文蕾：《人口结构、产业结构与“中等收入陷阱”——基于 41 个国家的实证分析》，《哈尔滨商业大学学报》（社会科学版）2019 年第 3 期。

韩师光、李建柱：《日韩跨越中等收入陷阱的做法及启示》，《经济纵横》2013 年第 10 期。

韩文龙、李梦凡、谢璐：《“中等收入陷阱”：基于国际经验数据的描述与测度》，《中国人口·资源与环境》2015 年第 11 期。
韩秀兰、赵楠：《中国人口老龄化对个人所得税收入的影响研究》，《税务研究》2019 年第 3 期。
韩秀云：《美国量化宽松货币政策退出的基础、步骤与影响》，《国际贸易》2013 年第 7 期。
郝福庆、王谈凌、鲍文涵：《积极应对人口老龄化的战略思考和政策取向》，《宏观经济管理》2019 年第 2 期。
郝会凌：《我国收入分配政策与跨越中等收入陷阱问题研究——基于个人所得税视角》，《西南金融》2020 年第 3 期。
郝乐、张启望：《度量人口老龄化的新指标》，《统计与决策》2020 年第 20 期。
何冬梅、刘鹏：《人口老龄化、制造业转型升级与经济高质量发展——基于中介效应模型》，《经济与管理研究》2020 年第 1 期。
何宏莲、李晓东：《我国养老产业集群发展应对人口老龄化策略》，《学术交流》2020 年第 10 期。
何玉长：《结构调整与分配改革：新常态经济跨越“中等收入陷阱”之路》，《学术月刊》2015 年第 9 期。
何育静、黄艺：《价值链视角下人口老龄化对技术创新的影响机制分析》，《西北人口》2020 年第 3 期。
贺大兴、姚洋：《不平等、经济增长和中等收入陷阱》，《当代经济科学》2014 年第 5 期。
贺丹、刘厚莲：《中国人口老龄化发展态势、影响及应对策略》，《中共中央党校（国家行政学院学报）》2019 年第 4 期。
贺双荣：《巴西与金砖国家合作机制：战略考量、成果评估及可能的政策调整》，《当代世界》2017 年第 8 期。
呼倩：《中国人口老龄化的劳动供给效应——基于省级面板数据的分析》，《广东财经大学学报》2019 年第 4 期。
胡鞍钢、任皓、鲁钰锋、周绍杰：《中国跨越中等收入陷阱：基于五大发展理念视角》，《清华大学学报》（哲学社会科学版）2016 年第 5 期。
胡朝晖、李石凯：《美国量化宽松货币政策的前景》，《中国金融》2013 年第 5 期。

胡在铭：《收入分配与中等收入陷阱基于 Probit 模型的实证研究》，《商业经济研究》2016 年第 10 期。

胡湛、彭希哲：《对人口老龄化的再认识及政策思考》，《中国特色社会主义研究》2019 年第 5 期。

胡湛、彭希哲：《应对中国人口老龄化的治理选择》，《中国社会科学》2018 年第 12 期。

胡振红：《美中“量化宽松”货币政策比较》，《贵州社会科学》2015 年第 4 期。

胡宗义、解俊杰、刘亦文：《金砖国家经济增长源泉的异质性及强度研究——基于互联网、金融发展和法治水平的视角》，《统计与信息论坛》2017 年第 4 期。

黄宝敏：《中国经济增长的动力特征与“中等收入陷阱”的规避路径》，《统计与信息论坛》2017 年第 9 期。

黄承芳、李宁、张正涛、刘远、王芳：《新冠肺炎疫情冲击后的中国经济恢复发展预估》，《灾害学》2020 年第 4 期。

黄甫喆、陈孝伟：《人口老龄化对中国宏观经济增长路径的影响——基于 TVP-VAR 模型的实证研究》，《上海金融》2020 年第 1 期。

黄继炜、全毅：《东盟国家落入“中等收入陷阱”的原因与教训》，《当代经济管理》2014 年第 7 期。

黄剑辉：《架设改革创新之桥　跨越“中等收入陷阱”》，《中国财政》2015 年第 16 期。

黄鲁成、刘春文、苗红、吴菲菲：《开展依靠科技创新应对人口老龄化研究的思考》，《中国软科学》2019 年第 5 期。

黄先海、宋学印：《中国跨越潜在“中等收入陷阱”的新增长战略：从追赶导向到竞争导向》，《国际经济评论》2018 年第 1 期。

黄志凌：《观察疫情对于经济的冲击力应该考虑深远影响》，《征信》2020 年第 7 期。

籍斌、史正、邵秀娟、柳春美、凌红：《国际社会积极应对人口老龄化比较研究》，《科学决策》2020 年第 9 期。

贾晖、郭亚楠、初浩、叶乾霖：《后疫情时代下数字经济带动经济发展的实证分析》，《工业技术经济》2020 年第 11 期。

贾康、苏京春：《直面"中等收入陷阱"真问题——基于1962—2013年全球数据对"中等收入陷阱"的判断、认识》，《中共中央党校学报》2015年第4期。

江鑫、黄乾：《劳动生产率呈倒"U"型变化趋势的人口老龄化因素分析》，《当代经济研究》2019年第3期。

姜少敏：《中国经济能实现可持续发展吗？——兼论"中等收入陷阱"》，《教学与研究》2013年第6期。

姜伟：《突发大规模疫情对经济发展的影响——基于公众关注和媒体关注的视角》，《经济与管理研究》2020年第10期。

姜文辉：《产业升级、技术创新与跨越"中等收入陷阱"——东亚和东南亚经济体的经验与教训》，《亚太经济》2016年第6期。

蒋同明：《人口老龄化对中国劳动力市场的影响及应对举措》，《宏观经济研究》2019年第12期。

蒋雨桥、李小克、向娟娟：《出口复杂度变动对金砖国家经济增长的影响分析》，《统计与决策》2017年第2期。

蒋昭乙：《金砖国家在全球价值链分工体系中的依赖关系——基于TiVA数据的实证分析》，《现代经济探讨》2018年第1期。

解安、宋一：《"中等收入陷阱"的战略思考》，《人民论坛》2013年第17期。

金光照、陶涛、刘安琪：《人口老龄化与劳动力老化背景下中国老年人力资本存量与开发现状》，《人口与发展》2020年第4期。

金雪军、曹赢：《量化宽松货币政策研究综述》，《浙江社会科学》2016年第11期。

金英君：《人口老龄化背景下我国人口结构特征对产业结构优化升级的影响研究》，《科学决策》2018年第11期。

鞠方、李文君、李书娴：《区域差异化视角下人口老龄化对房价的影响》，《区域经济评论》2019年第1期。

孔田平：《"中等收入陷阱"与中东欧国家的增长挑战》，《欧洲研究》2016年第2期。

寇宏伟、陈璋：《中等收入陷阱跨越机制分析——需求规模与技术进步》，《上海经济研究》2020年第2期。

匡毅、陈怡安：《美国实施抑或退出量化宽松货币政策对中国通货膨胀之影响——基于扩展的结构 VAR（SVAR）模型估计法》，《经济问题》2015 年第 7 期。

拉朱·汇德姆、M. 阿伊汉·高斯、弗朗西斯卡·L. 奥恩佐格：《金砖国家增长放缓及其溢出效应》，《新金融》2017 年第 2 期。

蓝虹、穆争社：《量化宽松货币政策的全景式回顾、评价与思考》，《上海金融》2015 年第 7 期。

乐菡：《人口老龄化背景下政府财政卫生支出对经济增长的影响研究》，《中国卫生资源》2018 年第 47 期。

黎玲君、陈瑛、周进：《中国对金砖国家直接投资效益与投资环境时空耦合分析》，《世界地理研究》2019 年第 4 期。

李翀：《“金砖国家”还是真金吗？——“金砖国家”经济增长动力的比较与分析》，《学海》2014 年第 3 期。

李光辉、王芮：《新冠疫情冲击下中国开放型经济发展思考》，《国际贸易》2020 年第 10 期。

李光明、刘丹玉：《人口老龄化、科技创新与制造业升级研究——基于空间计量模型分析》，《工业技术经济》2018 年第 10 期。

李国平、杨艺、徐祯、李涛：《全球重大疫情对经济系统的影响及其响应的比较研究》，《世界地理研究》2020 年第 6 期。

李海东：《疫情如何深刻影响国际关系格局》，《人民论坛》2020 年第 11 期。

李华、马进：《新常态下我国跨越中等收入陷阱的挑战及对策》，《技术经济与管理研究》2018 年第 8 期。

李惠娟、朱颖：《人口老龄化对产业结构升级的影响——基于徐州市 1% 人口的抽样调查》，《中国老年学杂志》2019 年第 19 期。

李建民、王晶晶：《人口老龄化背景下经济增长的国际比较》，《南开学报》（哲学社会科学版）2020 年第 4 期。

李建强、张淑翠：《人口老龄化影响财政与货币政策的有效性吗?》，《财经研究》2018 年第 7 期。

李杰、叶宇航：《跨越“中等收入陷阱”影响因素的实证分析》，《技术经济》2016 年第 8 期。

李竞博：《人口老龄化对劳动生产率的影响》，《人口研究》2019 年第 6 期。

李婧、高明宇：《美国量化宽松货币政策的成本探索》，《社会科学辑刊》2019 年第 4 期。

李静、吴美玲：《中国城乡人口老龄化发展质量：差异和预测》，《宏观质量研究》2020 年第 5 期。

李俊峰、高曼丽：《人口老龄化、房价波动与居民部门债务潜在风险》，《宏观经济研究》2019 年第 5 期。

李俊杰、谢宜峰：《结构性失速、内向性重整与自主性发展——新冠肺炎疫情下民族地区经济社会发展研究》，《北方民族大学学报》2020 年第 4 期。

李凯杰、葛顺奇：《金砖国家环境议题的合作与发展》，《国际经济合作》2017 年第 8 期。

李立国、易鹏、薛新龙：《跨越中等收入陷阱要求增加教育投入——经济发展不同阶段国家教育投入的特征与启示》，《中国高教研究》2016 年第 9 期。

李玲玲：《经济增长放缓的理论述评——兼论中等收入陷阱》，《工业技术经济》2014 年第 7 期。

李璐、赵玉峰、纪竞垚：《人口老龄化背景下的老龄事业和产业协同发展研究》，《宏观经济研究》2020 年第 10 期。

李梦凡、韩绿艺：《经济新常态下我国面临中等收入陷阱风险的再思考》，《改革与战略》2016 年第 10 期。

李明贤、张敏琦：《美国量化宽松货币政策对新兴市场国家的溢出效应研究》，《求索》2016 年第 11 期。

李楠、陈慧女：《中国跨越“中等收入陷阱”的优势分析》，《思想理论教育导刊》2015 年第 11 期。

李楠、焦晓云：《“四个全面”引领中国跨越“中等收入陷阱”的路径分析》，《理论探讨》2016 年第 2 期。

李石凯、刘昊虹：《美国量化宽松货币政策及其效果》，《中国金融》2012 年第 19 期。

李士梅、彭影：《区域制度环境对创新人才集聚的空间影响研究——基于人口老龄化的视角》，《吉林大学社会科学学报》2020 年第 5 期。
李天国：《反全球化背景下中俄经贸合作战略》，《国际经济合作》2017 年 10 期。
李天国：《韩国经济转型的逻辑：一个新兴经济体的改革与突破》，经济管理出版社 2017 年版。
李天国：《经济转型、收入差距与社会保障政策：韩国政府的探索》，《东北亚学刊》2016 年第 6 期。
李天国：《逆全球化：金砖国家经济风险与应对策略》，《国际经济合作》2017 年第 8 期。
李天国：《全球经济放缓背景下金砖国家经济脆弱性研究》，《国际经济合作》2015 年第 3 期。
李天国、沈铭辉：《疫情危机下东亚生产网络协调机制与合作策略》，《江西社会科学》2020 年第 7 期。
李天国、沈铭辉：《中等收入陷阱的成因及启示：基于拉美与韩国经验的比较》，《拉丁美洲研究》2018 年第 4 期。
李天国：《新冠疫情对亚洲区域合作的影响》，《中国远洋海运》2020 年第 7 期。
李天国：《“中等收入陷阱”与经济结构改革：来自韩国的经验》，《亚太经济》2016 年第 6 期。
李向阳：《金砖国家经济面临的共同机遇与挑战》，《求是》2011 年第 8 期。
李向阳：《新兴经济体面临的机遇与挑战》，《求是》2013 年第 7 期。
李小光、邓贵川：《人口老龄化、外商直接投资与经济增长——基于 FDI 的经济增长模型的分析》，《云南社会科学》2018 年第 4 期。
李小林、张源、赵永亚：《人口老龄化、城镇化与城镇职工养老保险支付能力》，《金融评论》2020 年第 1 期。
李杨、车丽波：《后疫情时期经济全球化变局与中国应对》，《内蒙古社会科学》2020 年第 5 期。
李怡、谢文新：《跨越“中等收入陷阱”之途径探析——基于〈21 世纪资本论〉的启示》，《理论视野》2016 年第 9 期。
李元、王擎：《宽松货币政策对企业金融资产配置影响的实证研究》，《中国软科学》2020 年第 4 期。
李中建：《跨越中等收入陷阱的劳动力重塑》，《现代经济探讨》2014 年第 8 期。
李卓、包益红：《新冠疫情下经济不确定性之不确定研究》，《经济评论》2020 年第 4 期。
梁颖、高文力、谢芳：《金砖国家经济发展潜力比较分析——基于人力资源和城市化的视角》，《西北人口》2014 年第 3 期。
廖国民、何传添、陈万灵：《美国量化宽松货币政策将陷入周期性常态化》，《世界经济研究》2014 年第 8 期。
林跃勤：《金砖国家：增长问题与增长转变——国外学术界观点述评》，《国外社会科学》2013 年第 4 期。
林志帆：《“中等收入陷阱”存在吗？——基于增长收敛模型的识别方法》，《世界经济研究》2014 年第 11 期。
林致远：《跨越“中等收入陷阱”：基于人力资本的视角》，《河北学刊》2016 年第 3 期。
刘冰：《金砖国家经济形势分化进一步扩大》，《中国统计》2015 年第 10 期。
刘成坤、林明裕：《人口老龄化、人力资本积累与经济高质量发展》，《经济问题探索》2020 年第 7 期。
刘成坤：《人口老龄化、人力资本与县域产业结构升级——基于全国第六次人口普查数据的实证分析》，《调研世界》2020 年第 9 期。
刘成坤、赵昕东：《人口老龄化对产业结构升级的溢出效应研究——基于空间动态杜宾模型》，《数理统计与管理》2019 年第 6 期。
刘成坤、赵昕东：《人口老龄化对经济增长的影响及溢出效应研究——基于空间杜宾模型》，《经济问题探索》2018 年第 6 期。
刘成坤、赵昕东：《人口老龄化对中国产业结构升级的影响研究》，《区域经济评论》2018 年第 4 期。
刘诚：《供给侧改革是跨过中等收入陷阱的根本保障》，《经济研究参考》2016 年第 54 期。
刘聪、姚秋：《全球量化宽松货币政策及其实施效果》，《银行家》2013 年第 1 期。

刘达禹、徐斌、刘金全：《不确定性冲击、产业波动与经济政策调控——基于三次疫情时期的对比研究》，《浙江社会科学》2020 年第 9 期。

刘刚、邓嘉鑫、陈慧：《金砖国家应急储备安排危机防范能力的测度及应对》，《广东财经大学学报》2017 年第 2 期。

刘刚、屈恒、吴思虹：《中国对外直接投资、金融联系度及其对经济增长的影响——基于金砖国家视角》，《金融论坛》2017 年第 8 期。

刘虹：《金砖国家金融合作面临的监管问题及应对之策》，《对外经贸实务》2018 年第 9 期。

刘金全、王俏茹、刘达禹：《中国跨越“中等收入陷阱”的路径突破——基于增长收敛理论的识别及“双轮驱动”检验》，《上海财经大学学报》2018 年第 1 期。

刘兰芬、韩立岩：《量化宽松货币政策对新兴市场的溢出效应分析——基于中国和巴西的经验研究》，《管理评论》2014 年第 6 期。

刘澜飚、文艺：《美国量化宽松货币政策退出对亚太经济体的影响》，《南开学报》（哲学社会科学版）2014 年第 2 期。

刘利：《人口老龄化与居民消费结构：基于 CFPS2016 数据验证》，《统计与决策》2020 年第 14 期。

刘名远：《跨越“中等收入陷阱”的时间估测、产业风险及其规避路径选择》，《宏观经济研究》2017 年第 6 期。

刘娜：《中等收入陷阱的国际借鉴及我国的提升路径》，《对外经贸实务》2013 年第 9 期。

刘鹏飞、张力：《人口老龄化与劳动生产率的量化关系研究》，《上海经济研究》2020 年第 3 期。

刘锐：《美国量化宽松货币政策对中国经济的影响及对策》，《财经问题研究》2013 年第 S1 期。

刘卫东：《新冠肺炎疫情对经济全球化的影响分析》，《地理研究》2020 年第 7 期。

刘伟：《坚持防止陷入“中等收入陷阱”》，《经济研究参考》2016 年第 54 期。

刘伟：《如何看待新冠肺炎疫情影响下的中国经济增长》，《首都师范大学学报》（社会科学版）2020 年第 4 期。

刘伟：《疫情冲击下的经济复苏与货币政策调整》，《经济学动态》2020年第7期。

刘伟：《疫情冲击下的经济增长与全面小康经济社会目标》，《管理世界》2020年第8期。

刘湘云、陈洋阳、韩麦尔：《金融市场极端风险溢出效应研究：以金砖国家为例》，《广东财经大学学报》2015年第5期。

刘湘云、张佳雯：《美国量化宽松货币政策风险溢出效应：基于中美数据的考察》，《国际经贸探索》2013年第9期。

刘晓兰、赖明勇：《美国量化宽松货币政策对中国溢出效应研究——基于贸易渠道分析》，《财经理论与实践》2014年第5期。

刘新华、熊小雅：《美联储量化宽松货币政策实施效果评估与现实借鉴》，《改革》2012年第3期。

刘洋、汪奕鹏、陈广汉：《基于研发投入视角下人口老龄化的经济增长效应研究》，《经济问题探索》2020年第9期。

刘应杰：《实施梯度跨越“中等收入陷阱”发展战略》，《人民论坛》2016年第22期。

刘永凌：《马克思人的再生产理论对破解我国人口老龄化趋势的启示》，《学习与探索》2020年第9期。

刘玉飞：《人口老龄化背景下城市化对劳动力供给的影响效应分析》，《统计与决策》2019年第18期。

刘哲希、陈彦斌：《“十四五”时期中国经济潜在增速测算——兼论跨越“中等收入陷阱”》，《改革》2020年第10期。

刘哲希、王兆瑞、陈小亮：《人口老龄化对居民部门债务的非线性影响研究》，《经济学动态》2020年第4期。

楼永、王留瑜、郝凤霞：《人口老龄化对我国科技创新的影响分析》，《科技管理研究》2020年第21期。

卢光盛、王子奇：《后疫情时代中国与东盟合作的前景与挑战》，《当代世界》2020年第8期。

卢静：《深化金砖国家伙伴关系：挑战与应对》，《当代世界》2020年第12期。

陆杰华、刘芹：《从理念到实践：国际应对人口老龄化的经验与启示》，

《中国党政干部论坛》2020 年第 1 期。
陆善勇、叶颖：《中等收入陷阱、比较优势陷阱与综合优势战略》，《经济学家》2019 年第 7 期。
逯进、刘璐、郭志仪：《中国人口老龄化对产业结构的影响机制——基于协同效应和中介效应的实证分析》，《中国人口科学》2018 年第 3 期。
路妍、吴琼：《量化宽松货币政策调整对人民币汇率变动的影响分析》，《宏观经济研究》2016 年第 2 期。
路妍、吴琼：《量化宽松货币政策调整对人民币汇率变动的影响研究——基于 Markov Switching 计量方法的分析》，《宏观经济研究》2017 年第 4 期。
吕翠翠、马晓钰、马莉莉、袁胜超：《技术创新视角下人口老龄化对经济增长的门限效应》，《新疆大学学报》（哲学·人文社会科学版）2019 年第 6 期。
栾浩、张晓青：《新冠肺炎疫情对中国区域经济发展的影响研究》，《湖南师范大学自然科学学报》2020 年第 5 期。
罗纳德·麦金农、刘钊：《美国量化宽松货币政策的后果：热钱流入、商品价格周期和中美金融抑制》，《新金融》2013 年第 4 期。
马海涛、任强、冯鸿雁：《避免陷入“中等收入陷阱”的财税政策》，《中央财经大学学报》2014 年第 1 期。
马理、古振江：《美国量化宽松货币政策退出与股市大涨之谜》，《南方金融》2015 年第 11 期。
马理、余慧娟：《美国量化宽松货币政策对金砖国家的溢出效应研究》，《国际金融研究》2015 年第 3 期。
马理、余慧娟：《基于 PVAR 模型的美国宽松货币政策的溢出效应研究——以 10 个经济发达国家的数据为例》，《财贸研究》2016 年第 1 期。
马文·拉桑德：《风险评估：理论、方法与应用》，清华大学出版社 2013 年版。
马岩：《金砖国家经济发展及合作前景》，《国际经济合作》2011 年第 6 期。
毛海涛、宋建、刘刚：《跨越“中等收入陷阱”的竞争优势新视角——从离散的“产品空间”到连续的“策略空间”》,《河北经贸大学学报》2016 年第 4 期。

梅真:《人口老龄化背景下老年人基本养老保险参保行为的影响因素——基于 2015 年 CGSS 数据的实证分析》,《中国老年学杂志》2019 年第 23 期。

孟令国、马静燕:《人口老龄化对各类储蓄率的影响机制及其效应》,《广东财经大学学报》2020 年第 1 期。

米军:《金砖国家推动全球经济治理的路径选择》,《国外社会科学》2018 年第 3 期。

苗文龙、周潮:《人口老龄化、金融资产结构与宏观经济波动效应》,《管理评论》2020 年第 1 期。

穆怀中、裴凯程:《人口老龄化对装备制造业全要素生产率的影响——来自中国省级面板数据的实证检验》,《工业技术经济》2020 年第 11 期。

聂高辉、严然:《人口老龄化对区域产业结构升级溢出效应研究——基于居民消费结构变迁》,《重庆社会科学》2020 年第 7 期。

聂菁、金洪飞:《美国量化宽松货币政策对中国行业出口的溢出效应研究》,《国际金融研究》2015 年第 3 期。

聂聆、陈诗雯:《中国与其他“金砖国家”的价值链互补性研究》,《国际商务》(对外经济贸易大学学报)2020 年第 2 期。

牛海彬:《新型全球化中金砖国家的战略选择》,《国际观察》2014 年第 3 期。

潘安、王迎、戴岭:《中国与金砖国家贸易利益与分工研究——基于 2000—2014 年贸易数据的分析》,《商业研究》2020 年第 3 期。

潘锡泉:《美联储加速退出量化宽松货币政策的影响及对我国的启示》,《当代经济管理》2014 年第 8 期。

庞伟、孙玉栋:《财政分权对人口流动的影响——基于人口老龄化背景的分析》,《中南财经政法大学学报》2019 年第 1 期。

彭刚、李逸浩:《利用创新驱动跨越中等收入陷阱》,《河北经贸大学学报》2015 年第 6 期。

彭刚、李逸浩:《通过创新跨越中等收入陷阱的路径选择》,《经济研究参考》2016 年第 6 期。

平章起、李伟：《规避“中等收入陷阱”风险需要创新驱动发展》，《理论学刊》2013 年第 5 期。

齐红倩、闫海春：《人口老龄化抑制中国经济增长了吗?》，《经济评论》2018 年第 6 期。

乔俊峰：《中国如何跨越“中等收入陷阱”——基于地方政府治理转型视角的分析》，《现代经济探讨》2013 年第 9 期。

乔小勇、李泽怡、赵玉焕：《中国与其他金砖国家间贸易—碳排放脱钩关系研究——基于 Eora 投入产出数据》，《国际商务》（对外经济贸易大学学报）2018 年第 4 期。

秦强、范瑞：《金砖国家金融发展与收入差距的动态影响机制——基于面板分位数回归的估计》，《宏观经济研究》2018 年第 10 期。

秦强、李乐乐：《新时代我国人口老龄化问题研究》，《广西社会科学》2019 年第 11 期。

青连斌：《从“一老一小”两个方向应对人口老龄化》，《中国党政干部论坛》2018 年第 10 期。

全毅：《新冠肺炎疫情对世界经济政治格局的影响》，《和平与发展》2020 年第 3 期。

任保平：《后疫情时代中国经济高质量恢复性发展的战略重点与路径》，《学习与探索》2020 年第 9 期。

任康钰、曾辉：《欧元区量化宽松货币政策的演进及探讨》，《南方金融》2015 年第 7 期。

任瑞敏：《金融化世界中脆弱的理性之源——突发新冠肺炎疫情引发全球经济衰退的思考》，《上海财经大学学报》2020 年第 4 期。

邵咪咪、郭凯明、杨丽珊：《人口老龄化、经济高质量发展与产业结构转型》，《产经评论》2020 年第 4 期。

邵旭方、吴卫星、黄亦炫：《人口老龄化、购房支出与居民部门负债可持续性》，《云南财经大学学报》2018 年第 10 期。

沈陈、徐秀军：《新冠肺炎疫情下的金砖国家合作：挑战、机遇与应对》，《当代世界》2020 年第 12 期。

沈铭辉、李天国：《百年变局下的亚太区域秩序构建与中国角色》，《当代世界》2019 年第 11 期。

沈铭辉、李天国:《供给侧结构性改革:来自韩国的经验与启示》,《中国社会科学院研究生院学报》2018 年第 5 期。

沈铭辉、李天国:《韩国对外贸易战略与 FTA 政策的演变》,《亚太经济》2017 年第 2 期。

沈铭辉、李天国:《后疫情时代的国际秩序与东亚区域合作》,《当代世界》2020 年第 8 期。

沈涛:《中国规避"中等收入陷阱"的路径选择》,《统计与决策》2016 年第 19 期。

沈晓雷:《南非"抗疫"与后疫情时代的中南合作》,《当代世界》2020 年第 10 期。

沈燕、刘厚莲:《中国积极应对人口老龄化:来自日本科技创新的启示》,《中国人力资源开发》2020 年第 3 期。

师旭辉、吴华:《现阶段我国经济社会特征与宏观政策取向——基于"中等收入陷阱"的国际经验》,《经济研究参考》2014 年第 49 期。

施震凯、诸梦婕、武戈:《"新冠"疫情冲击下的世界经济及江苏开放型经济发展——2020 年江苏省世界经济学会年会暨理论研讨会综述》,《世界经济与政治论坛》2020 年第 6 期。

石丹:《吴晓求:用创新跨越"中等收入陷阱"》,《商学院》2020 年第 10 期。

石凯:《"新冠"肺炎疫情的经济影响、应对策略与疫情后的新变化》,《东北师大学报》(哲学社会科学版)2020 年第 4 期。

石源华、韩常顺:《后疫情时代的国际秩序调整与中国周边外交》,《当代世界》2020 年第 10 期。

宋晓莹、赵春燕:《人口老龄化扩大区域经济增长差距了吗?——基于经济增长收敛模型的研究》,《南京审计大学学报》2019 年第 6 期。

随淑敏、何增华:《人口老龄化对企业创新的影响——基于人口普查数据与微观工业企业数据的实证分析》,《人口研究》2020 年第 6 期。

孙晴、韩平:《"中等收入陷阱"的贝叶斯网络推断研究》,《哈尔滨商业大学学报》(社会科学版)2020 年第 2 期。

孙艳:《后疫情时代中欧加强合作的内在需求、干扰因素与优先议程》,《当代世界》2020 年第 10 期。

孙晔、吕康银：《人口老龄化对收入不平等的影响——基于多区域动态CGE模型的研究》，《辽宁大学学报》（哲学社会科学版）2019年第2期。

孙晔、吕康银、朱金霞：《人口老龄化与收入不平等的时变效应》，《税务与经济》2018年第6期。

孙振清、刘建雅、兰梓睿、边敏杰：《中国跨越中等收入陷阱潜力研究——专利技术视角》，《科技进步与对策》2019年第1期。

汤铎铎、刘学良、倪红福、杨耀武等：《全球经济大变局、中国潜在增长率与后疫情时期高质量发展》，《经济研究》2020年第8期。

汤柳、王旭祥：《欧洲量化宽松货币政策前景难料》，《中国金融》2012年第11期。

唐国华、张运成：《中国人口老龄化对制造业结构升级的作用机制研究》，《现代经济探讨》2020年第10期。

唐任伍、李楚翘、叶天希：《新冠病毒肺炎疫情对中国经济发展的损害及应对措施》，《经济与管理研究》2020年第5期。

唐睿：《贸易便利化不平衡与国际旅游产业协调发展——来源于金砖国家的经验证据》，《经济问题探索》2020年第9期。

陶长琪、周战伟：《考虑金融发展水平的人口老龄化对产业结构升级影响分析》，《产经评论》2018年第5期。

陶涛、王楠麟、张会平：《多国人口老龄化路径同原点比较及其经济社会影响》，《人口研究》2019年第5期。

田成诗、马嘉彧：《人口老龄化对中国宏观经济的影响——基于消费可能性边界的研究》，《人口与经济》2020年第1期。

田俊领：《美国量化宽松货币政策的退出及其影响》，《金融发展研究》2015年第1期。

田盛丹：《新冠肺炎疫情及其应对政策对我国宏观经济的影响——基于可计算一般均衡模型的分析》，《消费经济》2020年第3期。

田涛、商文斌、陈鹏：《美国量化宽松货币政策对人民币汇率的影响——基于ARIMAX模型的实证分析》，《贵州财经大学学报》2015年第2期。

屠新泉、娄承蓉：《逆全球化背景下金砖国家加强投资合作的价值及实现路径》,《东南学术》2017 年第 4 期。
万春林、张卫、邓翔:《中国人口老龄化的制度背景与时空演变》,《四川大学学报》(哲学社会科学版) 2020 年第 5 期。
万解秋、徐涛:《量化宽松货币政策的有效性研究——基于中美两国货币政策短期效果的比较分析》,《苏州大学学报》(哲学社会科学版) 2014 年第 3 期。
汪伟、咸金坤:《人口老龄化与家庭创业决策》,《中国人口科学》2020 年第 1 期。
汪莹、刘佳、霍丽素:《金砖国家金融合作风险与防范对策研究》,《国际贸易》2017 年第 12 期。
王超、陈乐一:《美国量化宽松货币政策的退出、影响与我国的对策》,《现代经济探讨》2015 年第 9 期。
王大为、孙文奕:《美国退出量化宽松货币政策对新兴经济体的影响》,《经济纵横》2016 年第 3 期。
王方、马光威、马东伟:《韩国城镇化在跨越"中等收入陷阱"中的作用分析及经验借鉴》,《社会科学家》2016 年第 6 期。
王国平:《如何在全球产业转移中跨越"中等收入陷阱"》,《探索与争鸣》2013 年第 5 期。
王金明、高铁梅:《"金砖国家"经济周期同步性计量研究》,《商业研究》2013 年第 5 期。
王珏、韩会师:《超宽松货币政策对美国就业市场的影响》,《经济与管理研究》2015 年第 10 期。
王蓉、黄明宇:《量化宽松货币政策对通货膨胀的滞后影响——以美国为例》,《商业时代》2014 年第 23 期。
王森、王瑞瑜、孙晓芳:《智能化背景下人口老龄化的产业结构升级效应》,《软科学》2020 年第 1 期。
王少国、潘恩阳:《新常态下中国跨越中等收入陷阱的对策》,《经济研究参考》2015 年第 54 期。
王胜今、舒莉:《积极应对我国人口老龄化的战略思考》,《吉林大学社会科学学报》2018 年第 6 期。
王书华、胡中立:《金砖国家金融发展对经济增长的影响机制——基于面板门槛模型的实证研究》，《经济问题》2017 年第 10 期。

王希元、杨先明：《人口老龄化是否促进了我国产业结构升级？——基于省际和门槛特征的实证分析》，《社会发展研究》2020 年第 1 期。

王晓笛：《量化宽松货币政策的理论考察和历史演化》，《新金融》2019 年第 4 期。

王晓芳、胡冰：《关于中国跨越“中等收入陷阱”的思考——基于东亚经济体的经验启示》，《上海经济研究》2016 年第 10 期。

王一鸣：《跨越与落入“中等收入陷阱”国家的企业研发机构——以韩国和巴西为例》，《科学管理研究》2018 年第 2 期。

王一如：《外部冲击对金砖国家通货膨胀的传递效应——基于 SVAR 模型的实证分析》，《财经科学》2013 年第 6 期。

王英、屈丽：《跨越“中等收入陷阱”的金融策略》，《中国金融》2016 年第 8 期。

王勇：《后疫情时代经济全球化与中美关系的挑战与对策》，《国际政治研究》2020 年第 3 期。

王屿、梁平、刘肇军：《人口老龄化对我国产业结构升级的影响效应分析》，《华东经济管理》2018 年第 10 期。

王云多：《人口老龄化、公共财政支出偏向与人力资本增长》，《湖南师范大学社会科学学报》2019 年第 5 期。

王云多：《人口老龄化引发的负面经济影响及对策》，《当代经济管理》2020 年第 7 期。

王兆萍、马婧：《“中等收入陷阱”视角下经济开放、技术进步与产业结构升级——基于国际经验的比较》，《产经评论》2017 年第 4 期。

韦鸿：《“中等收入陷阱”的社会秩序转换分析》，《现代经济探讨》2014 年第 12 期。

卫志民、朱萍萍：《“中等收入陷阱”的成因、国际经验及对中国的启示》，《思想政治课教学》2013 年第 10 期。

魏加宁、朱太辉、赵伟欣：《“十三五”时期经济风险评估：方法、结论与对策》，中国金融出版社 2016 年版。

魏熙晔、龚刚、李梦雨：《收入分配、产业升级与中等收入陷阱》，《浙江社会科学》2019 年第 10 期。

文艺、蔡夏萌：《劳动收入占比视角下我国跨越中等收入陷阱的对策分析》，《湘潭大学学报》（哲学社会科学版）2016 年第 6 期。

翁东玲、汤莉：《金砖国家推进全球经济治理改革的机遇与路径》，《新视野》2017 年第 6 期。

巫和懋、冯仕亮：《人力资本投资与跨越“中等收入陷阱”》，《当代财经》2014 年第 8 期。

吴崇伯、钱树静：《印度尼西亚的中等收入陷阱问题分析》，《南洋问题研究》2017 年第 3 期。

吴连霞、赵媛、吴开亚、郝丽莎、王玉娟：《中国人口老龄化区域差异及驱动机制研究》，《地理科学》2018 年第 6 期。

吴婷婷、朱昂昂：《新冠肺炎疫情对中国经济的影响及应对策略》，《南方金融》2020 年第 5 期。

吴秀波：《全球宽松货币政策的负面影响及回归常态的前景分析——G20 杭州峰会难以成为政策常态化的一致性拐点》，《价格理论与实践》2016 年第 10 期。

吴友富、陈默、王琳：《破解新兴经济体“中等收入陷阱”的方法与建议》，《上海管理科学》2013 年第 2 期。

武力、王丹莉：《从跨越“贫困陷阱”到跨越“中等收入陷阱”——略论国情对中国经济发展道路的影响》，《中共党史研究》2013 年第 11 期。

肖立晟、肖然：《量化宽松货币政策对公共债务管理的影响、风险及其启示》，《国际经济评论》2014 年第 5 期。

肖芍芳、黄洁文：《美国量化宽松货币政策的效果分析》，《商业时代》2012 年第 33 期。

肖营：《人口红利、技术进步与中等收入陷阱——来自中国经验的实证》，《商业经济研究》2020 年第 6 期。

谢赤、李洪琼：《金砖国家股指期货市场的相关结构及谱风险度量——基于 Vine-Copula 模型的实证研究》，《金融理论与实践》2019 年第 6 期。

谢雪燕、朱晓阳：《人口老龄化、技术创新与经济增长》，《中国软科学》2020 年第 6 期。

熊豪：《金砖国家经济周期协动的区制依赖性分析——基于 Markov 区制

转移模型的实证研究》,《经济经纬》2014 年第 6 期。

熊琦:《菲律宾陷入“中等收入陷阱”的原因探析》,《南洋问题研究》2017 年第 3 期。

徐琤:《后危机时代美国量化宽松货币政策退出机制与影响研究》,《上海经济研究》2015 年第 3 期。

徐凤辉:《社保体系财政支出与商业保险替代效应研究——基于人口老龄化视角》,《中央财经大学学报》2018 年第 8 期。

徐皓、张嘉明:《美国量化宽松货币政策的有效性和传导机制再检验》,《统计与决策》2020 年第 19 期。

徐瑾:《国民收入分配格局演化对跨越中等收入陷阱的影响研究》,《经济问题探索》2016 年第 11 期。

徐瑾、潘俊宇:《产业结构优化视角下的人口老龄化与我国经济增长》,《经济问题》2020 年第 9 期。

徐瑾:《中等收入陷阱研究评述——兼对“东亚增长模式”的思考及启示》,《经济学动态》2014 年第 5 期。

徐康宁:《疫情影响下的世界经济:变局与重塑》,《华南师范大学学报》(社会科学版)2020 年第 5 期。

徐诺金:《疫情冲击下的经济金融形势及应对策略》,《征信》2020 年第 38 卷第 6 期。

徐强:《出口规模和收入水平截面关系国际比较研究——借鉴钱纳里方程推论“中等收入陷阱”跨越条件》,《世界经济研究》2014 年第 12 期。

徐强:《出口结构转变国际比较与中国趋势分析——从一个视角研判中国跨越“中等收入陷阱”策略》,《国际贸易》2014 年第 11 期。

徐孝新、刘戒骄:《生产能力禀赋、产品结构转型与中等收入陷阱——基于产品空间理论》,《西南民族大学学报》(人文社科版)2019 年第 7 期。

徐秀军:《逆全球化挑战下金砖国家经济合作的增长点》,《亚太经济》2017 年第 3 期。

徐滢:《美联储量化宽松货币政策正常化与人民币汇率变动——基于时变参数向量自相关模型的研究》,《商业经济与管理》2020 年第 5 期。

许生、崔舒玮:《全球新冠肺炎疫情防控与宏观经济应对举措》,《国际税收》2020 年第 7 期。

薛飞:《全球价值链视角下金砖国家的经贸合作与利益分配》,《现代管理科学》2016 年第 12 期。

薛勇军:《教育投资对经济增长的外溢效应研究——基于中国能否跨越“中等收入国家陷阱”的思考》,《技术经济与管理研究》2020 年第 9 期。

薛志华:《金砖国家海洋经济合作:着力点、挑战与路径》,《国际问题研究》2019 年第 3 期。

闫海春:《促进还是抑制?人口老龄化对经济高质量发展的影响——基于内蒙古自治区的实证研究》,《湖北民族大学学报》(哲学社会科学版)2020 年第 2 期。

闫·克雷格尔、陈涛、沈尤佳:《全球金融危机及其对发展中国家和金砖国家的意义——巴西真的算“金砖”吗?》,《山东社会科学》2016 年第 10 期。

严思屏:《日韩跨越“中等收入陷阱”阶段的消费率变动特征与启示》,《经济研究参考》2013 年第 47 期。

颜明杰、彭迪云:《我国经济转型升级的实证分析与政策建议——基于跨越“中等收入陷阱”的视角》,《江西社会科学》2014 年第 7 期。

晏月平、王楠:《中韩跨越“中等收入陷阱”的比较研究》,《云南师范大学学报》(哲学社会科学版)2019 年第 2 期。

杨驰:《美国量化宽松货币政策退出的影响分析》,《中国财政》2014 年第 9 期。

杨东:《后疫情时代数字经济理论和规制体系的重构——以竞争法为核心》,《人民论坛·学术前沿》2020 年第 17 期。

杨昊龙、方意、李宪铎、宋辉鹏:《“金砖国家”宏观审慎政策有效性研究》,《宏观经济研究》2017 年第 1 期。

杨华磊、沈盈希、吴远洋:《人口老龄化、资本收益与生育政策调整》,《金融经济学研究》2020 年第 2 期。

杨菊华、刘轶锋、王苏苏:《人口老龄化的经济社会后果——基于多层面与多维度视角的分析》,《中国农业大学学报》(社会科学版)2020 年第 1 期。

杨菊华、王苏苏、刘轶锋：《新中国70年：人口老龄化发展趋势分析》，《中国人口科学》2019年第4期。

杨茜、王学义：《人口老龄化影响外商直接投资的双边效应：溢出还是挤出?》，《人口研究》2020年第1期。

杨淑华、朱彦振：《中国绕过“中等收入陷阱”的路径分析——基于经济发展驱动力视角》，《当代经济科学》2013年第5期。

杨忻仁：《如何避免像拉美国家一样陷入“中等收入陷阱”》，《黑龙江社会科学》2014年第2期。

姚枝仲：《金融危机与中等收入陷阱》，《国际经济评论》2015年第6期。

姚枝仲：《什么是真正的中等收入陷阱?》，《国际经济评论》2014年第6期。

姚枝仲：《新冠疫情与经济全球化》，《当代世界》2020年第7期。

叶翔：《中国已具备跨越中等收入陷阱的必要条件》，《经济研究参考》2016年第6期。

易宪容：《美联储量化宽松货币政策退出的经济分析》，《国际金融研究》2014年第1期。

于海峰、王凯蕾：《新冠疫情对经济发展的影响和财政政策选择》，《地方财政研究》2020年第6期。

于加武、庞丽艳、金虹：《美国量化宽松货币政策的负效应及对中国的启示》，《税务与经济》2015年第2期。

于强：《论欧盟量化宽松货币政策对中国对外贸易的影响及对策》，《云南社会科学》2016年第1期。

余升国、郭文璇、胡婧玮：《美国量化宽松货币政策对中国宏观经济的影响——基于TVP-VAR模型的分析》，《经济问题》2018年第7期。

俞锦、杨红英、周大辉、陈明祥：《人口老龄化与企业家精神的时空差异与路径机制——基于省级面板数据的回归模型研究》，《经济问题探索》2020年第12期。

袁珠萍：《跨越中等收入陷阱的战略思考和路径选择》，《技术经济与管理研究》2016年第11期。

约翰·贝拉米·福斯特、因坦·苏旺迪、佟艳光、曹立华：《新冠肺炎疫情与灾难资本主义——商品链与生态—流行病—经济危机》，《国外理论动态》2020 年第 5 期。

约瑟夫·加尼翁、王宇：《量化宽松货币政策的主要目的是降低长期利率》，《金融发展研究》2016 年第 11 期。

臧秀玲：《后危机时代金砖国家合作机制的发展困境及其突破》，《理论视野》2015 年第 8 期。

曾红颖、范宪伟：《以老年人力资源优化开发积极应对人口老龄化》，《人民论坛·学术前沿》2019 年第 6 期。

曾祥炎：《“中等收入陷阱”生成的宏观产权分析模型》，《现代经济探讨》2013 年第 4 期。

翟晓英、杨严钧：《经济政策不确定性与股票市场收益的动态关系研究——基于 G7 国家和金砖国家分析》，《经济问题》2020 年第 8 期。

詹花秀：《经济“脱实向虚”的缘起、轨迹与实质——兼论新冠肺炎疫情冲击下的实体经济发展对策》，《湖湘论坛》2020 年第 4 期。

张艾莉、尹梦兰：《人口老龄化对区域技术创新的异质门槛效应研究》，《软科学》2019 年第 11 期。

张斌：《新冠肺炎疫情对宏观经济的影响及财政政策的对冲效应评价分析》，《工业技术经济》2020 年第 10 期。

张兵、魏玮：《金砖国家经济周期的协动性分析——基于马尔科夫区制转移模型的研究》，《经济问题探索》2018 年第 12 期。

张弛、郑永年：《新冠疫情、全球化与国际秩序演变》，《当代世界》2020 年第 7 期。

张德荣：《我国应如何跨越“中等收入陷阱”?》，《学海》2016 年第 6 期。

张德荣：《“中等收入陷阱”发生机理与中国经济增长的阶段性动力》，《经济研究》2013 年第 9 期。

张德荣、朱翔宇：《“中等收入陷阱”与中国经济增长的阶段性动力问题——基于 TFPG 视角的分析》，《江苏社会科学》2013 年第 2 期。

张帆：《人口老龄化对中国制造业转型影响的实证研究》，《工业技术经济》2019 年第 6 期。

张国庆：《美国量化宽松货币政策局限性及中国的应对策略》，《江西社会科学》2012 年第 11 期。

张海冰：《世界经济格局调整与金砖国家利益融合》，《当代世界》2019

年第12期。
张鸿琴、王拉娣：《人口老龄化对家庭住房需求的影响研究——基于离婚率的调节效应分析》，《东岳论丛》2020年第12期。
张鸿琴、王拉娣：《人口老龄化、健康投资与产业结构升级——基于1999—2018年省级面板数据的实证分析》，《经济问题》2020年第10期。
张欢、徐康宁：《“中等收入陷阱”视角的收入差距、消费支出与经济增长研究》，《经济问题探索》2016年第12期。
张辉：《人口老龄化对旅游经济发展的影响研究》，《数学的实践与认识》2020年第18期。
张金亮、杨水清、刘园：《美国量化宽松货币政策对新兴经济体的影响》，《现代管理科学》2017年第4期。
张劲松：《后疫情时代抗疫常态化与经济社会发展》，《江汉论坛》2020年第8期。
张军扩、罗雨泽、宋荟柯：《突破“制度高墙”与跨越“中等收入陷阱”——经验分析与理论研究结合视角》，《管理世界》2019年第11期。
张凯煌、千庆兰：《新冠疫情对中国经济的影响及政策讨论——来自上市企业的证据》，《热带地理》2020年第3期。
张克中、陈祎、鲁元平：《中国经济高质量发展阶段增长动力研究——基于人口老龄化视角的分析》，《天津社会科学》2019年第4期。
张梅芬、高庆彦、童彦、张玲：《人口老龄化、地区异质性与居民消费关系分析》，《商业经济研究》2019年第20期。
张明：《跨越中等收入陷阱的国际经验》，《探索与争鸣》2013年第7期。
张明：《疫情冲击下的全球金融市场与中国经济》，《新金融》2020年第8期。
张明志、吴俊涛：《人口老龄化对中国制造业行业出口的影响研究》，《国际贸易问题》2019年第8期。
张楠：《我国“中等收入陷阱”影响因素及跨越路径——基于经济新常态背景的实证分析》，《技术经济与管理研究》2017年第7期。
张鹏飞、仇雨临：《人口老龄化、社会保障支出与中国经济增长率》，《上海经济研究》2019 年第 11 期。
张平:《中等收入陷阱的经验特征、理论解释和政策选择》,《国际经济评论》2015 年第 6 期。
张青、周振:《人口老龄化、地方财政支持与社会福利支出非均衡效应——基于省际数据的测度分析》,《河南师范大学学报》(哲学社会科学版)2019 年第 3 期。
张荣、张桂文:《经济新常态下跨越“中等收入陷阱”的政策建议》,《经济研究参考》2017 年第 48 期。
张瑞芹:《罗斯托经济发展理论的本质追问与当代困境——由“中等收入陷阱”引发的思考》,《河北学刊》2016 年第 5 期。
张瑞芹:《“新常态”追问与发展出路的探寻——兼论走出“中等收入陷阱”的路径》,《天津师范大学学报》(社会科学版)2016 年第 2 期。
张微微、何春:《人口老龄化的居民消费效应的测度与比较》,《统计与决策》2018 年第 15 期。
张晓芬、张羽、卢嘉聪:《美国三次量化宽松货币政策效应对比》,《商业时代》2013 年第 6 期。
张晓晶、刘磊:《宏观分析新范式下的金融风险与经济增长——兼论新型冠状病毒肺炎疫情冲击与在险增长》,《经济研究》2020 年第 6 期。
张兴华、罗彪:《货币政策传导过程中的阻塞机制——对宽松货币政策下通货膨胀率下降的研究》,《金融论坛》2016 年第 7 期。
张艳:《跨越“中等收入陷阱”域外经验及我国的实施对策》,《商业时代》2013 年第 25 期。
张燕、袁晓强:《人口老龄化影响技术密集型产品出口竞争优势吗?——“倒 U 型”假说的提出与实证检验》,《商业研究》2019 年第 7 期。
张宇:《金砖国家推动全球治理变革的角色与使命》,《人民论坛·学术前沿》2020 年第 3 期。
张美云、宋宇、王晗懿:《“中等收入陷阱”跨越视角下中日韩出口复杂度对比研究》,《经济问题探索》2016 年第 9 期。
张志敏、开鑫、李静:《国际经济秩序的发展、困境与中国方案——兼论中美贸易摩擦和新冠肺炎疫情的影响》,《西部论坛》2020 年第 5 期。
张志明、熊豪、陈茜茜:《全球价值链合作模式演进及其影响因素研究——

基于中国与金砖国家的经验证据》，《产业经济研究》2019 年第 3 期。

赵春燕：《人口老龄化对区域产业结构升级的影响——基于面板门槛回归模型的研究》，《人口研究》2018 年第 5 期。

赵放、董丽、项卫星：《人口老龄化背景下中国房价与产业结构升级之间的空间溢出关系》，《吉林大学社会科学学报》2020 年第 3 期。

赵福昌：《金砖国家经济发展特点与优势》，《中国金融》2011 年第 5 期。

赵莉：《从疫情应对看我国经济治理能力》，《前线》2020 年第 7 期。

赵龙跃：《新冠肺炎疫情下的经济全球化与中国的引领作用》，《当代世界》2020 年第 1 期。

赵鹏：《供给侧结构性改革助推中国跨越“中等收入陷阱”》，《现代经济探讨》2016 年第 10 期。

赵秋运、马金秋、姜磊、黄斌：《战略赶超、经济结构扭曲与“中等收入陷阱”：基于新结构经济学理论视角》，《国际经贸探索》2020 年第 9 期。

赵思旭、宋倩雯：《美国量化宽松货币政策对中国通货膨胀的影响——基于 VAR 模型的实证分析》，《经济问题探索》2014 年第 10 期。

赵祥、张海峰：《跨越中等收入陷阱的路径：动力转换与结构调整——基于广东省发展数据的分析》，《广东社会科学》2020 年第 5 期。

赵昕东、刘成坤：《人口老龄化对制造业结构升级的作用机制研究——基于中介效应模型的检验》，《中国软科学》2019 年第 3 期。

郑东雅：《扩大消费能跨越“上中等收入陷阱”吗?》，《浙江社会科学》2016 年第 5 期。

郑猛、陈明明：《人口老龄化、资源依赖与科技创新——基于 2006—2015 年中国省级面板数据的实证研究》，《宏观质量研究》2018 年第 3 期。

郑之杰：《跨越“中等收入陷阱”的国际经验教训》，《红旗文稿》2014 年第 19 期。

中国人民大学中国宏观经济分析与预测课题组、刘晓光、刘元春、闫衍：《疫情冲击、修复调整与基础再造的中国宏观经济》，《经济理论与经济管理》2020 年第 8 期。

中国现代国际关系研究院课题组、黄莺：《新冠疫情对美国经济及中美经济关系的影响》，《现代国际关系》2020 年第 6 期。

钟睿:《我国人口老龄化城乡倒置的空间转移和规划应对——基于人口流动的视角》,《城市发展研究》2019 年第 2 期。

周必彧、翁杰:《中国做好跨越中等收入陷阱的准备了吗?——基于人力资本的视角》,《浙江学刊》2016 年第 2 期。

周渤、苏宇慧、于震:《美国量化宽松货币政策对中国的溢出效应研究》,《经济体制改革》2016 年第 5 期。

周建军、曹文凯、梁丽利:《人口老龄化对我国住房消费的影响分析》,《湖南大学学报》(社会科学版)2019 年第 5 期。

周金燕、祁翔:《如何跨越"中等收入陷阱":来自中等收入国家教育投资的证据》,《教育科学》2013 年第 6 期。

周晶:《后疫情时代"一带一路"合作发展研究》,《学术交流》2020 年第 8 期。

周梅芳、刘宇、张金珠、崔琦:《新冠肺炎疫情的宏观经济效应及其应对政策有效性研究》,《数量经济技术经济研究》2020 年第 8 期。

周榕、庄汝龙、黄晨熹:《中国人口老龄化格局演变与形成机制》,《地理学报》2019 年第 10 期。

周绍东、钱书法:《拉美国家"中等收入陷阱"新诠释与再思考——基于"劳动—分工—所有制"框架的分析》,《当代经济研究》2014 年第 11 期。

周文、赵方:《中国如何跨越"中等收入陷阱":库茨涅兹假说的再认识》,《当代经济研究》2013 年第 3 期。

周心怡、邓龙真、龚锋:《人口老龄化、养老保险缴费率与基本养老金目标替代率》,《财贸研究》2020 年第 2 期。

朱富强:《"中等收入陷阱"与中国发展策略》,《社会科学研究》2016 年第 1 期。

朱函葳:《基于人口转型现实对跨越"中等收入陷阱"途径的探索——统一增长理论视角》,《重庆大学学报》(社会科学版)2019 年第 3 期。

朱慧、徐卫彬:《"中等收入陷阱"的内在机理与实证分析——以知识产权效应为研究视角》,《科学学研究》2016 年第 8 期。

朱兰、马金秋:《高质量发展视域下收入标准的测度、影响与合理性分析:兼论中等收入陷阱与中国的发展阶段》,《宏观质量研究》2020 年第 4 期。

朱琳琳、董纪昌、张辉、李秀婷：《人口老龄化对中国住房需求的影响研究》，《系统科学与数学》2019 年第 9 期。

朱琳琳、李秀婷、董纪昌：《人口老龄化背景下住房需求影响因素研究——基于人口结构、房价等因素的分析》，《价格理论与实践》2019 年第 6 期。

朱民、唐朝、郑重阳：《新冠肺炎疫情下全球经济复苏之路探索——来自意大利的启迪》，《上海对外经贸大学学报》2020 年第 4 期。

朱民：《疫情后的世界经济金融》，《中国金融》2020 年第 17 期。

朱墨蕤、严明义：《人口老龄化与财政支出结构——基于中国经验的 SD 分析》，《统计与信息论坛》2019 年第 11 期。

朱启贵：《新冠肺炎疫情对世界主要经济体的影响与中国对策》，《上海交通大学学报》（哲学社会科学版）2020 年第 5 期。

朱启荣、孙明松、杨伟东：《新冠肺炎疫情对我国经济影响的评估：基于 GTAP 模型的实证》，《统计与决策》2020 年第 21 期。

朱玉成：《中国跨越“中等收入陷阱”和预防“高收入之墙”的政策创新研究》，《社会科学》2020 年第 4 期。

宗良、梁宸、郭天涛：《后疫情时代的经济全球化走向何方》，《武汉金融》2020 年第 6 期。

Ayse Ozturk, “Examining the Economic Growth and the Middle-Income Trap from the Perspective of the Middle Class”, *International Business Review*, Vol. 25, No. 3, 2016.

Elsenhans Hartmut and Babones Salvatore ed. , *BRICS or Bust?: Escaping the Middle-Income Trap*, Standard University Press, 2017.

Eva Paus, “Innovation strategies matter: Latin America’s Middle-Income Trap Meets China and Globalization”, *The Journal of Development Studies*, Vol. 56, No. 4, 2020.

Gale Raj-Reichert, “Global Value Chains, Contract Manufacturers, and the Middle-In come Trap: The Electronics Industry in Malaysia”, *The Journal of Development Studies*, Vol. 56, No. 4, 2020.

Gang-Gao Hu, “Is Knowledge Spillover from Human Capital Investment a Catalyst for Technological Innovation? The Curious Case of Fourth Industrial Revolution in BRICS Economies", *Technological Forecasting and Social Change*, No. 162, 2021.

Jonathan Adams, David Pendlebury and Bob Stembridge, "Is the Fourth Industrial Rev olution a Window of Opportunity for Upgrading or Reinforcing the Middle-Income Trap?", *Asian model of development in Southeast Asia*, Vol. 23, No. 4, 2020.

Jong - Wha Lee, "Convergence Success and the Middle - Income Trap", *The Devel oping Economies*, Vol. 58, No. 1, 2020.

JoséL. Oreiro, Kalinka M. daSilva and Marwil J. Dávila-Fernández, "A New Develop mentalist Model of Structural Change, Economic Growth and Middle-Income Traps", *Structural Change and Economic Dynamics*, Vol. 55, 2020.

Justin Yifu Lin and Yong Wang, "Structural Change, Industrial Upgrading, and Mid dle-Income Trap", *Journal of Industry, Competition and Trade*, Vol. 20, No. 5, 2020.

Keijiro Otsuka, Yuki Higuchi and Tetsushi Sonobec, "Middle-Income Traps in East Asia: An Inquiry into Causes for Slowdown in Income Growth", *China Economic Review*, No. 46, 2017.

Kenichi Ohno, "The Middle Income Trap from a China and ASEAN Perspective", *Journal of Contemporary East Asia Studies*, Vol. 9, No. 1, 2020.

Luiz Carlos Bresser-Pereira, Eliane Cristina Araújo and Samuel Costa Peres, "An Al ternative to the Middle-Income Trap", *Structural Change and Economic Dynamics*, No. 52, 2020.

Naoyuki Yoshino, Farhad Taghizadeh-Hesary and Miyu Otsuka, "Determinants of In ternational Remittance Inflow in Asia-Pacific Middle-Income Countries", *Economic Analysis and Policy*, No. 68, 2020.

Nqophisa Diko and Norman Sempijja, "Does Participation in BRICS foster South-South Cooperation?", *Brazil, South Africa, and the Global South*, Vol. 39, No. 1, 2021.

Paus Kang, "The Political Economy of the Middle Income Trap: The Challenges of Advancing Innovation Capabilities in Latin America, Asia and Beyond", *The Journal of Development Studies*, Vol. 56, No. 4, 2020.

Pierre-Richard Agénor and Otaviano Canuto, "Middle-income growth traps", *Research in Economics*, Vol. 69, No. 4, 2015.

RianaRazafimandimby Andrianjaka, Eric Rougier, "What difference does it make (to be in the Middle Income Trap)? An empirical exploration of the drivers of growth slowdowns", *Structural Change and Economic Dynamics*, No. 45, 2019.

VascoCurdia, Andrea Ferrero and Han Chen, "The Macroeconomic Effects of Large-Scale Asset Purchase Programs", *The Economic Journal*, Vol. 122, No. 564, 2012.

［韩］表鹤吉、李谨熙、河凤赞：《韩国经济产业增长因素分析与生产率估计（1984—2002）》，《韩国经济分析》2005 年第 1 期。

［韩］曹祥圭、姜尚穆：《韩国制造业全要素生产率变化及其决定性因素》，《国际地区研究》2007 年第 1 期。

［韩］崔炳宣：《政府规制论》，博英社 1992 年版。

［韩］崔长集：《民主化以后的民主主义》，Humanitas 出版社 2010 年版。

［韩］崔光、李永焕、李成奎：《福祉政策的根源考察》，韩国经济研究院 2013 年版。

［韩］崔南姬：《老龄化与地方财政之间的动态因果循环结构分析》，《地方财政》2015 年第 3 期。

［韩］崔文、金尚浩、李天国：《韩中服务产业国际竞争力研究》，《韩国地域经济研究》2011 年第 2 期。

韩国公共资金委员会：《公共资金使用现状》，韩国公共资金委员会 2007 年版。

韩国生产率本部：《全要素生产率国际比较》，韩国生产率本部 2015 年版。

［韩］韩振喜、申硕河：《经济危机后韩国经济的增长：增长会计及增长回归分析》，《韩国开发研究》2008 年第 1 期。

［韩］洪泰熙：《韩国经济：从危机到停滞》，《经商论丛》2015 年第 4 期。

［韩］姜俊求、白载承：《外部冲击对企业价值变化的结构调整影响及后果》，《财务研究》2001 年第 2 期。

［韩］姜善民：《经济力集中规制：以一般集中趋势为中心》，韩国经济研

究院 2007 年版。
［韩］姜尚穆、尹永得、李明宪：《产业生产率增长、技术效率、环境成果》，《经济学研究》2005 年第 2 期。
［韩］姜申旭：《产业结构变化与收入不平衡》，《保健福祉论坛》2014 年第 9 期。
［韩］金泰基、张先美：《贸易对韩国经济增长的影响》，《经济学研究》2002 年第 1 期。
［韩］金元燮、南允哲：《李明博政府社会政策的发展：韩国福祉国家扩大之终结?》，《亚细亚研究》2011 年第 1 期。
［韩］金振英：《东亚国际分工与区域主义含义》，《韩国政治外交史论丛》2007 年第 1 期。
［韩］李三植：《低生育率与老龄化现状与政策课题》，《保健福祉论坛》2016 年第 1 期。
［韩］李宗华、宋哲宗：《韩国经济增长因素的产业分析》，《经济学研究》2005 年第 2 期。
［韩］朴纯一：《经济危机后韩国社会福利制度的评价与效率化方案》，《韩国社会政策》2001 年第 2 期。
［韩］朴英哲等：《韩国的外汇危机 10 年》，韩国经济研究院 2008 年版。
［韩］宋炳洛：《韩国经济之路》，博英社 2010 年版。
［韩］吴英硕等：《中日韩国际分工结构分析与合作方向》，产业研究院 2010 年版。
［韩］徐元济：《人口减少与经济系统性危机》，*KERI Insight* 2015 年第 45 期。
［韩］许文求等：《老龄化时代高增长地区增长特点与决定因素分析》，产业研究院 2016 年版。
［韩］张熙甲：《韩国经济增长率变动的结构转换实证分析》，《统计研究》2009 年第 2 期。
［韩］郑日勇等：《韩国金融危机与金融改革》，日新社 1998 年版。
［韩］周贤：《低生育率与老龄化时期应加强产业政策》，《产业经济热点》2017 年第 15 期。